好想法 相信知識的力量
the power of knowledge

寶鼎出版

我的美好，
不該是你
騷擾我的藉口

愛德麗安·勞倫斯————著　　鼎玉鉉————譯

by

Adrienne Lawrence

**15 步驟全面擊退性騷擾，
在職場的權力遊戲裡，沉默不是唯一武器**

STAYING
IN THE GAME

The Playbook for Beating Workplace Sexual Harassment

各界讚譽

「這是一本淺顯易懂、內容豐富的職場騷擾管理大全。」

——柯克斯書評（Kirkus Reviews）

「勞倫斯的書是所有職場女性的必讀之作。」

——必取媒體（Bitch Media）

「一本能幫你度過性騷擾難關的有力之書。看看這本書，儲備戰力吧！」

——蘿絲・麥高文（Rose McGowan）/《勇氣》（Brave）作者

「我真希望在我職業生涯之初就有這本睿智又詼諧的書。愛德麗安・勞倫斯對於性騷擾到底是什麼、在職場上如何產生影響，以及處理性騷擾最實用策略等方面都提供了毫不保留的資訊。這是本機智、即時、有憑有據的建議指南，對你的薪水、頭銜

及整體幸福都有實質好處。每位職場女性都能在本書中找到有用的見解。《我的美好，不該是你騷擾我的藉口》以值得信賴好友的知心口吻，大方呈現了真實職場面貌。」

——夏儂·庫特（Shannon Coulter）／
抓緊你錢包聯盟（Grab Your Wallet）總幹事

「這本書之必須存在是如此不幸，但感謝上帝，它確實存在。《我的美好，不該是你騷擾我的藉口》打動了我心深處，身為一位有色人種女性，天生條件使我認為自己的權利居於其次，特別是在牽涉到性騷擾及不當行為的問題上。你不僅應該讀這本書，還應該帶在身邊——使自己保持在狀況內。」

——艾達·羅德里奎斯（Aida Rodriguez）／
喜劇演員兼《土耳其青年人》（*The Young Turks*）節目固定撰稿人

「這是一本不折不扣的指南，讓我們即使面臨不利的權力結構，也能在職場中茁壯成長。多虧了愛德麗安·勞倫斯平易近人的文筆、主張、機智及剽悍性格，讀者能帶著實用工具在現今職場中游刃有餘，並對職場性騷擾的歷史及研究有更深的了解。好幸運能有她加入我們的團隊！」

——艾美·布萊克史東（Amy Blackstone）博士／
社會學教授兼職場性騷擾問題顧問

「這是一本少有陳腔濫調、多為真材實料的重要資料來源。每位現代女性最終都會目睹或經歷不可避免的騷擾,當你知道去找人力資源部並不安全,同時也知道你的朋友們不清楚如何處理職場暴力時,《我的美好,不該是你騷擾我的藉口》便是為你帶路與發展的權威地圖。」

——娜塔莉·莫利娜·尼諾(Nathalie Molina Niño)/《躍進:女企業家的新革命》(*Leapfrog:The New Revolution for Women Entrepreneurs*)作者

「處理職場性騷擾問題或許會讓人感到前所未有的壓抑與孤立。有了《我的美好,不該是你騷擾我的藉口》,現在要對性騷擾採取行動就不那麼可怕了。在這本書中,愛德麗安·勞倫斯檢視了我們的經歷,與我們站在一起,並為我們提供所需的實用知識,使我們在整個過程中每一步都能為自己做出最佳決定。她是我們在職場中處理性騷擾問題時,都需要的精明權威教練。無論你是被騷擾的目標,還是想支持其他被騷擾的人——這本書都是必讀之作。」

——譚美·趙(Tammy Cho)/勇敢面對(BetterBrave)執行長兼聯合創辦人

「每個職場女性都應該讀讀這本書。勞倫斯精心創作了一本遊戲手冊,以清晰、易懂的詳細內文說明,若是面臨或目睹性騷擾,你該怎麼辦。《我的美好,不該是你騷擾我的藉口》真是我們時代中的一本好書。」

——凱特·麥卡錫(Kate McCarthy)/婦女媒體中心計畫主任

職場性騷擾防治人員的教戰手冊

杜瑛秋／臺北市婦女救援基金會執行長、社工師

　　每次接到職場性騷擾求助電話，或是到單位或機關專講職場性騷擾防治議題時，總是期待臺灣有淺顯易懂的相關書籍推薦閱讀或參考。寶鼎出版的《我的美好，不該是你騷擾我的藉口》一書，恰好符合我的期待。書中，作者以淺顯易懂文字詳細描述與職場性騷擾相關所有的人事物，並引用許多實際且知名案例、圖表，讓閱讀者更容易理解和吸收。其中第 14 章〈倖存網路醜聞：如何克服網路騷擾與數位戰爭〉，剛好可以運用於臺灣正在興起的犯罪型態：數位性暴力。本書中所提到的歷史、案例和法令，雖然都是美國經驗，但作者描述被害人感受、經歷過程、騷擾者的行為與類型、職場和社會環境氛圍，與臺灣情況相當類似。因此，它不僅適合所有人閱讀，也適合作為從事職場性騷擾防治人員的工具書、教戰手冊，更是適合被害人閱讀，以協助其面對和因應職場性騷擾案件的傷害。

臺灣，2002 年通過性別工作平等法（原為兩性工作平等法），2005 年通過性騷擾防治法，法中定義性騷擾、樣態，職場需要制定各種防治措施、申訴機制和調查委員會。眾所皆知，職場性騷擾被害人以女性為大多數。依勞動部統計，2018 年對職場性騷擾提出申訴的被害人有 356 人是女性（占 85.2%），62 人是男性（占 14.8%）。上述數據，只是冰山一小角，實際上大部分的職場性騷擾被害人都因擔心破壞關係、失去工作、被報復，而不敢或不願意提出申訴，結果不是持續忍耐就是默默離職。

　　處理性騷擾案件時，常會聽到騷擾者的各種辯解，包括他不是故意的、是玩笑話、是習慣性的態度等等。對於被騷擾者，則是會質疑為何不拒絕？為何衣服要穿那麼短、打扮那麼漂亮、行為不檢點、想太多、因為沒有升遷而報復等責難被害人話語。很多被害人在指責被害人氛圍下，開始自我責怪，在雙重責難下，造成嚴重身心創傷和生活影響，例如 2020 年發生令社會震驚且悲痛的林于仙案件。

　　《我的美好，不該是你騷擾我的藉口》是本有順序、脈絡的書籍，作者從發生職場性騷擾事件開始論述，以被害人要相信自己的直覺作為文章開頭，接續介紹性騷擾發生樣態、常見性騷擾者的類型、職場是不是成為性騷擾者的溫床、危險的職場同僚、雇主要付出代價，到性騷擾案件發生後蒐證、向公司申訴、被害人心理狀況和因應策略、面對法律訴訟處理方式、被害人管理自我形象和運用媒體資源、面對網路騷擾和數位性暴力方式，最後

教導被害人讓自己變得更好，拿回主導權。讀完後，彷彿經歷職場性騷擾案件處理程序和見證被害人心路歷程。

　　相信這本書籍出版，可以作為臺灣推動職場性騷擾防治很好的參考書籍，對於職場性騷擾被害人可以有重新詮釋並定義暴力，以及發揮支持與鼓舞的力量。

獻給堅毅、勇敢、膽大的倖存者⋯⋯
以及每個還想從事她該死工作的女性

引言

這場遊戲

你所面臨的挑戰與
必須準備對策的原因

哈囉！先來個快問快答吧！你努力多年以取得學位，成為專業領域的一分子，學識豐富又銳不可擋，希望能就此一展長才。你遍覽關於如何爭取薪資、處理辦公室政治，以及打造成功穿著的方法，但是你已握有擊敗**性騷擾**的對策了嗎？

當然，在以往暑期打工或臨時職位中，你或許已經遇過惱人經驗。不過，這些工作都只是暫時性，不過是你通往未來夢想工作的必經之路。而現在，你**終於**走到這裡！……但很不幸地，性騷擾也是。你或許想試著習慣這個有些汙穢的字詞，因為對於專業人士（尤其是職業女性）來說，這是現實。可是，如果你沒有適當對策，性騷擾就會帶給你毀滅性的打擊，包括你的職業生涯、財務狀況、心理健康等等。

你認為性騷擾不會發生在自己身上嗎？我也希望如此，但遇上騷擾狂必然是常有的事。至少有 81% 的女性會在其某階段職涯中，舉報遭受職場性騷擾，其中 77% 受過口語上的性騷擾，超過 50% 曾被肢體性騷擾，而至少 60% 的女性曾遭遇討人厭的性關注或脅迫[1]。每年大約有 500 萬名員工會在工作中受到性騷擾，但絕大多數（99.8%）都從未向政府機關提出正式控訴[2]。

受到騷擾可能會令人極度沮喪和孤立，甚至遭受創傷，因為多數女性甚至從未向雇主提出這種情況，最終只是辭職。這現狀真的很廢。我們都同意，不會有什麼專業人士上大學五年，就只是為了在辭職不幹和保住飯碗之間分析其成本效益。不過，有很多被騷擾的專業人士，卻認為他們必須這樣做。而即使你很幸

　　　　　　　　　　　我的美好，不該是你騷擾我的藉口

運、永遠不會成為目標，但作為旁觀者也可能會在職業、財務和心理上受到危害。

沒人能毫髮無傷地脫離性騷擾。不管是從事什麼專業，性騷擾可說是無所不在。所以無論你是從事理工科（STEM）、媒體、市場銷售或教育領域的工作，都必須要了解如何處理。你的職涯前途，即經濟獨立性，亦取決於你如何解決這種社會問題，因為這種陋習**不會**一下子就消失。

儘管在 1964 年、基努・李維（Keanu Reeves）出生以前就已明文禁止，但職場性騷擾仍是母體（matrix）*中的一部分。2018 年，美國國家性暴力資源中心（National Sexual Violence Resource Center）把職場性騷擾稱為「美國社會最普遍常有的問題之一」。但這並非是人人都可能得到的流行病，而是女性工作日常中自然而然持續出現的**特有現象** [3]。許多學者和研究人員都曾觀察到這種情況，然而很多女性也繼續與之共存。

＃我也是（#MeToo）運動是由社運人士塔拉娜・伯克（Tarana Burke）於 2006 年所發起，並在 2017 年經好萊塢女星們所點燃的社會運動。隨著堅強倖存者和忠實記者的發聲，＃我也是運動將重要議題帶到了最前線，並創造談論生活各面向中不當性行為（sexual misconduct）的機會。但是，還有很多地方要努力，特別是在職場中。

---

* 基努・李維主演電影《駭客任務》（*The Matrix*）中的用語，指稱我們所熟知、實則為電腦創造出來的虛擬世界。

> **⚠ 注意！**
>
> 記者對＃我也是運動所付出的貢獻及後續的清查，我們不可低估，也絕不能遺忘。
>
> 在本書一開始對不當行為指控的討論中，我會標示出揭發並報導真相的記者名字。
>
> 請記得那些名字，因為那些人就跟說出事實的倖存者、勇敢抗爭的原告，以及站在她們身邊的律師一樣值得讚許。

事實上，社會仍無法保護職場中的女性。法律受到極大的侷限，監督職場性騷擾的機關則有很多莫名其妙的門檻，而人力資源管理部門要不是為公司守門，就是試著維持現狀。總之，你需要有自己的後盾，而且無須為此感到抱歉。

我已經這樣做一段時間了。從汽車經銷商、律師事務所再到體育新聞編輯室，我曾在成千上萬由男人主宰的場所工作，偶爾也會失業，因為我曾從華爾街老男孩俱樂部圈子逃走，或是衝撞了他們的規則。在我諸多職業生涯中，我碰過可惡的前輩、踩過專業領域的地雷，信賴過最後竟對己有害的同事，更接納過非常糟糕的工作和建議。我提過訴訟以進行改變。我被新聞媒體欺騙，並被社交媒體圍攻。但我始終不願躲避，也不願放棄。我真的做到了。現在，透過我瘋狂且驚悚的經驗，以及具啟發性的實證研究、對傑出人物的訪談、與見識廣大學者的交談，我會分享自己在這段令人振奮和改變人生的旅程中所學到的東西。在本書中，我會提到**所有**自己希望能早點知道、還有大家應該要知道的

事情。你真的很努力工作，不該有人要你放棄夢想，只因為你是**他們**的「女神」……或競賽等等。

在深入讀這本書之前，你要先了解三件事。首先，《我的美好，不該是你騷擾我的藉口》聚焦在職場中的性騷擾，即是那些與你專業相關人士互動的騷擾，例如同事、客戶、顧客、前輩、準雇主。但不要被「職場」一詞所誤導，因為這不僅限於在辦公室中的互動。職場性騷擾可能、也**的確**會存在於私人信件、私訊及會議室。

其次，多數我們所聽到的職場性騷擾都涉及到順性別男性騷擾順性別女性，因此這本書大部分內容都是以此種角度撰寫〔順便一提，「順性別」（cis）對你來說可能是個新名詞，專指其性別認同和出生時生理性別相同的人〕。這並**不**表示順性別男性、順性別女性、跨性別（trans）男性、跨性別女性及其他人都不會受到騷擾或不會去騷擾別人，因為我們都知道事實**並非**如此。《我的美好，不該是你騷擾我的藉口》中的指導方針不受性別、性別認同、種族、宗教、政治信仰、專業能力及其他方面限制。我們都在這場抗爭中。 #保持清醒

第三，請注意，這本書不是法律手冊。實際上，性騷擾很少會走入訴訟。我能說什麼？男性基於自身利益去制定法律，並設定高門檻，使得女性在職場上沒有太多法律能主張。不過，即使你沒有為了某種騷擾行為鬧上法庭，也不表示你的日常生活不會受到破壞或難以忍受。

🗨 題外話

儘管這不是法律相關手冊，但談到性騷擾時，通常會用到 些跟法律與商業相關的術語和縮寫。這些會出現在本書中，而且知道一下會比較好。

▶ **平等就業機會委員會（EEOC）***：平等就業機會委員會（Equal Employment Opportunity Commission）是規範職場性騷擾的聯邦機構。每個州都有其分會。

▶ **人資（HR）**：人力資源（Human Resource）是指職場中處理性騷擾投訴及其他人員需求的部門或職員。某些雇主沒有指派特定部門或人員，而是讓管理人員處理相關作業。

▶ **保密協議（NDA）**：保密協議（non-disclosure agreement）基本上是要求保持緘默的合約。雇主在解決性騷擾申訴時經常使用，防止你談論騷擾事件內容。如果你違反了保密協議，就很可能會被告，並多半要求以金錢賠償損失。

▶ **仲裁（Arbitration）**：仲裁是另一種替代法院裁判的選項，通常需要一或三人同時擔任法官及陪審團的角色。仲裁對職員的限制十分大，同時也不公開。

針對法律相關議題，我們會在第 11 章中討論更多 EEOC、保密協議和仲裁相關事宜。

這種準法律行為相當複雜且成本很高，這也是為什麼我刻意把這本書寫得容易閱讀，並聚焦在你職業生涯中所面臨的實際問

---

* 在臺灣，若有性別工作平等相關事宜須諮詢，除勞動部之外，各縣市均設有勞工局／勞動局／社會處等機關為民服務。

題。事實上，我不會在此提供法律意見，也不會告訴你什麼才是對**你**最好的。我會簡單分享一些實際對話、防範技巧、少見選項，以及根據個人特定需求和情況，你所能考慮的有效策略。我的目標是讓你掌握知識，透過洞察力以提升自我，並盡量博君一笑，因為遇到性騷擾很衰小，而要能打起精神更是難能可貴。在此提醒一下，我有時可能會爆粗口，因為我想維持一貫真實的態度，希望能使你工作愉快、神清氣爽。

　　總之，希望你會喜歡這本書，為戰勝性騷擾做好更充分的準備，並且知道無論你正面對什麼，自己並不孤單。我在你左右與你一同戰鬥。

親親抱抱，

愛德麗安

Chapter 1
心裡有數

你的直覺、逆境求勝與內在主宰

到 1950 年代初，當時影集《我愛露西》（*I Love Lucy*）在黑白電視上首次亮相，各州種族隔離政策仍合法，而女性的工作則是討自己丈夫歡心。

17 歲的琪琪（Kiki）在紐約北部男女同校的康乃爾大學（Cornell University）就讀。在那個時代，她這個年齡的多數女孩都是高中畢業後就嫁給男友，而去上大學的少數女孩則是為了取得「貴婦學位」（MRS degree）*。像琪琪這樣的女大學生，就該找個男人結婚、買房、生孩子，也許還能完成學位──當然，如果她丈夫同意的話。

未婚的琪琪知道康乃爾大學是成為太太的理想選擇，校園的男女比例為四比一。算是步入婚姻的聖地。「要是出校門時還沒找到老公，那你真的沒救了。」琪琪開玩笑地說。她了解社會對她的期待及職業限制。但是，琪琪不像其他女孩。身為出生於布

---

* 意指女子上大學並非為了鑽研知識，而是為了尋得好夫婿。

魯克林、不畏困難的猶太女性，她進入康乃爾大學不是要成為黏人精。她是為了個人的學歷、獨立性及工作前途。

要說琪琪「智商超群」，算是語帶保留了。畢竟，勤奮的學生總是會維持一定的課業水準。然而某一天，化學男教授說，要在正式考試前為她進行模擬考。琪琪接受這項提議之後，卻發現教授是直接把**正式**考卷給她，而她也才**明確**知道這位老男孩所期望的回饋是什麼。雖然琪琪當時只是個少女，但她並沒有接受……她反而跑去警告他。

身高只有 155 公分的琪琪走進教授辦公室，充分展現她內在強悍的布魯克林性格。她質問：「你好大的膽子！你怎麼敢這樣，你這小丑！？」（我可能在「小丑」這部分加油添醋了點，但你懂我意思。）事件倒是到此為止，琪琪說。當她參加正式考試時，她還故意錯個兩題，以示抗議[1]。

這位來自布魯克林的知青大姐大，後來便成為美國最高法院大法官露絲・拜德・金斯伯格（Ruth Bader Ginsburg），又稱聲名狼藉的 RBG（Notorious RBG），當時朋友都稱她為「琪琪」。可想而知，金斯伯格大法官在康乃爾大學所碰到的，不過是她在職場上面臨性騷擾的開始。

1959 年，在以第一名成績畢業於哥倫比亞大學（Columbia University）法學院之後，金斯伯格卻遭到最高法院法官菲利克斯・法蘭克福（Felix Frankfurter）拒絕擔任其法官助理。他拒絕僱用她，只因為她已為人母親（可能較適合在家相夫教子），他

　　　　　　　　我的美好，不該是你騷擾我的藉口

也不喜歡她在法庭上聽他的咒罵聲（彷彿女性的耳朵太細膩，所以無法承受這類話語）。儘管她具有卓越的法感，但律師事務所也不會僱用她，因為當時沒有人會僱用婦女從事文書以外的工作。此外，很多雇主不會僱用已婚婦女，律師事務所也才剛剛開始僱用猶太人。當金斯伯格終於走入法庭為案件進行辯論，法官似乎更注意她的性別，而非其論點的說服力。歧視是真的，到處都是。但是她沒有放棄或屈服，反而挺身反抗，以常春藤聯盟（Ivy League）法學教授身分自成法律學派，創辦《女權法律報導》（*Women's Rights Project*），並共同創立美國公民自由聯盟（American Civil Liberties Union，簡稱 ACLU）女權計畫，最終成為第二位美國最高法院所任命的女性大法官。

距離金斯伯格因性別而被剝奪工作機會已超過 60 年，但是今天的女性還是會遇到像她進入高等法院之前的職業歧視和障礙。儘管有 1964 年通過的《民權法案》（The Civil Right Act），但女性在職業生涯各方面，性騷擾仍然無處不在。這真的不合理。

無論是職業、行業、個人、國家，還是法律，你都有權在安全無騷擾的環境中工作，而且除了實現個人職業理想，也不必特別多做什麼。誠如先前薩塞克斯公爵夫人（Duchess of Sussex）所建議的，是時候善用我們的發言權了。

我們在此實話實說，無論你是右派還是左派，來自西方還是東方，即便很難面對，都應該要了解真相。最後，我們要先談到相信你的直覺，接著討論職場性別平等之旅，好讓你知道

自己正對抗著什麼。之後，我要喚醒你內在那位有話直說的主宰大神，告訴你打擊性騷擾的十大真理。女王殿下，請就坐。是時候開始了。

相信你的直覺

牛刀小試：金斯伯格法官怎麼會**知道**那位教授是要用考卷換性交，而不是真心要在化學課上幫她一把？教授並沒有對她提到任何有關性方面的事，也沒有直接跟她約炮。但是金斯伯格就是**知道**，她對他的不良動機了然於心，於是她大膽衝進他的辦公室對付他，一個能操控她平均學分積點（Grade Point Average，簡稱 GPA）的權威角色。她會知道他的企圖，是因為她聽到內心那微小的聲音。她相信自己的直覺。

我們每個人都有直覺。直覺會告訴你某件事的對錯，不管你接受與否，總是很準。直覺與理性無關，而是內在主宰的呼應。那是一種察覺事情不大對勁的感覺，不管你是否清楚自己**為何**會知道。

很不幸地，社會制約女性去否定其直覺。我們暗示（有時是明示）大家如此，以便壯大男性慾望的勢力，同時壓抑女性，並否定其自主獨立性。換句話說，社會希望女性忽視其直覺，否則我們可能會因此壯大，並支配他人——或至少緊握社會一半的主控權。

忽略直覺會帶來問題，畢竟這是貼近真相的重要力量，有利

　　　　　　　　我的美好，不該是你騷擾我的藉口

於個人生存發展。一旦否定內在真實的聲音，作為女性的我們便開始質疑並懷疑自己的判斷，變得更容易受到操縱與控制。

本能在擊敗各種性騷擾上扮演著重大的角色。本能會幫助你判斷自己是否被騷擾、公司是否為性騷擾的溫床、是否方便騷擾狂犯案等等。就算你與直覺脫鉤，也別讓任何事阻擋你深入了解真相。多問問題、自我反省，並勇於改變。你是否害怕內心的聲音會坦白說出你的工作狀態？可能你已經被欺負了，也或許全部都不對勁？你有多常希望自己是誤解了某人的動機，或是用理性來壓抑自己的直覺？你是不是不敢相信直覺，只因為你經常自我懷疑，或比起自己更重視別人的判斷及意見？你是否被教導去挑戰權威、獨立自主是「不禮貌」或不被接受的？這些是你應該省思的重要問題，以便之後能完全接納本書建議。你可以參考看看珍·辛賽羅（Jen Sincero）的《相信自己很棒》（*You Are a Badass*）、索拉雅·切梅利（Soraya Chemaly）的《怒火造就了她》（*Rage Becomes Her*）、亨利·克勞德（Henry Cloud）和約翰·湯森德（John Townsend）醫師所著的《過猶不及》（*Boundaries*）。請接受你必須相信直覺很準的說法。無論別人怎麼說或怎麼想，你都應該信任自己的直覺。

女性進入職場的歷史

儘管你可能在成長過程中，看到女性走出家庭、在各種職業中大放異采，但「獨立女性」在我們的社會中仍是種太過新潮的

概念。女人擁有高跟鞋的時間，比擁有不受限制的工作權還長。實際上，當福特（Henry Ford）於 1964 年推出第一輛野馬時，美國法律仍明文規定公司可以拒絕僱用已婚女性。

女性已經爭取平等就業機會多年，卻**仍然**未獲得平等待遇和薪資。這不是政治或黨派問題，而是去保護女性不可剝奪、但長年在社會結構上受否定的權利。以下是 20 世紀以來女性勞動簡史，其顯示女性所受之歧視是如何成為這場遊戲的一部分，以及讓你在對抗性騷擾時，更清楚我們要面對的是什麼。若是想提升女性地位，你必須對抗爭過程有所了解。這可是場硬仗。

對於美國職場中的女性而言，爭取性別平等的過程是漫長曲折，對嗎？幾個世紀以來，男性一直主導著這塊領域，是進入職業世界的守門員，迫使女性在選項不多的情況下進入家庭。若是女性想要更多，男性便會以「保護」女性的脆弱為名，行制定排他性法律為實。除了像金斯伯格大法官、奧黛‧羅德（Audre Lorde）、葛洛莉亞‧史坦能（Gloria Steinem）、朵洛雷斯‧韋爾塔（Dolores Huerta）、貝蒂‧弗里丹（Betty Friedan）這些女性先鋒，以及其他致力於改變的開創者，正為了渴望在家庭外尋找工作的女性鋪路。儘管有這些英勇戰士的努力，還是有很多人至今仍持續尋找共鳴，畢竟性騷擾之類的障礙依然存在，不斷摧毀他人的職涯及人生。該做的事還很多呢！

　　　　　　　　　我的美好，不該是你騷擾我的藉口

1900 — 1925

- **1900 年**：這是女性權利出現轉折的世紀里程碑！美國各州女性都有**部分**權利以個人名義保有其薪資和財產。耶！

- **1908 年**：美國最高法院裁定，各州能限制女性工時以保障其健康，這亦代表女性生理孱弱，無法自主決定。

- **1917 年**：隨著男性參與第一次世界大戰，超過 900 萬名女性進入人力市場，其中有許多填補家庭製造業和農業之空缺。顯然，女性雖無法具有投票權，卻能維持勞動力之流動。

- **1920 年**：第 19 條修正案授予女性於聯邦選舉中之投票權。

- **1924 年**：美國最高法院維持紐約州一項法律規定，除了演藝人員或服務生之外，禁止女性從事晚上十點至凌晨六點的夜班工作（白話文：女性必須待在家裡，除非她願意取悅男性，或是有使男性免於從事「粉領族」工作之必要）。

1926 — 1950

- **1932 年**：受到美國經濟大蕭條影響，國會通過《聯邦經濟法》（Federal Economy Act），禁止同一家庭中有一個以上成員為政府工作，迫使許多女性放棄職位，以利其男性親屬能持續受僱（注意：金斯伯格大法官於次年出生）。

- **1943 年**：第二次世界大戰期間，鉚釘女工蘿西（Rosie the Riveter）成為說服女性重返職場的象徵及號召，當時有超過 40 萬人填補軍隊人力空缺。因為男性人力之缺少，而再次出現對職業女性的高度需求。

- **1945 年**：第二次世界大戰後，美國國會於 1945 年制定《女性薪資法》（Women's Pay of 1945），要求同工同酬（不過要等到將近 20 年後，該法案才被簽署通過）。

- **1948 年**：在傑基・羅賓森（Jackie Robinson）加入布魯克林道奇隊（Brooklyn Dodgers），打破了棒球種族藩籬的第二年，美國最高法院仍維持密西根州一項法律規定，禁止女性擔任調酒師，除非其父親或丈夫擁有該酒吧。

1951 — 1975

- **1961 年**：美國最高法院裁定，排除女性擔任陪審團之州法不具有歧視性，而是一種「無害」的方式，以配台女性具有作為「家園暨家庭生活中心」的「特殊責任」。

- **1963 年**：《平等薪資法》（The Equal Pay Act）終於通過，以要求從事同等工作的男女（至少在理論上具有）同工同酬。這成為禁止職場性別歧視的**第一部**聯邦法。碰巧的是，同年，馬丁・路德・金（Martin Luther King Jr.）發表「我有一個夢想」演說，（在現稱俄羅斯之國家支持下）首次有女性進入太空。

- **1964 年**：美國國會通過《民權法案》，禁止歧視如性別等個人特徵，更終止了限制已婚婦女就業的法規。原本法律允許雇主拒絕僱用已婚女性，就像金斯伯格法官在其職業生涯早期所經歷的那樣。

- **1965 年**：由於推行速度緩慢，平等就業機會委員會便通過區分性別的招聘廣告（例如「誠徵男性協助」），並稱其是「為讀者提供方便」。對啦，最好是。

- **1967 年**：美國總統林登・詹森（Lyndon B. Johnson）簽署了一項行政命令，禁止政府承包商性別歧視，並要求它們為女性員工提供優惠性差別待遇（affirmative action）。次年，平等就業機會委員會裁定限制空服員年齡為違法行為。

- **1969 年**：平等就業機會委員會廢止了那些旨在「保護」女性的宵禁和行業限制等就業法規。同年，曼森（Manson）家族謀殺案爆發，胡士托（Woodstock）音樂節開辦。

- **1971 年**：美國最高法院終於明文禁止（除了有商業必要之外）私人雇主不得拒絕僱用有學齡前兒童的女性，並且規定各州不得禁止女性從事法律相關工作。

- **1973 年**：美國最高法院表示，區分性別的招聘廣告不好。還做出一項具有里程碑意義的判決，即羅訴韋德案（Roe v. Wade）之墮胎合法化。

- **1974 年**：美國最高法院裁定，以孕婦無能力繼續工作為由，強迫其休產假為非法行為。顯然，有嬰兒的女性已不是嬰兒；她們**能**自行決定。

1976 — 2000

- **1976 年**：美國最高法院保障女性在妊娠後期三個月的失業救濟權。

我的美好，不該是你騷擾我的藉口

- **1978 年**：《禁止歧視懷孕法》（The Pregnancy Discrimination Act）禁止對孕婦為就業歧視。

- **1981 年**：隨著珊卓拉·戴·歐康納（Sandra Day O'Connor）成為第一位受任命為美國最高法院的女性大法官，法院廢除了《家產主控法》（head and master laws），該法賦予丈夫對其妻子所共同擁有財產之單方面控制權。想像一下，你的丈夫不必先跟你商量，就能賣掉你們的房屋和所有財產。唉！

- **1984 年**：在規定女性能夠擔任律師 13 年之後，美國最高法院規定律師事務所不得拒絕將女性律師升職為合夥人。

- **1986 年**：《民權法案》通過約 22 年後，美國最高法院裁定，具敵意或侮辱性的工作環境即構成性別歧視之要件。美馳儲蓄銀行訴文森案（Meritor Savings Bank v. Vinson）成為具有里程碑意義的工作場所性騷擾案例！在下一章中，你會看到狠角色米雪兒·文森（Mechelle Vinson）更多相關資訊。

- **1987 年**：作為平權行動的延伸，美國最高法院裁定，雇主在僱用和晉升方面可以給予女性和弱勢族群優於男性和白人的條件。

- **1989 年**：美國最高法院在普華會計事務所訴霍普金斯案（Price Waterhouse v. Hopkins）中裁判，雇主不得強調男女應具何種行為、外貌、衣裝或其他性別刻板印象的觀念。此案件在第二章中會有更多討論，其裁判結果對於職場中邊緣化族群具重要意義。

- **1991 年**：正當律師安妮塔·希爾（Anita Hill）在美國國會對當時最高法院大法官候選人克拉倫斯·湯瑪士（Clarence Thomas）提出性騷擾指控之際，美國高等法院認為，將女性完全排除於某些工作（例如危險工作）外的雇主是違法的。

- **1992 年**：此年為「女性年」，當時女性以空前的當選人數取得聯邦、州和地方機構席次，但與今日相比，仍是相對式微。同年，導演潘妮·馬歇爾（Penny Marshall）憑藉《紅粉聯盟》（*A League of Their Own*）打出一記完美全壘打。

- **1993 年**：繼露絲·拜德·金斯伯格成為第二位受任命為美國最高法院女性大法官，美國高等法院裁定，不必具有生理或嚴重心理傷害，即可提出性騷擾訴訟。此外，還通過《家庭和醫療假法》（the Family and Medical Leave Act），給予雇員 12 週無薪育嬰假，以及其他保障。

- **1994 年**：最高法院禁止以性別作為遴選陪審員之基準，以協助消弭某些有害的刻板印象，致使女性無法於民主制度中扮演有意義的角色。

1997 年：著名的女權律師葛洛莉亞・歐瑞德（Gloria Allred）為因懷孕而遭影集《飛越情海》（*Melrose Place*）開除的杭特・提洛（Hunter Tylo）爭取到 480 萬美元的訴訟賠償金。該案件確立，若是演員懷孕，仍有權繼續工作〔該年韓氏兄弟（Hanson）推出有史以來最成功的專輯單曲之一〈MMMBop〉〕。

1998 年：美國最高法院表示，由於騷擾者的性別與性動機無關，因此亦得對職場中同性者提出性騷擾訴訟。法院也規定雇主何時有責任處理性騷擾事件。

2000 年：美國哥倫比亞廣播公司（CBS Inc.）支付 800 萬美元，向平等就業機會委員會代表 200 名女性所提起的性別歧視及報復性訴訟（retaliation lawsuit）達成和解，即繳交訴訟費用**前**每名女性約 4 萬美元的賠償。相較於 200 個被摧毀的職涯，這代價實在不算高昂。

2001 —至今

2006 年：美國最高法院更改了性騷擾案件報復性起訴的標準，包括以任何不利的就業決定或待遇影響「自然人員工」（reasonable worker）提出或進一步歧視主張。別太興奮！在第 12 章中，便會探討法院會如何以有利於雇主的立場解釋該標準。

2010 年：美國聯邦上訴法院判定，即使沒特別針對某位員工，露骨的性愛語言和色情內容也可能形成具敵意的工作環境。

2013 年：女性不再被禁止擔任軍事相關職務，美國最高法院也闡明得為性騷擾訴訟「監督者」的對象。

2017 年：大公司無須向政府報告，其按種族和性別向員工支付多少薪資，也妨礙了追究薪資不平等責任的能力。隨著梅根・吐赫（Megan Twohey）和喬迪・坎托（Jodi Kantor）為《紐約時報》（*New York Times*）報導，揭發電影製片人哈維・溫斯坦（Harvey Weinstein）的不當性行為，年底便點燃了 # 我也是運動。耶！

2018 年：加州成為第一個規定加州上市公司執行董事會應納入女性的州。

2019 年：儘管平等就業機會委員會從 21 世紀初便開始實施保護性向和性別認同的法律，但是美國最高法院還是決議《民權法案》第七章，即防範雇主歧視非異性戀族群（LGBTQ+）。

十大真理

她或許是來自 50 年代初，其信仰曾受迫害的勞動階級家庭中一位身材嬌小的少女，但是這些耳語都沒有阻止年輕的金斯伯格法官站出來，對抗一位具特權、試圖利用其權勢使她屈服於性的男性教授。老男孩可能以為她一定上鉤。但他錯了，因為不管遊戲中的男人在玩什麼把戲，金斯伯格**總是**心裡有數。

心裡有數代表你知道自己是誰、應該得到什麼，以及不需要容忍什麼，更能為你的職業生涯定調。當你深入閱讀這本遊戲法則，就需要了解並牢記十個重要真理，這能確保你心中**總是**有數。大聲朗誦、擁抱並時時溫習之，它們比你認定的事實更真實。它們就是**真理**。說到這裡，下列便是打擊性騷擾的十大真理：

1. 你才是主宰。
2. 你的直覺是正確且值得信賴的。
3. 你的人身安全及自在優先。
4. 你有權追求任何所期望的職業方向。
5. 你的老闆很幸運能有你這位具寶貴工作技能的員工。
6. 你有權在一個公平、尊重的環境中工作。
7. 你值得擁有尊重你專業的職場關係。
8. 你有權要求騷擾者對其行為負責。
9. 你不必因為別人是如此應對，就忽略或忍受某種行為。

10. 你永遠都不必容忍性騷擾。

懂了嗎？好！現在再讀一遍。花點時間大聲說出這十項真理。認真消化一下。準備好之後，就把它們寫出來並貼在你隨時能看到的地方。每天工作開始之前，或是性騷擾露出醜陋面目時，請立刻把十大真理拿出來看。你**是**自己的主宰，擁有一切自主權。

👁 **總結回顧**

▸ 永遠要相信自己的直覺，切勿以希望或合理化推翻它。你的直覺能保護你並說出真相，在幫你解決職場性騷擾方面，是十分重要的力量。

▸ 幾個世紀以來，女性一直在爭取職場機會及平等。即使是在 # 我也是運動時代，性騷擾仍然很普遍，該爭取的地方還是有很多。

▸ 心裡有數就是了解自己，即自己值得什麼，以及不需要容忍什麼。打擊性騷擾十大真理，便是幫助你總能心裡有數的核心原則。

　　　　　　　　　　　　我的美好，不該是你騷擾我的藉口

Chapter 2
我們寧願不看的真相

什麼是性騷擾，
以及為什麼會發生？

> # 我們需要幻想才能活下來，
> # 因為現實太難了！
>
> ——女神卡卡（Lady Gaga）／
> 超能女力、勵志倖存者兼奧斯卡金像獎得主

他是《西雅圖時報》（*Seattle Times*）一位著名、經驗豐富的記者。她則是來自布魯克林一位開朗年輕的自由作家。他們住在海岸不同側，但都同在一個媒體圈中。因此，當他在 2019 年 5 月某個早晨，用 Twitter 向她發送私人訊息時，倒也沒什麼好意外的。

他問她是否考慮要應徵報導工作，她先是謝謝他，然後說沒有。他表示她具備這工作必要的技能，她回答市場現狀讓她找不到適合的職務。他回答：「嗯，我懂你的意思。」

他們的對話就像監理所（DMV）日常一樣平凡，似乎沒什麼離題或不專業的內容。只不過是兩個記者在談公事，而經驗豐富的一方正提供指導和鼓勵——直到他內心的混蛋出現為止。

就在其平淡無奇的交流持續不到 15 分鐘，已婚的西雅圖記者就對 29 歲的紐約自由作家說：「總之，你很漂亮。」然後緊接說道：「總之，你很有趣。」而在大約 40 分鐘後她沒有回應之際，他又拋出：「你臉上有很多精液。」

你可能跟我想的一樣：搞屁啊，對吧？

對話中來自布魯克林的作家塔莉亞·簡（Talia Jane），在決定如何處理來自媒體同業這些極其不恰當的訊息時，她很可能也有同樣的想法。但是最後，簡知道自己必須做什麼。她得反將他一軍。

「這不是可被容許或恰當的行為。」簡如此回應，然後在Twitter 上公開張貼他發出訊息的螢幕截圖。簡接著向她 4 萬多名追蹤者傳達，什麼是一個清醒女人會說的普世真理。她在Twitter 上寫道：「具相對權力地位的順性別男子，其惡劣行徑所引起的情緒耗竭還真是說都說不完。」[1]

在某個世界中，性騷擾不會是問題，也不會每天發生，更不會發生在任何人身上。不幸的是，那個世界只是種幻想。而許多人也選擇生活在這種幻想中，就因為正如女神卡卡所說的那樣，現實可能太難面對。結果就是，很多人仍然誤解了性騷擾。你可能會認為簡的經驗是特例，但是我們大部分被教導有關性騷擾的內容都被迷思所混淆了。

本章將破除幻想。我會利用普通法庭和民事法庭的案例，來解釋為什麼性騷擾會發生、其真正定義，以及如何鑑別性騷擾。幸運的是，你不必是具備法律學位的專業人士就能了解性騷擾的真相。你所該要做的，就是先忘記自己所認知的一切，並忽略朋友已經告訴過你的內容，以及在網上看到的資訊。保持開放的態度，情緒上也能承受被激怒。突然知道某些自己曾經歷過

的特定行為是性騷擾，可能會令人感到不安，不過最好還是現在就搞懂，你其實不必忍受那些不斷向你主動推薦凱格爾運動（Kegels），或因性別輕視而讓你感到不適的同事。

好了，快準備好。你將會大開眼界。

為什麼會出現性騷擾？

在 1999 年，研究員對 100 多名男性進行了一項研究，他們會分別收到兩封不同電子郵件。大致上，有半數男性會收到某位女性的來信，內容講述她主修經濟並努力成為財務經理，同時是捍衛女權機構的一員，且認為女性與男性一樣有能力。而另一半男性則會收到另一名女性的來信，表示自己正在學習教育，希望成為一名小學老師，以便有更多的時間和家人、孩子在一起，還說明她之所以不選擇成為律師，是因為這份工作更適合她不想與之競爭的男性。研究中每位男性都會拿到各種不同照片，能用來回應他所收到的電子郵件，包括一些令人反感的圖片。你認為哪位女性會收到最多男性以老二、色情照和其他數位垃圾騷擾的回信？[2]……等等！在你回答之前，我們先談談出現性騷擾的**原因**。

在主流理論下，騷擾狂會去騷擾人是為了維護社會傳統權力結構。這種權力結構是什麼樣子？從歷史上看，便是一個把男性置於女性之上的階級制度。為什麼騷擾狂想要維持這種權力結構？有好處嗎？當然！最具權力的族群便能主宰並創造一個迎合他們的社會，並限制較弱勢族群取得機會的可能。為此，騷擾狂

　　　　　　　　　　　我的美好，不該是你騷擾我的藉口

透過削減他們認為對其力量構成威脅者的地位，以保護自己在結構上的地位。職場便是我們社會的縮影，而性騷擾只不過是用來維持傳統權力結構的一項工具。

　　想想看，一個人在職場中的地位會影響其經濟實力，從而加強她在社會上的整體實力。從歷史上看，女性一直被排除在職場之外，或是在職場中被邊緣化，使得男性具有經濟力量以及隨之而來的社會力量，得以控制自己和**女人的命運**。當女性提升其職場地位，她會在經濟上變得更加獨立，從而減少對男性的依賴，也更有可能為自己贏得社會力量。在職場中的男性和女性權力達到相當之際，我們也將擁有一個更加平等的社會！對大家來說，這聽起來是很棒的事，但騷擾狂才不會就此罷休。他們努力維持傳統角色，令女性屈於從屬角色，並且會透過任何必要手段來限制女性的機會，無論是從透過刻板印象去控制性別角色，到以乏味言語過度性化女性。性騷擾**從來就無關**性交或性慾，而是與維持權力有關。

> **● 題外話**
> **性**騷擾一詞有點不恰當，因為這會給人一種騷擾必得帶有性意味的印象。不過，事實並非如此。正如耶魯大學（Yale University）法學教授薇琪・舒茲（Vicki Schultz）所解釋：「（性騷擾）具有多種無性形式，包括只因其性向或性別而直接對人施以敵意行為、人身攻擊、略施小惠、嘲諷、社會孤立、排擠或邊緣化、拒絕通知消息和工作破壞。」[3]

> 在閱讀本指南時，請記住，性騷擾有多種形式，從性、敵意到善意的都是。但是，無論其呈現形式如何，性騷擾總是源於對權力的扭曲和不安全感。

你可能會問：「如果只是關於權力，為什麼有一些騷擾者要反覆攻擊我，傳老二照片給我或摸我？」因為騷擾狂在加強其主導地位的方法之一，就是讓你淪為達成性目的的工具。換句話說，當性騷擾出現在你面前，他們就是要表達你主要的功能，便是滿足他們的生理需求。那會讓你很卑微吧？正是如此。

性別並不是我們社會唯一的傳統權力結構。種族也是主要的權力結構，使白人處於有色人種之上的主導地位，這就是為什麼少數種族——尤其是有色人種——被視為是當權者的威脅時，比白人更容易受到騷擾攻擊。性騷擾研究幾乎只聚焦於性別上，較少考慮種族間的相互作用。但是，正如我們在下一章會討論到的，性騷擾也會成為強化種族階級制度的手段。

> **⚠ 注意！**
> 如果這是你第一次聽說種族也是一種權力結構，那麼你或許會想看看羅蘋・迪安基洛（Robin DiAngelo）所著的《紐約時報》暢銷書《白色脆弱：為什麼白人很難談論種族主義？》（*White Fragility: Why It's So Hard for White People to Talk About Racism*），以及貝芙莉・丹妮兒・妲騰（Beverly Daniel Tatum）所著的國際暢銷書《為什麼在自助餐廳中所有的黑人

小孩都坐在一起？──以及其他有關種族的對話》（*Why Are All the Black Kids Sitting Together in the Cafeteria?: And Other Conversations About Race*）。

你不能只把注意力集中在性別歧視上，因為性別與種族的迫害息息相關。有一，就有二。大家提高警覺！

你可能已經知道，並非只有女性會成為被騷擾的對象，男性也會。不過，你或許會想問，若是男性當權，為什麼還會針對其他男性？因為騷擾其他男性是騷擾狂建立自己的統治地位，並暗地增強「陽剛」男性居於權力結構或種族階級最高地位的一種手段。[4]為什麼女性會對男性和其他女人進行性騷擾？她能藉由騷擾他人而獲取直接征服他人或間接使其屈服現狀的力量。[5]權力可是種強大毒品。

基本上，騷擾狂努力壓制「其他人」，好讓自己能夠維持主導地位。根據研究員露易絲・費茲傑羅（Louise F. Fitzgerald）和莉莉亞・柯提娜（Lilia M. Cortina）的話：

性騷擾之所以會針對女性，是因為她們是女性；會針對男性大多是因為他們不陽剛；針對女同性戀是因為她們不是異性戀；會針對有色女性，是因為她們跟白人女性不同。這些都是在社會階級之統治與壓迫模式中，被主導者視為『他人』的特定化身。[6]

現在，根據你對性騷擾的了解，一起來回顧這項研究，這100多名男性會如何回覆來自兩位女性的電子郵件。你認為哪位女性會收到最野蠻下流的回覆——是具有事業心、性別觀念較先進、有權勢的經濟專業人士，或者是接受傳統性別角色，並且不想與男性競爭的學校老師？

　　如果你猜的是前者，那就對了：多數男性都不會去干涉「知道自己本分」的女性。

性騷擾是什麼？

　　性騷擾是垃圾。不過這是我的看法，不是專業定義。就你而言，性騷擾一詞有兩個主要定義來源：一個來自社會，另一個是法律。由於性騷擾一直是社會科學議題的範疇（即有關人與人之間的互動），卻不一定會構成法律議題（即有關法律規範方面），因此你應該把重點放在社會科學的定義上。容我解釋如下。

　　基本上，法律將性騷擾定義為討人厭的性示好（sexual advance）、要求性方面之好處，以及其他針對性別施以性或非性的攻擊行為。我們在第 11 章和第 12 章中會詳盡地解釋相關法律，但現在，請想想以下問題：要是每次有同事說你有業界最美的腿〔像歌手蒂娜·透納（Tina Turner）〕，就要去告他的話，那你會永遠離不開法院吧？因此，美國最高法院決定只有某些**特定**性騷擾情況，尤其是此種騷擾達到「相當嚴重、持續不斷或無所不在（pervasive）」的程度，或以性方面好處（sexual favors）決

　　　　　　　　　　　　我的美好，不該是你騷擾我的藉口

定職場機會的情況下，才會以法庭訴訟解決。用外行話來說，也就是除非性騷擾真的到了令人髮指的地步，或是嚴重到能求償的情況，否則法院都不會採取任何行動。所以說真的，法律能怎樣？我們都知道，有很多不當行為或許沒有越過法律門檻，卻能夠破壞你的生活。即使我們能利用法律案件中的事實來理解性騷擾，卻不能假裝那些沒有達到法律標準的經驗不算是性騷擾。因此，法律並不是我們能用來定義法院大門**以外**性騷擾的依據。反之，我們會從社會科學方面著手。

從那些「知情人士」——即探討社會與人際關係以賺取報酬的學者——所進行的研究來看，定義性騷擾的重點在於騷擾者的行為**和**接收者（recipient）的看法。儘管理論分為幾派，但是主流社會學定義大致表示，性騷擾是與性別有關，且接收者覺得那是令人反感、威脅其身心健康，或無法憑一己之力去制止的行為。[7] 我們所說的，便是壓抑、貶低或羞辱他人的行為。[8]

很簡單，對吧？現在，讓我們看看什麼行為會符合此種標準。

什麼行為會被視為性騷擾？

關於構成性騷擾行為的觀點，會基於幾種因素而有所不同，不過最重要的是性別。在男性受到傳統性別角色觀念的挑戰時，就更有可能會出現騷擾行為，而女性會產生騷擾行為，則是在女性從屬地位受到強化之際。[9] 然而，即使我們的社會不斷演進，

女性在行為上的標準始終比男性更高（好像你還不夠清楚似的）。

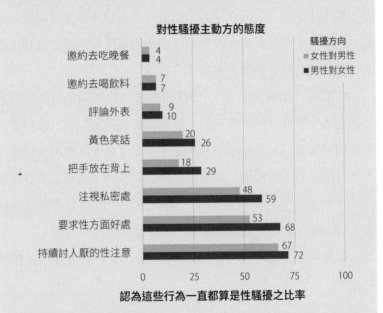

🗨 題外話

對於大家是否把該行為解釋為性騷擾，性別便扮演著重要角色。例如美國家庭調查，即針對主動者為男性或女性，向 3000 人詢問其對性騷擾的態度，調查結果如下。[10]

對性騷擾主動方的態度

騷擾方向
■ 女性對男性
■ 男性對女性

邀約去吃晚餐　4／4
邀約去喝飲料　7／7
評論外表　9／10
黃色笑話　20／26
把手放在背上　18／29
注視私密處　48／59
要求性方面好處　53／68
持續討人厭的性注意　67／72

0　25　50　75　100

認為這些行為一直都算是性騷擾之比率

其他因素也可能會決定該行為是否被視為騷擾，例如行業規範、權力差距和個人經驗。例如，在成人電影場景中可接受的行為，也許在 Facebook 會議室中會被禁止。**也許吧**。以「女黑手黨」稱呼一群女性，在以女性為主的空間中或許是種享受，但在充滿男性的辦公室中卻變成是一種侮辱。而強姦倖存者可能無法接受來自同事「過分友善」的隨機擁抱。這場遊戲

　　　　　　　我的美好，不該是你騷擾我的藉口

中會出現很多不同因素，但請記住，**別人**對此行為的看法並不重要。只要你感到不舒服，那就不對。你不必忍氣吞聲。

根據我們社會當前的普遍標準，以下是被視為性騷擾的五種行為：[11]

▶ 性別歧視言論及行為

▶ 因性別而施以霸凌行為

▶ 不當及令人反感的性示好

▶ 性侵害（sex assault）

▶ 以賄賂及（或）威脅懲處來脅迫性行為

解釋這五種性騷擾類型最簡單的方法，便是根據其相似特色將其分為三類。這三類分別是性別騷擾、討人厭的性注意及性要脅。[12]

你會在第 11 章和第 12 章中發現，這三類騷擾與法律主張之間有些重疊，不過它們並非以法律為依據劃分而成；具體來說，性別騷擾及討人厭的性注意行為與敵意工作環境的構成要件一致，而性要脅則類似「對價關係」（quid pro quo）的性交易。不過，現在你還不用忙著去看跟法律相關的東西。只要先記住有這回事就好！

性別騷擾	討人厭的性注意	性要脅
性別歧視言論及行為、因性別而施行之霸凌行為	不當及令人反感的性示好、性侵害	以賄賂或威脅懲處來脅迫性行為
▶ 與性／性別有關的貶低或不專業評論 ▶ 性別歧視嘲弄、評論、笑話 ▶ 性相關私密問題 ▶ 性照片、影片或文字 ▶ 性話題及對話	▶ 觸碰、撫摸、侵入個人空間、貼身靠著 ▶ 具有性意味的電子郵件、電話、留言、文字內容、社交媒體訊息 ▶ 具有性暗示的外表或手勢 ▶ 強迫或討人厭的性接觸	▶ 以你是否提供性方面好處，而決定提供或威脅取消特別待遇或專業機會 ▶ 施壓以尋求性愛或約會、追蹤糾纏（包括對私生活的實際或網路干擾）

‖ 第一類：性別騷擾

　　最普遍、最常見的性騷擾形式是性別騷擾，其中包括性別歧視言論、性別歧視行為，以及因性別而施以霸凌行為。性別騷擾經常涉及對女性表達出侮辱、貶低或輕蔑的態度。常見例子有性稱謂（sexual epithets）、將女性排除於機會之外、意圖冒犯女性的姿勢，以及對女性的敵意態度，主要是使身為女性的她們感覺像是次等公民。職業女性表示，相較於意在吸引她們的性示好，她們更常遇到這類刻意將她們排除在外的無禮及侵略行為。[13]

　　例如，可恥的製片人哈維・溫斯坦在前助理賽妲・柏金斯（Zelda Perkins）為他工作的 19 年期間，經常對她吼叫咒罵，使她因這些帶有性別歧視的暴力行為而情緒低落。[14] 同樣地，演員傑佛瑞・坦伯爾（Jeffrey Tambor）某些被指控涉及性

　　　　　　　　　　　我的美好，不該是你騷擾我的藉口

騷擾的行為也屬於性別騷擾。據說現在已經是前《透明家族》（*Transparent*）影集演員的他，曾在言語上攻擊其私人助理凡・巴恩斯（Van Barnes），一位跨性別女性。而在參與演出《發展受阻》（*Arrested Development*）影集期間，坦伯爾也被指控用言語羞辱同劇組演員潔西卡・華特（Jessica Walter），她是他在該劇演出獎項提名的競爭對手。華特在 2018 年 3 月接受《紐約時報》記者索潘・德布（Sopan Deb）的採訪時，含淚說出坦伯爾對她的行為：「我在（好萊塢）工作將近 60 年了，從沒碰過有人會這樣在片場對我大聲斥責，這件事對我來說很難受……。」

> ✅ **加分題**
> 提到性騷擾，你可能不太會聯想到粗魯或無禮行徑，但不要忽視這類不文明的行為。即使沒有歧視意圖，這種行為已算是性騷擾徵兆，更會助長其發生。[15]

除了言語攻擊之外，性別騷擾還可能像是在開女人的玩笑，侮辱其能力不足、在職場中沒地位，以及評論年長女性不具重要性或性吸引力。性別騷擾也有可能是對女性在工作與家庭的分配上指手畫腳，雇主會因為母親沒跟孩子待在家裡而對她們態度較差。[16] 這就是蘿莉・查德維克（Laurie Chadwick）描述她在位於緬因州的偉彭醫療保險公司（Wellpoint Inc.）工作時發生的狀況。身為專業職場上的明日之星，家裡雖有一個 11 歲的兒子和六歲的三胞胎，但她的家庭責任從未影響其工作表現。而就在她

升職被拒絕之際，公司代表卻表示，為了照顧孩子和工作，她已經「有很多事要做」。這種令人不快的觀點便是基於「常見性別角色刻板印象，即照顧家庭成員是女性的工作」所造就的。[17]

性別騷擾另一種形式便是性別糾察（gender policing），也就是以輕蔑的態度對待不符合「傳統女性特質」的女性。這種事也同樣發生在 80 年代著名的資誠聯合會計師事務所（Price Waterhouse）超級巨星安‧霍普金斯（Ann Hopkins）身上。她經常比男同事表現更好，但是卻被男同事排斥，且再三拒絕和她合作，因為依照他們的標準，她實在不夠有「女人味」。對於霍普金斯的績效評估，一位同事竟有膽說她需要「去魅力學校上個課」，而她的主管則建議她「穿得更有女人味，上點妝、去做個頭髮，戴些珠寶在身上」。可以說，她因為不符合「傳統」性別刻板印象而受到懲罰。作為一位相當有膽識的狠角色，霍普金斯向法院提起性騷擾訴訟，並於 1989 年由美國最高法院宣判勝訴，此案確立了性騷擾無須涉及性吸引力的概念，而每位女性都能在職場上放心做自己。[18]

性別騷擾也可能帶有性元素，例如在辦公室散布具色情或性暗示圖片、對女性或性行為發表粗俗的評論（例如，稱同事為「蠢婊子」），或是以女性身體部位稱呼女性（例如，「嘿，大奶妹！這是你客戶嗎？」）。這類騷擾的目的不在於得到性配合，而是在貶低女性。這是一種不具實際性興趣的敵意行為。[19]

當男性被當作性騷擾的對象時，他們通常會被稱為娘娘腔、

　　　　　　　我的美好，不該是你騷擾我的藉口

死同性戀及其他具貶義性用語，目的在於表示他們太軟弱或「不夠男人」。[20] 性別騷擾凸顯出性騷擾其實與權力結構有關，而無關性慾或浪漫。

||| 第二類：討人厭的性注意

第二類性騷擾是討人厭的性注意，包括言語及肢體上的行為，即不當且令人反感的性示好及性侵害。相關例子包括帶有性暗示的評論或讚美（「你今天看起來好性感！」）、企圖建立性關係或戀愛關係，以及討人厭的觸碰（例如撫摸、抓、抱、性侵害、強姦／雞姦未遂或既遂）。

討人厭的性注意還包括強迫接受約會或性愛，但不附帶可能傷害或協助職涯發展的條件。這跟「跟我上床，否則就去找別的工作！」這種情況不一樣，更類似於摸女銷售員大腿、色瞇瞇地看著經理胸部、強迫同事口交、打一炮等等。[21]

> **🗨 題外話**
>
> 性侵害——即未經你同意而進行肢體性接觸——無論是否發生在職場上，都算是一種犯罪。而與職業有關時，也可能算是一種性騷擾的形式。
>
> 儘管職場性侵害是最不常見的性騷擾形式，但它**確實**會發生。不要害怕去舉報。沒人可以在職場或其他地方撫摸你、用生殖器磨蹭你或強迫你進行任何性相關行為。如果有人未經你同意而觸碰你，請考慮聯絡執法單位。這種情況雖與你工作相關，

> 但不代表你的雇主會是適合解決這種情況或保護你的一方。請永遠以你的人身安全為優先考量。

　　舉例來說，亞馬遜工作室（Amazon Studio）前影視總監羅伊‧普萊斯（Roy Price），便因遭控涉及討人厭的性注意而惡名昭彰。2017 年 8 月，記者金‧馬斯特斯（Kim Masters）透過科技媒體 The Information 報導爆出 2015 年 7 月某晚，普萊斯對亞馬遜熱門影集製作人伊莎‧赫基特（Isa Hackett）提出性愛邀請，而她正好是一位已婚、有小孩的同性戀者。她一再拒絕普萊斯的性示好，據傳他對她說「你會愛上我的老二」，之後在亞馬遜某次派對上、她身邊圍繞其他高階主管之際，他還在她耳邊大聲說了句：「肛交！」〔引自金‧馬斯特斯於《好萊塢記者》（Hollywood Reporter）的報導〕。

　　在麥特‧勞爾（Matt Lauer）擔任美國國家廣播公司（NBC）《今日秀》（Today）節目的明星主持人期間，他也犯下不當性示好及性侵害的罪行。例如，當他在俄羅斯報導 2014 年索契（Sochi）冬季奧運會時，據說看似友善的勞爾把年輕的 NBC 工作人員布魯克‧內維爾（Brooke Nevils）引誘到他飯店房間，並對她肛交強姦〔引自羅南‧法羅（Ronan Farrow）所著《捕殺》（Catch and Kill）一書〕。據說勞爾還利用公司某個較隱蔽的辦公室，在那裡召集女同事，並要求她們為他口交〔引自伊莉莎白‧

華格邁斯特（Elizabeth Wagmeister）和拉明・塞圖達（Ramin Setoodeh）於《綜藝》（*Variety*）雜誌的報導〕。

職場中討人厭的性注意並不只發生在好萊塢或媒體上。根據美國經濟協會（American Economic Association）2019 年一項龐大調查，有近百名女性經濟學家表示，曾有同行或同事對她們進行性侵害，約 200 名女性經濟學家曾舉報遭到性侵害未遂，還有數百名女性經濟學家表示，她們曾被跟蹤或被不當觸摸。交友軟體 Tinder 的前市場總監蘿賽特・帕巴奇安（Rosette Pambakian）表示，她在 2016 年被當時的執行長格雷戈里・布拉特（Gregory Blatt）撫摸並強吻。2019 年，陸軍上校凱薩琳・史布列史托瑟（Kathryn A. Spletstoser）站出來指控說，（其上司）空軍上將約翰・海頓（John E. Hyten）曾多次在辦公室親吻並擁抱她，直到 2017 年 12 月，他對她強行親吻，同時壓在她身上，然後隔著運動褲射精到她身上〔引自海倫・考柏（Helene Cooper）於《紐約時報》的報導〕。性騷擾無處不在。

雖然男性經常製造這種現象，但他們也不能倖免於討人厭的性注意或性侵害。例如喜劇演員泰瑞・克魯斯（Terry Crews）就曾於 2017 年 10 月透露，在 2016 年某次好萊塢派對上，大牌經紀人亞當・維尼特（Adam Venit）摸了這位 49 歲、前國家美式足球聯盟（NFL）球員的私處。而媒體報導過較極端的男對男案件之一，則大約發生於 20 年前，一名叫約瑟夫・昂卡（Joseph Oncale）的年輕人身上。昂卡說，當時為 90 年代初期，駐紮在

墨西哥灣一個八人海上石油鑽井平台的他，被其他的男同事恐嚇。他們嘲弄昂卡，把陰莖放在他的脖子上，同時按住他的脖子，用肥皂雞姦他，並威脅之後要強姦他。當他向主管舉報，據說主管沒有提供任何協助，反而暗示昂卡是同性戀，而且對這種行為表示贊同。1998 年，他的案件促使美國最高法院做出具有里程碑意義的判決，即承認同性性騷擾。[22]

||| 第三類：性要脅

最後一類性騷擾是性要脅，即是以威脅手段強迫某人從事性相關活動，若不服從，就會對其職業進行不利懲罰，或以職業機會賄賂，或是把機會給願意臣服的人。相關例子包括：同事拒絕分享文件，除非你讓他看你的胸部；上司要求以口交換取升職；人資部員工接受以打手槍交換工作。這類交易性質得為明示或暗示。[23]

以擔任美國廣播公司（ABC）白宮政治新聞主任的馬克·哈爾普林（Mark Halperin）為例，據傳他對女下屬提出暗示性要脅，鼓勵她們若想得到他的批准參與可提升其職涯發展的大型政治活動，就應該在下班後和他一起喝酒〔引自奧立維·達西（Oliver Darcy）於美國有線電視新聞網（CNN）的報導〕。而惡名昭彰的溫斯坦則以明示性脅迫遭到舉報，因為這位製作人公然提供電影角色以交換性愛，甚至會把閃避或拒絕其示好的女演員列入黑名單，就像艾許莉·賈德（Ashley Judd）那樣。[24]

第一個上訴至美國最高法院的性騷擾案件，便是發生在華盛頓特區（Washington DC）受到性要脅的銀行出納員身上。1974年，米雪兒・文森是一位19歲的高中輟學少女，她當時才剛離婚，身兼兩份兼職工作。因此，當美馳儲蓄銀行副總裁兼分行經理悉尼・泰勒（Sidney L. Taylor）僱用她、並像父親一樣指導她之際，她可以說是鬆了一口氣。文森十分信任這位已婚、擁有七名子女且曾為軍人的經理，直到有天晚上泰勒對她說了句話，大意是「如果你不跟我上床，我就毀了你」。他知道文森很需要這份工作。據這位年輕女子估計，泰勒脅迫她與他發生大概40至50次性行為，而且這還不包括她說他在銀行金庫裡強姦她的那次。1978年，就在她據傳有個認真交往的男朋友並因此被解僱之後，文森才提起勇氣訴諸法庭。1986年，她的案件終於上訴至高等法院，而美國最高法院宣布，依據《公民權利法》，性騷擾是性別歧視的形式之一，就此永遠改變女性及被邊緣化族群處於職場中的遊戲規則。[25]

什麼是最常發生的性騷擾形式？

現在你知道性騷擾大致上會是什麼樣子，讓我們來談談最容易發生的騷擾形式吧。在此提示：這不是你在電影或《廣告狂人》（*Mad Men*）中會看到的東西。研究顯示，性騷擾程度**愈嚴重**，其發生頻率就**愈低**。以下從最常見到不常見，依序列出常見於職場的性騷擾形式：

- 盯著看
- 暗示性言論
- 刻意談到性
- 令人反感的圖片
- 反覆要求外出見面
- 試圖開始一段性關係
- 討人厭的觸碰

　　不能因為討人厭的觸碰發生次數較少，就覺得被上下其手不會造成什麼問題，這僅能代表發生的可能性較小，而值得慶幸。但是，你也**不要**低估色瞇瞇目光、令人反感的評論及其他類型騷擾的影響，因為這些騷擾發生的頻率更高。

　　性別騷擾是最常見的性騷擾類型，跟討人厭的性注意和性要脅相比，性別騷擾似乎較不重要，不過單是忍受性別騷擾的影響，就有可能會像其他形式的騷擾一樣，對個人健康造成同樣傷害，進一步相關討論請見第九章。重點在於，不管是什麼形式的性騷擾，都對你有害無益。[26]

👁 **總結回顧**
- 性騷擾是一種使接收者認為受到攻擊、身心健康受威脅，或超出其拒絕能力範圍的性別相關行為。

　　　　　　　　　　　　我的美好，不該是你騷擾我的藉口

- 性騷擾與性慾或性吸引力無關，而是為了強化社會中傳統權力結構，使該結構維持固有利益。男性是社會性別階級制度的主要受益者；白人則是社會種族階級制度的主要受益者，而種族階級制度亦可能與性別具相互作用。
- 性騷擾有三類：性別騷擾（具性別歧視性之言論及行為，以及因性別而產生的霸凌）、討人厭的性注意（不當且令人反感的性示好和性侵害）及性要脅（以賄賂或威脅懲處來脅迫性行為）。
- 討人厭的性注意和性要脅是一種具有性剝削目的的行為，而性別騷擾則是種排擠和羞辱人的行為。[27] 性別騷擾是一種常見且與其他形式性騷擾一樣具殺傷力的行為。

Chapter 3
性騷擾狂與目標

辨別出騷擾者、誰會受到騷擾，
並且意識到自己受到騷擾

> ## 我們之中某些人正成為我們想婚嫁的對象！
>
> ──葛洛莉亞‧史坦能／
> 女權主義先鋒、《女性》(*Ms.*) 雜誌及
> 婦女媒體中心（Women's Media Center）聯合創辦人

莉‧法蘭琪娜（Lori Franchina）並不是什麼好萊塢女明星，她只是一位來自紐約州西部的前全美壘球明星，也是一位女同性戀者，她的目標是成為消防員。2002 年，她的夢想終於實現了。法蘭琪娜就讀位於羅德島的普羅維登斯消防學院（Providence Fire Academy），在班上 80 人中以排名第十名成績畢業，隨後亦加入了新英格蘭第二大消防局──普羅維登斯消防局。她之所以能脫穎而出，不僅因為她是消防隊中為數不多的女消防員之一，也因為她特別具有天分及專業能力。法蘭琪娜在消防局工作四年之後，便很快升為該局的救援隊長，並開始負責醫療車的工作。

在 2006 年某次夜班值勤中，法蘭琪娜隊長和安卓‧費羅（Andre Ferro）一起工作，她在之前從未見過這位消防隊醫護人員，而那晚發生的事則永遠改變她的職業生涯和人生道路。一見到她，費羅就對法蘭琪娜說，他「通常不喜歡跟女人一起工作」。他問法蘭琪娜是不是女同性戀者，並藉由調度中心的廣

播，說出如果她想生孩子，他能讓她受孕之類的話。費羅在其他消防員的注目下，一邊揉搓自己的乳頭，一邊稱法蘭琪娜為他的「蕾絲邊情人」，後來又在醫院病人旁重複了這句話。整個晚上，法蘭琪娜依然維持其專業態度，然而就在她下班之後，她正在宿舍寬衣時，費羅只穿了條四角褲就闖進來，聲稱要道歉，卻把腳放在她的辦公桌上，無視請他離開的命令。在法蘭琪娜的要求下，費羅很快便為這些惡作劇行徑面臨紀律處分。不過，也正因為法蘭琪娜不願意忍受費羅的騷擾，導致她必須面對後續所有如地獄般的遭遇。

　　費羅被處分的消息一傳出，法蘭琪娜其他的同事，包括下屬都開始叫她「賤人」、「蠢貨」和「髮男畸娜」（Frangina）（描述女人陰部毛髮濃密且不加以修剪的俚語）。在消防局留言板上，他們寫了無數的髒話罵她，像是「髮男畸娜帶領蕾絲邊隊取得勝利」、「你會有報應，賤人」。男性下屬會一邊用手去彈法蘭琪娜衣領上的別針，一邊告訴她，他們永遠不會聽從她的命令。她只要一進門，就會有消防員說：「該死的平權運動會害慘這份工作」，或是「賤人來了」。消防局廚師則當著別人的面大罵法蘭琪娜，問她是不是想害費羅被開除。沒多久，她開始會在吃了廚師為大家準備的伙食之後，覺得身體不舒服。有次她偷偷把餐盤換給了某位同事，之後就看到他身體不適回家，而她安然無恙。

　　法蘭琪娜在執勤期間所受的待遇也一樣慘。她的下屬會拋下病人，拒絕抬起擔架，把她推到牆上，還把血和腦之類的東西扔

　　　　　　　　　我的美好，不該是你騷擾我的藉口

到她臉上。他們一直恐嚇她，從不罷休。有次，法蘭琪娜不得不對某位消防員申請了禁制令。

從 2006 年與費羅一起上夜班開始算起，在這七年以及超過 40 次書面騷擾投訴之後，法蘭琪娜終於辦理退休。受到創傷後壓力症候群的影響，她自 2013 年便開始陷入永久失能的情況。[1]

法蘭琪娜隊長的同事從未像對待局裡其他女消防員那樣浪漫追求她。他們唯一想做、也得逞之事，就是把她趕出職場。

費羅和他同事這類男性經常會對法蘭琪娜這類女性，即「不知其本分」的女性進行性騷擾，本章要協助你發現很可能會成為騷擾者的人，以及更有可能受到騷擾的人。在此所提供的訊息，會有助你預知威脅，並揭開其背後真相。即使你不容易受到騷擾，你也要關心那些容易受到騷擾的同事。畢竟，我們都在同條一船上。

誰是騷擾狂？

在 80 年代中期，當性騷擾的嚴重性終於呈現於美國社會大眾之前，大家普遍認為，騷擾狂要不是有心理問題的異類，就是來自下層階級沒水準、沒禮貌的男人。一直到 90 年代初期，前美國最高法院大法官克拉倫斯・湯瑪士、前參議員鮑伯・帕克伍德（Bob Packwood）、前總統比爾・克林頓（Bill Clinton），以及其他幾位「菁英紳士」被揭露涉嫌職場性騷擾，大家才從這種「幻想」中清醒過來。[2] 即使經過幾十年，對騷擾狂的研究仍然

不可靠，而且幾乎不存在。不過，缺乏研究當然不是因為缺少研究對象，而是因為缺少誠實性。

> **⚠ 注意！**
>
> 媒體經常報導、也是很多人所想像的典型性騷擾場景，多半是一位邪惡男上司強迫女下屬跟他發生性關係，不過現實通常並非如此。在一般職場中，性騷擾更容易來自同事，而不是來自上司或下屬。
>
> 一項期間長達 23 年、追蹤 1000 多位男性及女性的研究發現，受到同事性騷擾進行舉報的次數是受到上司性騷擾的三倍。[3]這項統計數據印證了權力為性騷擾目的的事實。
>
> 當然，這並不代表你就無須留意來自上司、下屬、客戶或顧客不當的性挑逗或暗示性評論。危機四伏，務必提高警覺！

　　根據社會學家兼性騷擾研究人員海瑟・麥克勞林（Heather McLaughlin）博士的說法，不太有人會願意承認他犯下具侵略性的性騷擾或性別騷擾。[4]我們都知道！根據 2018 年 9 月羅南・法羅在《紐約客》（*New Yorker*）的報導，超過 15 位女性指控 CBS 前執行長萊斯・穆恩維斯（Les Moonves）涉及不當性行為，即便這些女性在各自接受調查之後**全都**證實具可信度，他仍然否認涉及任何犯行。超過百位女性詳細指控哈維・溫斯坦涉嫌不當性行為，而這位名譽掃地的製作人始終堅持**所有的**互動都是自願的。自從《洛杉磯時報》（*Los Angeles Times*）格倫・惠普（Glenn Whipp）在 2017 年 10 月把導演詹姆斯・托巴克（James

Toback）的犯行攤在陽光下之後，至少有 395 位女性站出來對該導演提出詳細指控，但托巴克還是理直氣壯地矢口否認。根據以上種種，你就知道為什麼研究騷擾狂樣貌這項議題會是個大麻煩了。這也是為什麼我們需要仰賴倖存者的描述，來揭發幾乎所有的騷擾狂都會有的一項共同特點：Y 染色體。

||| 男性為主

你可能已經猜到，渣男可以說是職場性騷擾最主要的罪魁禍首，其鎖定被害目標大約有 90% 為女性，70% 到 80% 為男性。[5] 騷擾狂沒有所謂的原型樣貌，但我們所知的男性騷擾狂，大致上具有以下特徵：[6]

▸ 支持傳統性別角色
▸ 缺少對性別或種族的平等態度
▸ 具有強烈男性身分認同感
▸ 認為男性比女性優越
▸ 性化女性和女孩
▸ 認為男女應該被差別對待
▸ 看輕被害人的受害情形或傾向責備被害人

你或許能從某位男性談論性別相關的內容，來判斷他是否具有以下這些特徵。記得要小心這類言論或思想：

- 男性更適合從事軍隊這種傳統男人的工作，也是負責賺錢養家的人
- 女性就應該從事「粉領工作」或留在家裡當個媽
- 男性在領導力、管理力、談判力等方面具備天生優勢
- 女性在提供支援、組織、維護等方面具備天生優勢
- 用來貶低男性的詞彙多與女性有關（例如「婊子狗」、「娘娘腔」、「狗娘養的」）
- 以傳統上與女性相關的活動侮辱男性（例如，如果我錯了，我就穿婚紗給大家看）
- 以女性相關刻板印象作為笑話娛樂

　　藉由騷擾狂表現出來的性別歧視類型，就能分辨出他抱有敵意或善意。顧名思義，具敵意的性別歧視會支配和詆毀女性，因為擔心她們會透過女權主義或性顛覆男性權力。[7] 也就是說，具敵意的可悲騷擾狂會把生存視為一種零和遊戲，把女性視為對手，他們被性別平等的想法嚇壞了，所以會不惜一切代價打擊並迫使女性「乖乖就範」。具敵意的騷擾狂往往認為男女之間天生具有對立關係，他們會設法維持住男性主導地位，並擁有控制女性的強烈欲望。這種不理性的想法可能會透過粗暴言論、無禮及下流手段表現出來，就像法蘭琪娜隊長所遇到的那樣。

　　性別歧視的另一面則是善意（但不是你想要的那種）。善意性別歧視包括堅持老派的騎士觀念，並透過家長式的「溫情」而

非敵意態度來維持男性對女性的權力控制。白話來說，這些花花公子會把你捧得老高，接著說這樣做對你最好，並藉此把你排除在遊戲之外。善意騷擾狂認為女性「純潔溫情卻無助無能，必須受到男性珍惜保護」。[8] 在他們看來，女性不應該在某些領域工作，**甚至根本不應該工作**！呸！善意騷擾狂無知迂腐的觀點會把女性推回廚房，同時還會阻擋女性得到進入會議室的機會。

兩種形式的性別歧視都有問題，但善意的性別歧視問題更大。為什麼呢？具敵意的騷擾狂粗俗、令人厭惡，但容易識別。至少，他們對待女性的態度多半野蠻且令人反感，因此女性也更傾向於反擊。然而，善意騷擾狂沒殺傷力。他們看起來人超好、樂於助人、處處表現關懷，但這些行為實則隱含歧視。他們會透過女性能力較弱的說法，或是以這種限制對女性較好為幌子，來限縮女性在職場的機會，使女性一直處在「本分」位置上。還記得蘿莉·查德維克嗎？她的雇主就先否定其晉升機會，然後再告訴她家裡有四個孩子，她一定有很多事情要做。這就是一個善意性別歧視的例子。研究證實，男性和女性愈是接觸到此種情形，他們就愈會把性別歧視合理化，而女性就愈不可能推動平權。[9] 真是見不得光的屁話，對吧？

> **💬 題外話**
> 雖然騷擾狂是男性的可能性要比女性大得多，但有原則就有例

外，比如享譽國際的阿維塔爾·羅內爾（Avital Ronell）博士，據報導，她曾在紐約大學（New York University）對其指導男研究生尼姆羅德·雷特曼（Nimrod Reitman）進行性騷擾。根據《紐約時報》左伊·格林柏格（Zoe Greenberg）2018 年 8 月的報導，羅內爾教授被指控多次親吻及觸摸雷特曼，用簡訊和來電灌爆他的手機，和他一起睡在床上，若是他不回應，就拒絕合作。儘管雷特曼認定自己是同性戀，而羅內爾是女同性戀，但在權力面前這些都無關緊要。

就像男性騷擾狂一樣，騷擾男性的女性可以是具敵意和／或具善意的。充滿敵意的女性騷擾狂往往會對男性的社會地位、權力運用、過去歷史對女性的剝削等感到不滿。透過其對男性的攻擊能鑑別出這些女性，這些攻擊會破壞刻板的男性性別角色，並以「男人全都是垃圾」或「男人都是豬」等尖酸言論來統稱男性。女性對男性為善意的性別歧視，則可能反映出一種母性優越感，認為女性才能使男性完整。一旦身居高位，這些女性就有可能基於認為男性無能，或是因為缺乏安全感而在職場上阻礙男性發展。

對其他女性進行性騷擾的女性往往會先貶低和排斥她們。她們也更有可能傾向譴責受害者，並認同有關強姦方面的迷思。無論性別如何，騷擾狂都算是問題之一。[10]

　　要小心的是，騷擾狂也可能會涉及兩種類型的性別歧視。這要看他們針對的是誰。比如，我某位前同事會對我善意騷擾，自稱是對女性過度保護，但同時又對我們另一位可愛的女同性戀同事進行敵意騷擾，拒絕給予最基本的禮貌，也給她不應該有的差別對待。我能說什麼？騷擾者真是變形蟲。

無論他們是敵意、善意，還是扭曲混合體，各行各業的騷擾狂都支持性別不平等，並傾向於相信被騷擾的女性是因為不守本分，所以才給自己帶來了不平等。[11]

誰會受到騷擾，為什麼？

沒人能倖免於性騷擾。**任何人**都可能成為目標。然而，有些特定因素會使得某些人更容易成為受害者。這些因素各自具有不同程度的影響力及相互關係，左右著受害者被騷擾的可能性。不過，唯一共同點便是：弱勢。

無論其弱勢是來自個人，還是環境因素（如經濟、語言、移民或工作權益障礙），騷擾狂都喜歡以弱者為目標，因為他們最不可能去舉報被騷擾、最不可能取信於人，也最不可能在追究騷擾責任上受人支持。[12] 鑑此，以下幾頁便根據主要群體，列出一些重要且會助長被性騷擾機率的個人因素。

||| 年輕又缺乏經驗

年輕職員及剛進入某行業的新人，會比年長、較有經驗的職員更容易受到性騷擾。[13] 造成這種情形的原因有很多，而且幾乎都跟肌膚緊實度無關。

首先，年輕人通常處於職場金字塔較低的位置，一旦這些年輕人開始往上爬，就很有可能被高層視為潛在威脅。

一些站出來大聲指控記者格倫・斯洛許（Glenn Thrush）〔即

蘿拉‧麥葛溫（Laura McGann）在 Vox 上的報導〕及馬克‧哈爾普林的女性表示，當這些知名人士騷擾或攻擊她們的時候，她們還很年輕，也是新聞界菜鳥。我在網路上被視為目標時，也還是個沒有發聲管道或業界人脈的新人。據說製片人哈維‧溫斯坦會對那些沒有權勢、想在好萊塢揚名立萬的年輕女演員下手，但他不見得會針對像妮可‧基嫚（Nicole Kidman）這樣的女性，因為在她嶄露頭角那幾年，她就嫁給相當有權勢的男人〔湯姆‧克魯斯（Tom Cruise）〕。騷擾狂確實是瞄準弱者為獵物。真可悲，對吧？

其次，騷擾狂的目標是年輕及沒有經驗的新人，因為年輕往往伴隨著無知，無知有時是種福氣，但也會導致年輕新人較不可能把某些特定行為看作是性騷擾，或是覺得他們有必要說出來，這就不能算是好事了。騷擾狂會利用這種經驗不足來掩蓋其不當行為，並進一步促進這種沉默文化。[14]

年齡方面的弱勢對一個人成年後的心理健康，具有相當重要的長期影響。根據研究，若你在 30 歲前曾遭遇過性騷擾，那麼你在往後日子中就更有可能受到騷擾，而一再受到騷擾的惡夢，也就變成許多較早踏入職場者的不堪現實。[15]

> **題外話**
> 除了容易受到騷擾之外，年輕職員也很可能因為不懂什麼是職

場適當行為，而成為加害者。

在 BuzzFeed 網路媒體工作六年期間，作家兼網路紅人賽伊德・瓊斯（Saeed Jones）經常與年輕的團隊成員一起工作，而且有時也會遇到不當行為。瓊斯用自身最佳的判斷力來判定這種行為是否源自缺乏經驗，若真是如此，他就會藉此進行機會教育，把他的新進同事拉到一邊，禮貌解釋為什麼這種行為令人不快，或是不被職場所接受。

如果直覺告訴你，年輕同事的行為來自於缺乏經驗，請思考這是否為指導的好時機，若你還算自在，那就不妨一試！

||| 性別

提及「傳統女性」的刻板印象，讓人聯想到 50 年代的保守家庭主婦，她耐心等待她的男人從一天辛苦工作中回家，以便在他休息時為他端上沙朗牛排並按摩他的腳。她恭敬、細心、體貼又活潑；不敢有野心，不敢有主見，不敢獨立。天哪！「傳統女性」好懂自己的本分。**真噁心**。

按照現代女性的標準，這種刻板印象既不實際，也沒有魅力。然而研究人員證實，偏離這種「傳統女性」理想的女性，將更容易受到騷擾。一旦偏離得愈遠，受騷擾的程度就會愈嚴重。這是有道理的，因為性騷擾是指導性別刻板規範的武器[16]（好吧，在那種壓迫、無知的方式下，倒是有點道理）。

鑑此，以下是一些更容易煽動騷擾者不安全感的關鍵特徵。

強大自我主宰意志：那些表現出野心、霸氣、獨立或其他

「男性」刻板形象特徵的女性，**無論**她們是否也具有女性刻板形象特徵，都更容易受到性騷擾。這表示，如果你是位獨立女性，那麼富有同情心、體貼和魅力也無法讓你免於有辱人格的汙言穢語或口哨聲。[17]

選擇傳統男性職業：在軍事、理工科、體育、學術界、金融及其他傳統男性為主職業中的女性，會被那些原始人視為模糊傳統性別形象界限之行為。騷擾狂就是不甘心。真是夠了，一個女人怎麼敢認為自己能從事任何她想要的職業？[18]

高材生：要是學生貸款還不夠慘，那這件事一定會令你失望：即教育程度愈高，女性會受到愈多性騷擾，因為她們挑戰了傳統上以男性為主的社會經濟階級制度。[19] 根據 2018 年皮尤研究中心（Pew Research Center）對全美 6200 多位成年人所進行的調查發現，擁有大學學位的女性至少約有 70% 會受到性騷擾，曾就讀過大學的女性則有 65% 會受到性騷擾，相較於只有高中或更低學歷的女性中，約有 46% 會受到性騷擾。[20] 顯然，父權制度更喜愛未受教育的女性，就像《使女的故事》（*The Handmaid's Tale*）一般。 # 在「他」眼皮底下 *

---

*《使女的故事》是瑪格麗特・愛特伍（Margaret Atwood）的反烏托邦小說，描述在極權主義當道的國家中，淪為男性附屬品的女性如何逃離地獄的故事。「Under His Eye」為小說裡人們道別時會說的祝福語。

我的美好，不該是你騷擾我的藉口

　　單身女子狀態:所有單身女性聽好了,你不需要有個男人。不過你要知道,你比已婚或有男性同居人的女性更容易受到性騷擾。不幸的是,騷擾狂認為單身女性「違反」傳統家庭結構,比已婚女性受到的保護更少。[21] 試想:在控訴溫斯坦的受害者之中,有多少是已婚女性?

　　打破玻璃天花板[*]:打破玻璃天花板儘管帶來好處,來自性騷擾的痛苦也增加了。海瑟・麥克勞林博士及其研究團隊表示,女性主管受到性騷擾的可能性(為 138%)及持續經歷性騷擾比例,**明顯**高於其他女性和同階層的男性。當女性在職場中獲得權力,騷擾狂就會把性騷擾視為一種平衡工具,以有效削弱女性權力。在騷擾狂的小心眼裡,這些女性正挑戰女性應該服從男性的假設。正如海瑟・麥克勞林博士所總結:「即便是在女性取得管理權之後,將女性排除於管理職位之外的力量仍會持續不斷運作。」[22]

---

[*] 意指在職場上針對特定群體(如女性、少數族群)所設下的潛在晉升障礙。

題外話

一些關於男性的研究顯示，男性所經歷的職場騷擾行為就跟女性一樣多。不同的是，男性比較不會被這種行為冒犯。

一項 2018 年針對美國 3000 多位成年人的調查顯示，只有 49% 的男性認為向同事求歡「絕對算是」性騷擾，而女性則有 71%。另一項研究發現則是，女性更容易對職場上討人厭的觸碰感到威脅，而男性則傾向於將其視為一種讚美或無傷大雅的樂趣！世界還真美好！我想，如果你的性別在社會上占有很大程度上的優勢（無論是身體上還是經濟上），你也比較可能會享受在小隔間裡被某人隨意撫摸或提出性要求。但女性通常**不喜**歡在職場上遇到這種行為，因為這並非無害。對於女性來說，這是一種以相當程度敵意或隱晦要求為武裝的行為，而女性要是說「不」就有可能被毀掉事業。不用我多說，女性在性騷擾這方面的經驗可比男性糟多了。[23]

雖然男性可能是性騷擾主要加害者，但他們也不能倖免於難。男性間的同性性騷擾是僅次於男對女性騷擾第二大最常見的形式。[24] 但對男性而言，這種行為通常只會被視為單純的戲弄或惡作劇，儘管這類性騷擾的目的確實是在加強社會權力結構和固有觀念。[25]

在傳統「男性」刻板觀念下，男性是社會的領導者，是女性唯一供養者和保護者。他們要無所畏懼、堅忍不拔、無所不知。無論是透過挑戰其他男人，還是以性征服者的身分追求女性，「真正」的男人都會藉由公開展示來證明自己的陽剛之氣。這種

爭奪第一的特質不僅與權力支配和侵略性有關，也是能否征服女性及其相關事物的關鍵。未能達標的男性就可能會面臨騷擾，例如，請陪產假、花時間照顧孩子、容易心生感觸，或是對自身能力表示謙虛的男性。即使是那些只不過是有感於男性特權，而希望在職場上提升女性地位的男人，也很可能會受到「懲罰」，被罵「不夠男人」等羞辱人格或異性戀主義相關的字眼。[26]

　　男性愈是受人期望在該行業中表現出男子氣概，卻偏偏未符合此期望，其他人就愈會試著使他順從，甚至可能會訴諸性侵害。這就是在約瑟夫・昂卡案例中所發生的事，這位年輕的石油鑽井工人被同事當作目標，只因為他們認為他表現出娘娘腔的行為，也就是他僭越了性別階級制度中男性刻板印象的規範。因此，當 2016 年威廉・莫里斯奮進經紀公司（William Morris Endeavor）前經紀人亞當・維尼特於某次好萊塢派對上伸手摸了演員泰瑞・克魯斯的睪丸，後者很可能就是這種無知觀念的犧牲品。在侵害事件發生前幾年，泰瑞・克魯斯曾出版一本名為《男子漢：如何成為更好的男人——或是與之共處》（*Manhood: How to Be a Better Man—or Just Live with One*）的回憶錄，他在書中主張反對男性渴望成為知名「萬寶路牛仔」（Marlboro Man）* 那樣的人。作為一個公開反對「有害的男子氣概」（toxic masculinity）風氣的倡導者，克魯斯衝擊了用來維持性別現狀

---

* 當時萬寶路為開創男性市場，創造出的陽剛廣告形象。

的「大男人」刻板印象。很可能這就是維尼特會當眾摸他的原因……。那場好萊塢派對，距離克魯斯的書出版也已經過兩年了，我們要來討論幾個因素，畢竟克魯斯散發著陽剛氣概，看起來維尼特不太可能是要強調性別階級。或許你會想問，**那麼種族階級呢？**請繼續看下去。

‖非異性戀族群

騷擾狂重視性別與角色之間的明確區分，因此，當個人模糊了界線或以任何方式偏離時，騷擾狂就想懲罰他們，使其服從規範。然而，基於其存在和生活方式，非異性戀族群的確模糊了這些界線，或是偏離了固有角色，使他們成為性騷擾的目標，其比例甚至高於那些提出舉報的順性別異性戀者。[27]

在性別問題上，一位聯邦上訴法官深入重點解釋，為什麼騷擾狂會對那些被認定為女同性戀、男同性戀、雙性戀或任何非嚴格意義上的異性戀者有所異議：

女同性戀者和男同性戀者的身分顛覆了我們的性別模式，致使我們質疑……陳舊、不合時宜的想法，即男人與女人應該在其關係中各自扮演什麼角色。誰是主導者？誰是順從者？誰負責謀生？誰負責理家？誰是父親？誰是母親？如此一來，性向歧視和性別歧視的根源便相互糾纏、密不可分。[28]

我的美好，不該是你騷擾我的藉口

一說到性別認同，騷擾狂會掙扎不已也是源自於古板及無知。在騷擾狂看來，跨性別女性不想以男性身分生活，放棄了自己身為「優越」性別的「天生權利」。這真的讓騷擾狂很不爽，因為這恰恰證明了身為男性「其實沒那麼了不起」。同樣地，騷擾者也把跨性別男性視為一種侮辱，因為，他們從一個低賤的女人變成了性別階級頂端的男人，在性別權力結構中越了級，這是騷擾狂無法容許的。至於那些不在這裡被框定為男性或女性的人，騷擾者就是不喜歡，因為他們不知道你是否會堅守「本分」，而你若是不認分，就會受到懲罰。你可能已經注意到，對於騷擾者來說，這都是一種因不安全感而衍生的自私行為。

✅ **加分題**

交織性（intersectionality）是關於男女同性戀、雙性戀、跨性別者及有色人種族群性騷擾對話的核心。

交織性是指個人社會認同之間的相互關係，其社會認同本身無法相互排除，像是種族、性別及性向。定義會比概念更複雜。以法蘭琪娜隊長的情況舉例說明，她被攻擊，既是因為她的性別（女性），也是因為她的性取向（女同性戀），對吧？這是因為「女同性戀無法將自己的同性戀身分與女性身分區隔開來，因為這界定了其與世界的關係，而異性戀或順性別女性則沒有這樣的經歷」，為《女性》雜誌等媒體撰稿的同性戀兼女權主義倡導者羅莎琳德・瓊斯（Rosalind Jones）解釋道。[29]

我們經常能看到，當有色人種女性受到騷擾時，其他從事同樣活動的人卻沒有受到騷擾，這就是交織性歧視所展現的作用。

正如羅莎琳德・瓊斯所解釋，有色人種女性「面臨其身為有色

> 人種女性身分的特定形式騷擾，這種形式的騷擾是白人女性因
> 其白人身分而不必面對的」。
> 小心交織性歧視，因為這會增加某人被騷擾的可能性。

　　瑞安·華雷斯（Drían Juarez）博士是一位協助職場實現跨性別包容的國際顧問，也是洛杉磯同性戀中心跨性別經濟賦權計畫（Los Angeles Gay and Lesbian Center's Transgender Economic Empowerment Project）的創辦人兼經理，她公開談論跨性別者在美國企業中每天所面臨可怕的職場歧視。身為一位驕傲的跨性別、拉丁裔女性，華雷斯對這些困境有著切身體會，她曾在工作環境中忍受充滿仇恨的評論、淫穢問題和令人反感的行為，也曾遇過有男同事在她面前掏出陰莖，並說出粗俗言論，而管理階層卻視而不見。當她正從性別確認手術（gender confirmation surgery）中恢復之際，還在某家大公司工作的她負責接待一位反跨性別的演講者，那個人直接說她令人作噁。在她的職業生涯中，華雷斯很是受苦，但勇敢的她拒絕隱藏其真實自我，即使隱藏會讓她在職場中更加游刃有餘。[30]

　　某些非異性戀族群成員確實會在職場隱藏其真實自我，希望藉此避免騷擾。即使他有幸在包容的環境中工作，例如 BuzzFeed，在 2013 年開啟了特別針對非異性戀族群相關議題內容，賽伊德·瓊斯還是看到朋友因為害怕被恐同者騷擾而對同事隱瞞自己的性向認同。《如何為我們的生活而戰》（*How We Fight*

　　　　　　　　　　　　　　我的美好，不該是你騷擾我的藉口

for Our Lives）一書的作者回憶說，某位在德州一所公立高中任教的同性戀同事在辦公桌上放了張印有「騙局」字樣的便條紙，以提醒自己假裝成異性戀來欺騙學校裡的所有人。[31]

非異性戀族群在外工作時，往往會受到一連串不當對待。例如，他們可能會被明裡暗裡地羞辱，只因為他們不願意做許多順性別異性戀者認為理所當然的事情，比如在辦公桌上放一張另一半的照片，帶另一半參加公司活動，以他們喜歡的名字和代稱稱呼。他們也經常因偏離性別刻板印象及過度性化而被糾正指導，還會接收到不當言論及有關其身體與性生活的反常問題，這對同在職場中的順性別異性戀者來說，**絕不會**被視為該容忍的事。法蘭琪娜隊長就是這樣，她（作為一名女同性戀消防員）沒有爭取到男性的性注意，而傳統的性別規範則鼓勵女性這樣做。

不幸的是，雇主往往不會糾正這種職場文化，反而寧可不僱用符合資格的非異性戀面試者，因為他們知道自己的員工會騷擾他們，但管理階層又不想為此做任何事，便乾脆不去聘用這些族群或僅給予兼職工作。[32]

‖ 種族

讓我們現實一點：你的膚色會影響社會大眾對待你的態度，職場也不例外。一旦涉及性騷擾，有色人種受到騷擾的比例便高於白人。[33] 然而，這些比例在所有有色人種中並不一樣，在這些族群的性別之間也不相同。對於有色人種女性來說，由於她們

的種族**與**性別在整體制度中握有的權力較小，所以會比有色人種男性遭遇到更多的性騷擾，而且具有種族歧視的性騷擾也與白人女性會遭遇的性騷擾不同。[34] 除了受到大量社會學研究證實之外，還有政府相關統計數據可支持這項說法。最近一份平等就業機會委員會針對 2012 年至 2016 年期間舉報性騷擾案件檢討報告發現，儘管有色人種女性僅占勞動力人口的 37%，但她們卻占了所有女性指控性騷擾案件的 56%。[35] 重點：身為有色人種會讓你成為騷擾的目標，尤其是你剛好身為有色人種女性的話。

**2012 年至 2016 年期間每 10 萬名女性職員
向平等就業機會委員會舉報性騷擾案件比例**

種族	比例
黑人	15.3
拉丁裔	5.2
白人	4.7
亞裔	2.1

資料來源：國際女性法律中心（National Women's Law Center），2018 年 [36]

在討論種族刻板印象和性騷擾的交織性作用之前，請記得，這些刻板印象歷經幾世紀的壓迫而根深蒂固，具有相當深刻的複雜性。不用多說，本節不可能涵蓋這些多面向問題每處的細微差別，但能給你一個簡單概述，為什麼你或有色人種同事在這權力遊戲，即性騷擾之中，特別容易處於弱勢。

我的美好，不該是你騷擾我的藉口

亞裔：美國東亞裔男性和女性在職場中所對抗的，是截然不同卻同樣具有破壞性的標籤。亞裔男性會被刻板印象去性別化，並經常被認為是天生的厭女者。因此，他們可能會被排除在崇尚男子氣概的工作環境中，比如體育新聞報導的機會。而提到亞裔女性時，美國的亞裔女性不僅被視為具有異國情調，在刻板印象中更經常被視為是幼稚、順從的「中國娃娃」，或是咄咄逼人、貪財的「龍女」。[37]

　　亞裔美國人與性別及性種族主義抗爭了好幾個世紀，但他們經常是社會上被遺忘的少數族群，在性騷擾的研究中**也**是如此，所以大家對他們在職場上所承受的痛苦基本上一無所知。不過，我們還是知道，由於交織性刻板印象，亞裔美國人在追求升職過程中會碰到很高的門檻，例如亞裔美國人占美國職業勞動力的 27%，但是具主管職位比例卻不到 14%[38]，這個問題理應有個解方。同時，亞裔美國人女性的力量經常在企業中被削弱。例如，2018 年人才創新中心（Center for Talent Innovation）對 3200 多名（年齡在 21 歲至 65 歲之間）受過大學教育的全職白領職員進行調查後發現，亞裔女性（31%）與白人（15%）、拉丁裔（11%）和黑人（22%）女性相比，較有可能受到比她們**低階**同事的性騷擾[39]，這也是個問題，要是想全面了解性騷擾如何影響亞裔美國人的職業經歷，還有很多問題必須探討。

　　原住民：如果亞裔美國人是被遺忘的少數族群，那原住民呢？關於原住民受到性騷擾比例，在學術研究方面幾乎不存在。

然而，他們也無法逃脫性刻板印象和貶低嘲諷的不幸。原住民女性被貼上異國情調和順從的標籤，男性則被塑造成具有暴力野蠻的形象，這是對付異教徒的慣用手法，用來合理化歐洲殖民所造成的集體性侵及種族滅絕。

雖然缺乏原住民職場性騷擾相關具體統計數據，但我們確實知道該族群特別容易受到性暴力侵害——尤其是女性，她們比其他族群女性受到性侵害的可能性高達 2.5 倍，而且其加害者有65% 至 70% 是非原住民男性。一起好好想想吧！

儘管眾人皆知原住民性暴力事件發生率很高，「# 我也是運動卻略過印地安人區。」北美大平原原住民婦女學會（Native Women's Society of the Great Plains）的公共教育專家愛曼達・塔斯・瓦波內（Amanda Takes War Bonnet）如此說道。[40] 我們不能接受這種事。原住民族群的職場性騷擾經驗是有必要且值得研究的議題，畢竟我們全都不是局外人。

拉丁美洲裔：從演員蘇菲亞・薇嘉拉（Sofia Vergara）在《摩登家庭》（*Modern Family*）的角色到歌手珍妮佛・羅佩茲（Jennifer Lopez）的招牌豐臀，熱血的拉丁裔刻板印象在主流流行文化中蓬勃發展，**並**延伸到職場。拉丁美洲裔被認為是具異國情調、令人嚮往、迷信、性慾高漲的族群，騷擾狂抓住這種貶低及狹促的刻板印象，將其視為性騷擾拉丁美洲裔職員的誘因，然而她們原本就已經處於特別弱勢地位，因為其平均工資比所有其他種族和性別的職員都要低。[41] 更糟的是，研究顯示拉丁美

洲裔女性所受的教育程度愈高，和白人男性同事的所得差距便愈大。[42] 我是說真的。

拉丁美洲裔男性也得面對一系列的刻板印象，從厭惡女性及變態「拉丁情人」到性威脅攻擊者都是。唐納‧川普（Donald Trump）在 2016 年總統競選期間也利用這種刻板印象，稱墨西哥人為「強姦犯」。一旦到了實際職場上，這種標籤勢必對拉丁裔族群相當不利。關於這種性化及貶抑性的刻板印象，會如何阻礙拉丁美洲裔的職涯發展，我們必須要進行更多相關研究。

棕色人種：就性刻板印象而言，那些西南亞裔、北非裔及東北非裔（統稱為「棕色人種」）的前景也很灰暗。研究種族及民族的歷史學家梅塔‧艾哈森（Maytha Alhassen）博士解釋，棕色人種女性經常面臨與東亞女性一樣扭曲、承受矛盾刻板印象的困境。棕色人種女性要不是性慾高亢、跳肚皮舞的妖女，就是孤立、順從的後宮嬪妃。另一方面，與東亞男性不同的是，棕色人種男性被性化到將近變態的程度。他們被貼上咄咄逼人、霸道、厭女的標籤，除非女人準備好面對暴力，否則永遠不該對他們說「不」。當騷擾狂在職場上挑選並鎖定目標時，這些性別刻板印象便會一一體現於他們的行為之中。而你或許已經猜到，我們同樣需要對棕色人種專業人士的經歷進行更多研究。[43]

黑人：雖然奴隸制早在一個多世紀前就結束了，但受到奴役汙點的影響，黑人也沾上破壞性、性慾高漲的刻板印象，這些標籤便跟著他們進入職場。[44] 幸運的是，儘管還是缺乏黑人男性

經歷的相關數據，有關黑人女性職場經歷的研究正不斷改進。在職場上，黑人女性被貼上性別不拘、放蕩淫娃、隨時能上床的標籤。[45] 儘管黑人女性還必須對抗另一個無性的負面刻板印象，即「憤怒的女黑人」，不過蛇蠍美人這個刻板印象往往凌駕於前，使得黑人女性比起性別騷擾更容易受到性騷擾。事實上，一項對軍方女性的調查發現，白人女性較常受到侮辱及敵意言論，而黑人女性則更會受到討人厭的性注意及性要脅。[46] 在同樣情況下，黑人女性也舉報收到同事更多的不當提問及猥褻言論，例如詢問其性生活或以性相關言詞評論她們的衣櫃。[47] 這項發現印證了研究人員的結論，即黑人女性很容易被同儕視為性對象，而非專業人員。[48] 黑人女性經歷的性騷擾率高得離譜，很明顯能從平等就業機會委員會經手的性騷擾控告數量得到證實，其在**每個行業**（雖只代表職場一隅）都高出白人女性將近三倍。[49] 不過，只要我們記得騷擾狂企圖在性別及種族階級制度中壓制他人，那麼一切都說得通了。

　　儘管在性別階級中占上風，但是黑人男性還是限於種族階級位置而深受其害。除了被定位成暴力及具攻擊性，黑人男性也被貼上「性致勃勃、性知識豐富及在性方面占有生理優勢」的標籤。[50] 受到令人恐懼又渴望的雙重形象影響，黑人男性比白人、拉丁美洲裔或亞洲男性更容易受到同事的性騷擾。根據一項 2018 年人才創新中心的大規模調查，21% 受訪黑人男性表示至少被同事性騷擾過一次，而白人、拉丁美洲裔和亞裔男性只有

　　　　　　　　　　　　　我的美好，不該是你騷擾我的藉口

13% 的人表示有相同經歷。[51]

哥倫比亞大學及密西根州立大學（Michigan State University）的研究人員也發現，軍隊中的黑人男性也比其白人男性同僚經歷更多性騷擾，無論是有關性別的貶抑性言論，還是討人厭的性注意二者都是。[52]

回過頭來說炙手可熱的經紀人亞當・維尼特對演員泰瑞・克魯斯的侵犯吧。在 2016 年那場好萊塢派對上，克魯斯是陽剛氣概的縮影，一個身材如刀削斧鑿、將近 190 公分、體重約 111 公斤的前國家美式足球聯盟球員、五個孩子的已婚父親，他挽著美麗又有才華的妻子，周遭都是 A 咖明星，正享受著專屬的夜晚，而身為白人的維尼特卻走向身為黑人的克魯斯，當著同事的面握住克魯斯的睪丸。賓州州立大學（Pennsylvania State University）心理學教授布倫達・拉塞爾（Brenda L. Russell）博士解釋：「維尼特可能受到克魯斯陽剛氣息的威脅，加上他對種族現狀的看法，導致他對克魯斯伸出狼爪。」她曾發表過有關男性對男性性騷擾方面的研究。拉塞爾博士說：「大家都有一種保護或提升自己社會地位的欲望，以抵禦任何被認為是對其社會地位的威脅，種族就是其中之一。他們透過壓抑、貶低或羞辱受害者來捍衛自己。」[53]

事實上，維尼特可能有意或無意把克魯斯這個自律、過著美好生活的黑人看成是一個威脅，需要他來提醒克魯斯在種族階級制度中的地位，所以這位高管經紀人就用性騷擾來搞定這件事。

性騷擾研究者、馬凱大學（Marquette University）教授（Debra L. Oswald）博士十分認同此一結論，並提醒我們注意以下重要事實：「性騷擾被用來作為一種『維護地位』的手段，特別是針對『囂張女性』及出身少數族群者」。[54]

你被性騷擾了嗎？

你現在知道這些有關性騷擾的最新研究，能夠在你反擊騷擾者時如虎添翼。但平心而言，要是有位帥氣同事壓迫到你的個人空間時，你可能就會很難想起這些研究細節。鑑此，如果你不確定自己是否被性騷擾，請注意自己的感受。本能是你的第一道防線，內心那個安靜、微小的聲音，會讓你知道什麼時候不對勁，永遠不要忽視內心的想法。相信自己……如果你還是不確定，請問問自己以下問題：

> ▸ 我是否在某位同事身邊感到焦慮或不舒服？
> ▸ 我是否有意忽略某位同事的行為？
> ▸ 我是否在迴避某些區域或某些人？
> ▸ 我是否告訴自己，有些事情並不像看起來那麼糟糕？
> ▸ 我是否對於所發生的事感到羞於啟齒？
> ▸ 我最近的表現言行是否跟以往不同？
> ▸ 我是否喜歡我的工作，不過卻還是在尋找另一份工作？

　　　　　　　我的美好，不該是你騷擾我的藉口

這些答案應該能為你指點迷津。祝你好運！一帆風順！

◉ 總結回顧

▸ 騷擾狂不是有心理問題的異類，也不是沒文化的無禮男性。他們可能是我們的同事、朋友、家人，或來自各行各業的某個人，他們是刻意或下意識地想強化我們社會的傳統權力結構。

▸ 雖然女性也會騷擾他人，但典型的騷擾狂為男性。這些有害男性更偏好傳統的性別角色，維持強烈陽剛氣質，認為男性比女性優越。要注意那些表明女性是需要受人照顧的低等生物，或是對女性抱有敵意的人。

▸ 任何人都有可能受到性騷擾，不過那些年輕及（或）缺乏經驗者、挑戰傳統性別規範的女性、有別於男性刻板印象的男性、非異性戀族群或有色人種，更容易受到騷擾。永遠不要忘記，性騷擾無關乎性慾或慾望，而是為了維護傳統權力結構之必要所進行的非法手段。

▸ 關於性騷擾，你或許在看到的當下沒有察覺，但你一旦感覺到，就會知道了。相信你的直覺。必要之際，要問自己正確的問題。但是，切記**不要**試圖凌駕於你的直覺之上。

Chapter 4
像羅南一樣偵察

判斷公司是否為性騷擾溫床

> 我們正努力為自己的集體失敗，塑造另一種文化及世界，
> 來創造兩性得以受到平等對待的空間。

——羅南・法羅／大膽調查員兼 # 我也是運動遊戲規則改革人

羅南・法羅十分欣賞平等文化。你知道羅南，對吧？……薩奇・羅南・歐蘇利文・法羅（Satchel Ronan O'Sullivan Farrow）是《紐約客》記者，你可能先是聽過他的名字，接著便是一連串的頭銜：普立茲獎（Pulitzer Prize）得主、正人君子、溫斯坦事件揭露記者、保密協議違反者，以及爆料者。自從 2017 年 10 月以記者身分踢爆哈維・溫斯坦以來，羅南便以揭發大公司真面目及權貴涉及不當性行為而聞名。他讓各行各業的人得以在公開及私下場合說出，那些公司背後不為人知的真實情況。對於那些密切注意的人來說，羅南及其團隊也向世人揭發某些公司雇主的共同特徵，而這些公司恰好是性騷擾的溫床。若是我在職業生涯初期，就能有羅南這位羅德學者（Rhodes Scholar）*的洞察力，知道在公司文化方面應該注意什麼，一定能為我省去相當多的麻煩。

---

* 指獲得羅德獎學金（Rhodes Scholarships）的菁英生。這份獎學金是為提供各國獲獎者前往牛津大學深造之用。

例如，就讀法學院第一年學期結束時，我找了份暑期打工，在一家小律師事務所工作，老闆是一位在華盛頓特區政界混了幾十年的白人男性年長律師。作為一個被 5000 元薪資條件蒙蔽雙眼的窮學生，我在面試時忽略自己敏銳的直覺，也沒有跟其他前職員打聽過。不到一週我就發現，這位「幸福」已婚、老到能退休的法律從業人員喜歡在自己的咖啡裡加一點「毒品」——還有伏特加！我沒有學到更多有關法律實務的知識，而是花了幾乎整個夏天的時間，試著躲開一個色慾薰心、醉醺醺的老人，因為比起我的法律素養，他似乎對我的身體更感興趣。

最後，壓力使我患上了不斷擴大的潰瘍以及一紙醫生診斷書，給了我很好的理由辭掉這份暑期工作，時間點雖已比醫生預期得早，但其實比我所希望還要遲。臨走時，這位作為我暑期法律工作**唯一**指導的專業人士還對我表示擔心，怕我因提前離職而無法「立足」法律界。幸運的是，一位了不起的法學教授讓我擔任他的研究助理，安然度過整個夏天〔在此向保羅‧巴特勒（Paul D. Butler）教授致敬〕，因此我才能從我的履歷中刪去那段可怕的暑期打工經驗，而且永遠不用仰賴意不在酒的醉翁為我引薦。

從午餐前老律師的充血雙眼，到半裸且完全不專業的接待人員（她甚至公開稱呼自己為「鮮嫩多汁」代表），有一連串的跡象顯示，這個辦公室文化十分有害，根本**不**適合我。但當時，除了眼前的美元符號，其他我什麼都沒看到。

在這一章中，我們會效仿羅南獲得普立茲獎的調查精神，討論造成性騷擾溫床的指標。我們會談到關於有害職場文化的同業回顧研究，而且我會給你羅南很可能會尋找、查詢，並明智避免介入麻煩的情報。即使你不害怕成為性騷擾的目標，你也要注意，因為作為一個旁觀者還是可能威脅到你的良心和事業。你見過那些執行長被羅南列入黑名單上的公司會發生什麼事了吧？好了，是時候戴上你的羅南偵察眼鏡，把高薪和星期五免費拿鐵的誘惑放一邊，這樣我們就可以集中精神追求真正重要的東西——一個健康、沒有騷擾狂的職場。

哪裡最常發生性騷擾？

職場性騷擾並不只限於發生在你的辦公大樓內。任何地方都可能發生。事實上，說到性騷擾，皮尤研究中心最近一份報告指出，在你離開辦公室之際，同事很可能就會試著來一下。白話來說：性騷擾毫無界線可言。

	被騷擾的女性說， 性騷擾發生……	被騷擾的男性說， 性騷擾發生……
在專業／工作環境中	69%	61%
在專業／工作環境之外	85%	80%
在專業／工作環境內外皆有	55%	42%

資料來源：2018 年皮尤研究中心對 6,251 位成人的職場經驗進行之全國性調查[1]

幾年前，我有一位當時還是博士生的朋友，正當她在某次學術會議上發表演講時，一位已婚教授突然湊近她身後，把手放在她臀部上，把她拉進他懷裡，同時把鼻子靠進她頸項間。**沒錯**，就當著大家的面。她的教授彷彿像個低級的派屈克·史維茲（Patrick Swayze）那樣重演《熱舞十七》（*Dirty Dancing*）裡的場景，而非在專業空間裡與同事正常交流。我的朋友是學術界新人，她被教授的古怪動作嚇了一跳。她自認無法在檢討教授行為的同時，不去衡量可讓她成功取得博士學位的機會。所以她假裝沒事，先拉開距離，接著以專業態度跟教授打招呼，儘管她知道教授這種行為很可能會造成同儕對自己的誤解。

事後，我的朋友本來也能避免出席該教授可能會參與的校外活動，但這不免使她失去人際往來的寶貴機會。挺身而進基金會（Lean In）於 2018 年的研究指出，基於眾多原因，女性傾向於避免在職場外與上司進行社交活動，即使這樣做比較能讓她們對自己的工作感到滿意，並且待得更久。[2] 然而，如果「挺身而進」代表的是接受不合理的貶低行徑，像是每天被強迫擁抱，這行為就沒什麼道理可言了。總之請記得，無論是否跟「性」有關，性騷擾確實會、也能夠在任何地方出現。

哪些工作更容易發生性騷擾？

雖然性騷擾可能且確實發生在各種行業中，但某些領域更容易發生。這並不代表你應該選擇另一條職業道路，相反地，如果

我的美好，不該是你騷擾我的藉口

某個特定領域能激起你的工作熱情或就業前景，你就更應該帶著一張完整的地雷地圖進去，這樣才不會措手不及。以下是更容易出現性騷擾的工作類型：

歷史上較男性化的工作：正如上一章所提及，過去較屬於男性的工作，比如理工科及公共安全，往往較容易出現騷擾狂。這些工作時常存在性別不平等的問題，單是這點，就是一種促成性別騷擾的米其林星級配方。另外，從事這類工作的人也更可能會支持傳統的權力結構，使得那些不符合該工作性別或種族刻板印象的人成為騷擾的首要目標。[3]

顧客至上的工作：在十分強調取悅顧客的工作中，經常會出現性騷擾。2005 年至 2015 年，向平等就業機會委員會申訴性騷擾案件中，有將近 28% 是來自餐飲服務業、住宿業及零售業的員工。[4] 員工由於擔心失去銷售機會、小費或佣金，只好容忍顧客及管理階層不當或騷擾行為。[5] 2019 年，醫療設備前銷售員凱瑟琳・波絲頓（Kathryn Boston）表示，她在選擇醫療公司（Options Medical）工作時就有這樣的經驗，她說自己經常被公司客戶，即佛羅里達州神經外科醫生大衛・格林瓦德（David Greenwald）伸鹹豬手或以猥褻言論品頭論足。據傳，在通知雇主之後，波絲頓得到相當不屑的回應，例如「外科醫生思維異於常人」、「抓屁股或抓奶對他們來說也不算什麼，你要不享受，要不就算了」。[6] 總之，要小心「顧客永遠是對的」這種心態。

低薪工作：根據平等就業機會委員會未公開的數據分析，由

於權力嚴重失衡，性騷擾往往發生在薪資不高的工作中。有色人種的女性也往往不成比例地受僱於低薪資行業，例如服務及零售業，這些行業的女性向平等就業機會委員會所提出申訴數量，也是金融保險業等高薪行業女性的三倍。[7]

單調或低強度的工作：小心枯燥及重複的工作，因為性騷擾可能會成為挫折或無聊的發洩管道。儘管這很可悲，但真的會有人想傷害你的自尊，只因為他沒別的事好做。[8]

如何判斷性騷擾溫床？

性騷擾對企業來說非常糟糕，同時也是「一個可預防、不總是能預見、職業健康相關的問題」[9]，關於這點我們將在第六章詳細討論。然而，很多公司仍沒有備案，維持具侵略性的環境，或是儘管知道有問題，卻還是採取其他方式處理。

> 🗨 **題外話**
>
> 除了具有騷擾傾向的個人之外，公司對於性騷擾的容忍度也是決定性騷擾是否會發生，以及其可能造成損害範圍的關鍵因素。組織容忍度的影響很大，如果管理階層嚴格制定規範，並創造一種對性騷擾零容忍的氛圍，即便是那些有騷擾傾向的人也會受到嚇阻。[10]

由於公司通常能藉由仲裁協議和保密協議向大眾隱瞞不當行為，因此很難從外部判斷該公司文化是否有問題。標榜雇主為「行業最佳」，並宣布會致力於多元化的承諾，這些從來就無法說

　　　　　　　　　　　我的美好，不該是你騷擾我的藉口

明完整情況。同樣地，內部職員在討論公司時可能也不會誠實以告，因為他們害怕會影響到自身薪水。即使是已經離開公司的前職員，若是前雇主在該行業中頗具勢力，他們也不太可能願意向你坦誠相對。幸運的是，如同約會一樣，在向公司示好時也會有一些危險訊號。透過公開網上資訊、面試時所獲情報，或是向前職員稍微打聽，就能很容易發現未來雇主所發出的警示訊號到底是危險紅色、警戒黃色，還是安全綠色。請張大眼睛看清楚！

‖危險紅色

以下紅色訊號便是雇主成為性騷擾溫床的有力指標。如果你選擇忽視這些訊號，那就風險自負！

男性超載：[11] 對女性及男性的性騷擾最常發生在性別比例**嚴重**失衡的職場中，即男性太多、女性太少。對於在幾乎皆是男性職場工作的女性來說，這很容易使她們的存在「特別突出」，不僅會因為看似脆弱而成為目標，更會被視為對既定社會規範構成威脅的存在。因此，當工程師蘇珊·芙樂（Susan Fowler）於 2015 年 11 月加入一個女性比例僅為 25% 的工作部門時，她便發現 Uber 這家公司很明顯有著性別失衡的問題。在芙樂工作第一天，她說經理便在言語上對她諸多性挑逗。後來她在 2017 年離開這家交通共乘公司，因為她提出騷擾申訴，所以 Uber 就威脅要解僱她。在她離開時，芙樂所屬部門的女性員工比例已經下降到 3%。顯然，Uber 人資部門也試圖為少得可憐的女性工程師

比例辯護，並聲稱「有時某些特定性別和種族背景的人就是比其他人更適合某些工作」，更暗示女性「應該挺身而出，成為更好的工程師」。[12]（是不是好棒棒啊？當然啦，我說的「好棒棒」是指這些性別歧視及種族主義。噴……）耶魯大學的研究人員則持不同解釋，其結論便是「就業上的性別隔離通常與歧視有關，而非選擇」。[13] 個人認為耶魯大學在這個問題上，徹底打敗了 Uber 人資部門。重點：聚集太多男性的職場空間容易產生大麻煩。

> **⚠ 注意！**
>
> 以上道盡何謂有害的男子氣概，除非有足夠數量的女性在場，否則男性就有可能成為惡毒的尼安德塔原始人。唉，我有更多的壞消息要告訴你。具敵意的女性騷擾狂往往出現在男性主導的職場中，因為這些女性內心很可能覺得自己缺乏權力，因此需要去爭權奪利，更會以女性刻板特徵來騷擾他人。安妮・涂爾金（Anne Durkin）敘述其在威訊通訊（Verizon）公司工作 20 年間最後兩年的經歷，就是一個很好的例子。
>
> 涂爾金是一位辦公室技術員，就在她剛調到新辦公室不久，有三名新來的女同事便開始騷擾她。她們不僅散布關於涂爾金的謠言，聲稱她很「淫蕩」，還稱她為「拖車公園安妮」。當她正面反擊並舉報她們，她們更是變本加厲，竟然在辦公室撕開涂爾金的上衣，在男同事面前暴露她的胸部，並暗示她利用自己的胸部在職場上得到好處。涂爾金說，這些女性每天都對她的胸部進行粗俗言論，把她鎖在大樓外，並扣留她的郵件和訊息。她說，某次萬聖節，她們在辦公室裡往胸罩裡塞東西，戴上「安妮」的名牌，並讓某位男同事以暗示性的姿勢給她們拍

照。涂爾金最終請了病假，直到病假用盡，威訊通訊公司便將她從職員名單中除名。

《辣妹過招》（*Mean Girls*）在大螢幕上或許很有趣，在現實職場生活中卻可能會害死人。[14]

擁抱壞男孩：[15] 說到職涯殺手⋯⋯管理階層可能會輕描淡寫地說：「他只是開開玩笑而已！」或「這無傷大雅吧！」但是，若是職場容忍員工公然講淫穢笑話、不尊重他人，或「毛手毛腳」，這絕對是一個危險的紅燈訊號。你不會想處在這種文化中，因為要是你反對這種行為，就是在挑戰公司的社會規範，會讓自己更容易成為被虐待的目標。不該有人只因為想在一個文明、人人受尊重的環境中工作，就得忍受騷擾。記得要問問前職員有關「毛手毛腳」及辦公室文化的事。

嚴重權力失衡：[16] 要小心那些員工之間權力懸殊、男性集中在上層的職場，因為這增加了基層員工被剝削、性騷擾的可能性。事實上，那些造雨人——即高收入的高階主管和受人推崇的人才——往往覺得自己不必遵守規則，不必為性騷擾負責任[17]，而且他們通常也是如此行事。重要例子包括高調的新聞主播，即 NBC《今日秀》節目前主持人麥特・勞爾，以及 CBS《今晨》（*This Morning*）前主播查理・羅斯（Charlie Rose）〔引自伊林・卡門（Irin Carmon）及艾咪・布里妲（Amy Brittain）於《華盛頓郵報》（*Washington Post*）的報導〕。兩人都是各自人際網路中

有頭有臉的人物，但據說他們在幾十年間裡侵害了無數女性，卻不必承擔任何後果。如果雇主能選擇性執行規則，使得某些人因行為不端而受到懲罰，但另一些人則沒有，那麼你就能判斷出這個雇主是否助長出一個有利於性騷擾的職場環境。請特別注意不同性別和種族的人會受到什麼待遇。這是個真實存在且無處不在的問題，尤其是在權力不平衡的地方。好好看清楚媒體新聞上的內容，以及騷擾狂的樣子吧。

孤立或偏遠的職場環境：[18] 在員工必須長時間獨自作業或在地理上孤立的工作環境中，性騷擾也可能會被正常化，因為騷擾者很容易接觸到周圍較少目擊者及其他職業機會的被害目標。我有位朋友曾在美國郊區類似大學校園的環境中工作，若想離職就得把整個生活圈連根拔起，這使得她更有可能選擇留下來，並忍受那些利用孤立環境對她進行騷擾的騷擾狂。

同理，在公司辦公室遠離前線主管及員工的地方，由於缺乏監督，也使得個人更容易遭遇性騷擾。還記得那個在海上待了幾星期、只能在石油鑽井平台上與其他七位男性互動、位於階級最底層的約瑟夫·昂卡嗎？正是如此。

歧視訴訟或罰款：公司經常會因為一連串的事件被起訴。但如果雇主經常因為性騷擾（或種族歧視）被起訴或大量罰款，那就是一個危險的訊號，因為這種訴訟並不特別常見。透過在媒體網路及平等就業機會委員會網站上搜尋，就能取得這些資訊。如果視窗跳出些什麼東西，試著把訴訟或指控文件下載一份副本，

　　　　　　　　　　　　我的美好，不該是你騷擾我的藉口

以便檢視其指控並評估涉案者是否仍在該公司工作。請記得，沒有訴訟或政府罰款並**不**代表該公司就不是性騷擾溫床。很多公司會透過仲裁協議、保密協議及威脅把人列入黑名單的老把戲，私下達成和解並避免此事在新聞媒體中曝光。

> ### 💬 題外話
> 歧視訴訟和罰款要多少才算多？這沒有固定數字，必須要參考公司規模和訴訟或罰款類型等因素。
> 而一場集體訴訟、一場股東訴訟或單一件平等就業機會委員會裁罰案件就可能足以亮起紅燈，因為這顯示該公司性別歧視問題很嚴重。例如，2018 年 3 月，微軟（Microsoft）就被集體訴訟提告，這家科技龍頭被控在 2010 年至 2016 年期間對 230 多起性騷擾申訴處理不當；2019 年 4 月，一封來自該公司女性職員、長達 90 頁的連鎖郵件被洩漏出來，指控該公司有更多不當性行為，據稱微軟對此根本置之不理。可惡！
> 請考量到所有的情況，包括雇主如何回應這些指控。具體來說，可檢視雇主是否做到以下任何一項措施：
>
> ▶ 承認錯誤並計劃改變
> ▶ 開除騷擾狂
> ▶ 公開詆毀
> ▶ 製造或銷毀證據
> ▶ 聘請第三方進行內部調查並公布結果
> ▶ 在公司營運上進行公開透明的改變
>
> 這些問題的回答會充分說明，該公司是否還存在著未消除的性騷擾問題。

酒精及毒品：[19] 除非你想當《女狼俱樂部》（*Coyote Ugly*）那種耍酒瓶特技的酒保，或者經營一間加州風格的大麻藥房，否則你就要避開那些容忍或鼓勵喝酒吸毒的職場。一旦自制力降低及判斷力變弱，性騷擾就會到處都是，我猜那是因為人們舉止輕浮，不知道如何行事。可以說 Vox 前編輯總監洛克哈特‧斯蒂爾（Lockhart Steele）就是如此，根據希薇亞‧基林斯沃斯（Silvia Killingsworth）2017 年 10 月於 The Awl 的報導，就在大眾得知斯蒂爾在一場公司活動中喝太多並涉嫌對一名下屬毛手毛腳時，他隨後便被解除職務。

次月，Vox 宣布將不再於露天酒吧上舉辦節日派對。真聰明。這家媒體公司並非特立獨行，因為有些公司也在溫斯坦醜聞曝光後，停止在節日派對上提供酒精。顯然，自從 # 我也是運動激增以來，這些雇主終於意識到酒醉者在職場上會造成多大問題。為此乾杯！

高流動率：[20] 高流動率能顯示該職場具有嚴重問題，包括性騷擾。想想，如果管理階層連讓人待滿 90 天試用期的標準都達不到，那麼在你接近騷擾狂辦公室時，要他們隨時控制這位騷擾狂便是不太可能的事了。問一問上一任職員的任期，或是向當地的獵頭公司查詢。事實上，若是你未來的公司經常有員工離職，那麼可以肯定**你也會離開**，只是早晚的問題。一個高流動率的公司就有點像那個瘋狂、有魅力、受過良好教育的 30 幾歲對象，即使已經離過四次婚，但還是堅信你就是那「唯一」。聰明點，

逃得愈遠愈好。

||| 警戒黃色

並不是每個雇主在性騷擾方面都是有害毒藥，有些只是在有害界線上徘徊。他們有點像真人秀《單身女郎》（*The Bachelorette*）中的多數候選人一樣，可以選擇任何一條路走。以下是一些有問題公司的指標，你碰到時要特別小心。

簡陋的招聘公告：如果你看了工作內容敘述，心裡卻有太多疑問，這個工作若不是個坑，就可能是不太好的賭注。不管是應徵條件太多太少或無法達成、薪資範圍太寬，還是少了公司名稱，這個雇主便不夠好。就連個像樣的徵人資訊都湊不齊，你總不能真的指望這個雇主會去處理性騷擾吧？這只是個基本邏輯推理。

對 # 我也是運動的回應：# 我也是運動已經改變了遊戲規則。如果你正在觀望的公司完全沒有任何自我重新評估的行動，那麼你可能就是碰到了不良職場環境。該公司有沒有解僱或留下任何「有問題」的員工？如果公司放過像是穆恩維斯這類造雨人，或是勞爾這類高層主管，究竟是用了「害群之馬」的藉口帶過，還是真心要滋長其有毒文化？高層管理團隊有沒有發表任何關於公司承諾會確保職場環境嚴禁騷擾，加入新保障措施，或是遏止強制仲裁協議的聲明？一家公司如果什麼都不做，只停留在「零容忍」性騷擾政策上，那簡直只是在喊口號，因為我們都知

道營收創造者通常都能被放行，而弱勢職員則經常會受到騷擾。我們不要假裝每個員工都能得到平等待遇，也不要假裝每個高階主管的不當行為就不會有涓滴效應（trickle-down effect）。請注意你的未來雇主是否持續重視這件事。

太熱絡或太冷漠：辦公室裡的人如何互動？他們是否會微笑、擁抱、皺眉？辦公室的門是否都關著？午餐期間，種族或性別是否呈現隔離情形？一個健康職場環境中，同事間團結一致，主管具有同理心，性騷擾的發生也就能有所減少。[21] 另一方面，員工關係太過熱絡或太過疏離的職場，都可能會產生相當大的問題。一旦同事過於親近，大家往往就會在可接受的職業行為方面越界。若是過於疏離冷漠，員工就會因為譴責被害者心態及缺乏同情心而更容易受到騷擾。好好觀察工作氛圍是否太熱絡或太冷漠，因為這可能是問題大了的指標。

太過夢幻的形容：要是在接受某個工作之前，所有跟你交談的員工對其職場評價都只是些正面或模稜兩可的東西，那就跑吧。跟奧運選手尤賽恩·波特（Usain Bolt）一樣，跑吧！這些員工都在隱瞞些什麼。這並非要你拒絕正能量，而是在加入這家公司之前，應試著了解公司真實的文化。當然，在你跑走之前，也可以試著從另一個角度提問，看看是否能跟即將接手其職位的前員工來場誠實對談，並在領英（LinkedIn）上搜尋該辦公室前員工並建立相關聯繫。盡其所能取得自己所需資訊，讓你真心對自己的決定感到滿意。也就是說，要留意使用「特別」、「有

趣」、「獨特」等看似無害描述的人。這都是為了避免讓人覺得在撒謊，但又不至於百分之百直接說出工作環境有多惡劣所使用的抽象術語。這是種微妙代號。我自己也曾犯過這種毛病，把過去的雇主描述成具有「潛力」、「才華」、「提供諸多資源」者，但這樣只不過是比說出「那裡的人多半灰頭土臉，管理階層都很骯髒」要簡單得多。根據經驗法則：若是跟你說話的人，把雇主描述得就像房仲業者在描述錢坑房地產一樣，那就快跟歌手亞利安娜·格蘭德（Ariana Grande）的歌看齊：「謝謝，下一位！」

美麗臉孔問題：如果辦公室員工數量穩定，也能接觸到一定範圍的準員工，但卻看不見有魅力的男性員工，或者幾乎所有的女性員工都非常有魅力，那麼這裡很可能會是性騷擾溫床。聽我說，研究人員發現，因為男性通常是做出僱用及升職決定的角色，而且他們一般不喜歡競爭，所以也就不太可能會去僱用或提拔其他**太帥**的男性。[22] 白話來說：腹黑決策者很可能會防堵那些長得像雷神索爾克里斯·漢斯沃（Chris Hemsworth）的帥哥，因為他會排擠到其他凡人男性在辦公室節日聚會上搭訕女性的機會。有趣的是，這條規則卻不適用於女性，因為在男性決策者眼中，有魅力的女性不太可能會被視為是威脅。不過，若是在一個工作較不注重美貌的職場環境中，卻充斥著太多漂亮女性，還是謹慎小心點好，這很可能是有人想把辦公室變成其後宮的跡象。馬克·哈爾普林在 ABC 擔任政治新聞主任時，就曾被如此暗中指控過。據傳，有次哈爾普林面試了大約 60 人，最後在 13 個職

缺中，就選擇了 11 個有魅力的年輕女性來填補。[23]

　　當然，有很多因素得以解釋一家公司為什麼完全沒有麥可‧喬丹（Michael B. Jordan）的分身，或者很不合理地出現大量吉吉‧哈蒂德（Gigi Hadid）的臉孔。總之，若其他因素一切正常，你就該注意雇主是否有「美麗臉孔問題」了。

⚠ 注意！

有些職場涉及敏感話題，如性及虐待。好雇主會意識到該以專業方式處理這些話題，他們致力於確保員工能在安全的空間裡完成工作，而不會使職場變得有害。

例如，我曾處理過一個法律案件，有一群藝術家認為某猥褻相關法規侵犯了他們的言論自由，並妨礙了他們創造藝術作品，而這些作品具有淫穢圖案及露骨情色。姑且這麼說吧，案子裡的展覽品都是工作場所不宜（NSFW+）。在得知此點之後，我的雇主在我的辦公室門上加了一把鎖，並要求我在私人空間檢視案件內容。同樣地，一位在頗具發展的媒體工作多年、撰寫性話題的朋友說，他的雇主為其團隊特別指定交流工作室讓他們盡情揮灑創意，並充分警告任何要進入該工作室的員工，以避免其踏入一個可能會令他們感到不舒服的空間。

事實上，即使是直接處理敏感問題，好雇主也會採取必要措施，讓所有人都能在工作中感到自在。如果你的未來雇主有處理敏感問題的部門，請在加入該公司之前，向其詢問相關保障措施。

　　　　　　　　　我的美好，不該是你騷擾我的藉口

▐ 安全綠色

正如有害的職場文化有跡可循一樣，正派職場文化也會出現一些指標，讓那些不樂見性騷擾的人感到親切。快尋找這些亮著綠燈的公司吧！

較多量身打造訓練、較少制式影片：那些強制性的反性騷擾培訓影片，基本上只是用來做做樣子，根本無法對抗性騷擾。[24] 不只研究人員知道，公司企業也都知道！一家好公司會以旁觀者直接體驗、職場及行業特定教育訓練，以及獎勵**自願**參加培訓等措施來取代或補充訓練影片的不足。為了有助於打造具多元包容性職場，綠燈雇主將會消除任何「男孩就該是男孩」的觀念，並致力於進行員工培訓，使其了解各種形式的騷擾，即性別騷擾、性化騷擾、同性騷擾、性取向騷擾、性別認同騷擾及刻板印象騷擾。

創新申訴選項：正如我們在第八章將詳細介紹的，把你及騷擾狂拖到人力資源紀律機構面前的老派申訴程序不僅沒什麼效果，同時也會降低你舉報的意願。[25] 根據《哈佛商業評論》（*Harvard Business Review*）所述，在建立這類申訴程序之後，公司中擔任管理職務的白人女性，以及各種職務的少數族群女性人數明顯減少，這很可能是因為她們舉報騷擾行為後受到報復，或是害怕遭到報復而離職。[26] 但是，以正式管道及私下方式二者處理騷擾申訴的雇主，其女性員工離職率較低，而且騷擾再犯者

也比較少。從保密電子舉報系統到允許主管扮演非正式調解者，都可見到許多有效選項，讓好雇主得以嘗試及採用。

> **⚠ 注意！**
>
> 從小地方就可以看出一家公司是如何對待女性員工的。以下便是我在檢視雇主時會先觀察的幾件事：
>
> ▸ **化妝室大小事**：在女性化妝室裡，馬桶是否有坐墊紙，並提供免費女性衛生用品？是否有提供性別友善廁所？
> ▸ **薪資標準及福利**：公司薪資是否公開透明？福利是否進步且涵蓋跨性別，例如試管嬰兒療程及性別確認手術是否也在保障範圍內？
> ▸ **生活瑣事**：辦公室附近是否有孕婦、私人哺乳室、現場托兒所或帶薪休假？育嬰假政策是否超出法定範圍，薪資也包含在內？
>
> 這些先進做法及便利設施，都能看出雇主在職場上是否會接納女性及不同族群。雖然每個人的情況和生活目標都不同，但是為一個願意在現狀之外再多提供其他選項的雇主工作，感覺還是很不一樣的。

指導及資助：對你未來進行投資的公司都會有非正式及正式的指導及資助計畫，這不僅是因為它們意識到良好專業指導方針的價值，也因為他們知道女性與男性人際網路不同，可能會讓女性在男性主導的環境中屈於下風，而在這種環境中，大家都比較傾向於指導及資助那些看起來像他們的人。[27] 根據 2018 年挺身

而進基金會的研究，女性通常較少有機會接觸到高階管理人員，這對她們的職業發展造成阻礙，因為那些有更多機會接觸到的人，才有可能得到晉升並留在公司。[28] 想把助長性騷擾風氣的「老男孩俱樂部」解散的那些公司，都會積極尋找各種方法，以確保你與正確的決策者及領導者有所聯繫，這樣你就能晉升到最高處！

領導階層中的女性：說到升到最高處……性別平衡是消除職場性騷擾重要的一環，若是有更多女性擔任管理核心職位，性騷擾就不太可能發生。[29] 雖然不僅僅是在金融和法律這類女性常被壓抑的領域，在美國幾乎所有行業中，女性領導者所占比例都很低，但請尋找有女性擔任領導角色的職場環境。[30] 如果你的目標是等待雇主提拔女性，你可能要等上一段時間，因為研究證實，若女性繼續以目前的速度晉升，未來十年，女性在管理階層的數量只會增加 1%。[31] 截至 2019 年初，在美國前 3000 家上市公司中，女性在董事會中僅占有微不足道 16% 的席次，其中 624 家公司董事會中根本沒有女性。[32] 這是有問題的，因為除非公司的管理階層中已經有相當數量的女性，不然女性是不太可能被升上領導職的。[33]

具強烈公開立場的領導者：最高階主管經常、公開且真誠表達反性騷擾訊息的那些公司，其問題也會相對較少。[34] 這些主管透過**與**員工定期接受訓練、主持**積極**解決問題的委員會等方式，以達到言行一致。[35] 美國武裝部隊與許多先前討論過的其

他行業便結合這種策略，以減少其高到誇張的性騷擾發生率。之後幾年，受到長官支持的軍中女性也報告，她們所受到的騷擾減少了。[36] 這是件好事！

> **♆ 專業攻略**
>
> 健康的職場文化不僅僅是性別平等，還包括種族及能力多元化，尤其是性別歧視的環境通常也會排斥其他邊緣化族群。曾為包括《紐約時報》在內等諸多媒體撰稿、同時倡導多元化、包容性和公平性的貝莉・威廉（Bärí Williams）建議，在判斷一家公司是否存在助長性騷擾有害文化時，應牢記以下因素：
>
> ▸ **四大支柱**：檢查公司四大核心要素的多元化程度：董事會、客戶、員工及供應商，它們是否具有單一化、民族主義、尚未充分運用、傳統性等特色？多元化即代表了進步、獨創性和成長性。若一家公司只是口口聲聲說要多元化，反而更可能具有限制女性職場發展的老舊思維模式。
>
> ▸ **最高階主管帶頭**：公司是否有一位專門負責改善企業文化或多元性的高階領導者？如果有，你就能從公司文化或多元化負責人向執行長報告時須跨越多少層級，來了解一個組織對多元化的重視程度。
>
> ▸ **集中程度**：女性或少數族群是否集中在公司內部某個階層？你從哪裡開始注意到團隊中女性或少數族群較少？在少數族群較少的地方，很可能有玻璃天花板在壓抑著他們。一家好公司應該誠心致力於僱用、留任和提拔不同文化背景的候選人才。
>
> ▸ **倡導**：公司是否會提倡對你重要的議題？有志同道合的團體對一個組織來說是好事，但仍需要管理階層的合法支持及背書，以推動並解決對團體來說重要的問題。切記！

反報復最佳實務方法：報復是種十分常見現象，大約 75%
向平等就業機會委員會提出性騷擾申訴的女性都聲稱遭到報復。
一位好雇主會採用平等就業機會委員會所推薦的最佳實務方
法，以便遏止這種現象，包括建立及傳達明確的反報復政策、
依政策訓練各級員工、個別關注被控進行報復的主管、持續追
蹤提出申訴的員工，以及高度監督任何足以影響被騷擾員工之
重大任用決策。雇主應該致力於預防使你受到壓迫，而非助紂
為虐或視而不見。

無仲裁協議或保密協議：因為仲裁協議及保密協議會強化隱
匿性並助長沉默文化，所以若有公司選擇不採用，就算是一種綠
燈訊號。[37] 幸運的是，目前美國有幾州的議員正在提案相關立
法，以防止雇主利用仲裁協議限制員工，以及不當行為因保密協
議而被塵封。這些舉措可能會對揭發那些持續僱用侵害者的公司
產生相當大的影響。試想，若是社會大眾早知道主持人比爾・歐
萊利（Bill O’Reilly）及福斯新聞（Fox News）已掏出超過 4500
萬美元來解決這位保守派主持人諸多不當性行為指控的話，《歐
萊利實情》（*The O’Reilly Factor*）的收視率可能就不會上升了。
要是有家公司向你提出仲裁協議或保密協議，請先諮詢律師或工
會代表，若你真不放心就不要簽。

工會及類似工會的保護措施：工會在保護員工免受性騷擾及
促進相關利益上，具有相當重要的作用。若你所處行業有利於工

會發展，請留意那些認同工會並與其合作的雇主。即使沒有工會，綠燈雇主也會實施類似工會的保護措施，例如性騷擾申訴協議，在申訴及調查期間，都會有一名員工權益代表在場，以確保期間程序的公平性及保密性。

👁 總結回顧

▶ 不要被雇主的頭銜、金錢或聲望所蒙蔽。正如我們在之後攻略中所討論的那樣，在性騷擾溫床工作所造成的傷害是無法彌補的。

▶ 性騷擾並不只限於發生在辦公大樓之內，因為騷擾能夠、也會發生在任何地方，從你的私人信件到辦公桌隔間之外都有可能發生。事實上，一但涉及性騷擾，你的同事很可能就會趁你離開辦公室的時候，試著毛手毛腳一下。

▶ 某些領域往往會吸引較多騷擾狂，包括那些以往多為男性化、客戶至上導向、低薪或是單調及重複性工作的行業。

▶ 紅色訊號公司，即那些高風險性騷擾溫床，往往有男女比例嚴重失調傾向，男性比女性更多，並且有包庇觸法員工的做法，員工之間有明顯的權力差異，孤立或遠程的工作環境，無法無天的醉翁之意不在酒，和／或高員工流動率。

▶ 黃色訊號雇主，即你應該有所警戒者，可能只會提供簡陋招聘公告、對＃我也是運動反應不大、員工互動太熱絡或太冷漠、出現太過夢幻的形容、沒有帥氣男性員工或有太多美麗女性員工、一群來自弱勢族群的員工，或是儘管時常存在敏感問題，仍缺乏安全空間。

▶ 綠色訊號出現於你所想應徵的公司，其理想特色包括：鼓勵大家自願參與培訓、創新申訴選項、指導及資助計畫、有女性擔任領導階層、對於包容所有多元化類型的堅定立場、反報復最佳實務方法，以及不採用仲裁協議或保密協議。

Chapter 5
危險的職場同僚

辨識和迴避危險的同事

> 在童話故事中，壞人很容易就被發現。
> 壞人總是穿著黑色披風，所以你都知道他是誰。
>
> ——泰勒絲（Taylor Swift）／
> 成功以《舉世盛名》專輯為非異性戀族群發聲的歌手

製片人哈維‧溫斯坦支持葛洛莉亞‧史坦能為美國計劃生育聯盟（Planned Parenthood）募款，並投注數百萬美元用於宣傳電影中的女性。CBS 的萊斯‧穆恩維斯曾是好萊塢消弭性騷擾及促進職場平等委員會（Commission on Eliminating Sexual Harassment and Advancing Equality in the Workplace）的創始成員。路易 CK（Louis CK）開嗆單口喜劇的不成文規定，並提高了其同行喜劇女演員的工作待遇。從表面上看，這些功成名就者沒有一個像是我們所被教導要避免的「壞人」，甚至不像泰勒絲所提到的那樣。不過話又說回來，這就是現實生活，壞人並沒有披著斗篷，不但讓人很難認出來，也很難逃過其魔掌——尤其是在職場上。

幸運的是，一說到性騷擾，壞人倒也沒有什麼新招。他們很典型，以至於我們可以把他們歸類成五種騷擾狂類型（通常是男性）和五種助紂為虐者類型（通常是女性），他們都會在工作中為專業人士帶來真正的麻煩。這十種類型不是只活在教科書上。

我的美好，不該是你騷擾我的藉口

這些是來自於我對各行各業男男女女的採訪，以及在男性主導的空間工作多年的經驗。也就是說，這十種類型並不是職場問題人物的最終結論。請睜大你的眼睛，**不要侷限你的思想！**職場性格會不停變動，人也是複雜的。我們的目標是讓你意識到這些常見問題人物的類型，這樣你就能跟他們保持一定安全距離。加油！

要迴避的五種騷擾狂類型

正如我們已確知，男性比女性更容易成為騷擾狂，但這並不代表所有男性都是壞的。再重複一遍，不是所有男性都是討厭鬼。有些人還是女性支持者呢。資深主播史考特‧佩利（Scott Pelley）說，CBS 把他降級，因為他不停向管理階層及萊恩‧穆恩維斯抱怨新聞部門工作環境具性別歧視。我身邊有許多了不起的男性前輩，不懷任何惡意，都是我的支持者、盟友與知己。如果沒有他們，我可能無法在職場上茁壯成長。職場上當然也有帥氣男子，只是可能看起來不像你所想的那樣。另外，即使不是「前輩的料」，職場中還是有某些男性，只想著做好自己的工作，倒也沒有不尊重你或忽視你工作貢獻的問題。他們可能不會幫你加薪，偶爾也會直男癌愛說教，但沒道理認為他們會在性騷擾方面成為威脅。除了像佩利這樣了不起的良善前輩，以及「只想盡本分」先生，職場上還有很多**其他**類型男性，你絕對要懂得避開。

話不多說，以下是揭開騷擾狂真面目分界線：鄰家屁孩、不

良前輩、無恥之徒、投機惡霸及假仙盟友。

‖‖ 鄰家屁孩

我們都知道鄰家屁孩是什麼樣子，他就是那種界線拿捏不當的傢伙。他總是會在拿文件或稱讚你項鍊真好看時，「不小心」碰到你，但其實是真的在打量你的頸項。他是那種典型會說出「我的擁抱呢？」、「我只是開玩笑」的人。我所認識的一位鄰家屁孩在我生日時給了我一張禮券，能免費在**當地**某家旅館住一晚，但是這家旅館**沒有**餐廳、水療中心，也沒有提供床墊之外得以使用的設施。是不是很淘氣？

然而，並不是每一個鄰家屁孩都是為了製造笑果。有些會偷偷貶低別人，比如那個已經「口誤」了無數次叫你實習生，或者經常「忘記」邀請部門裡的女性參加重要會議的傢伙。

不管他到底是在性暗示，還是在職場爭鬥，鄰家屁孩的行為總是超級陰險。這會對你帶來兩大問題。首先，因為他行事奸巧，所以鄰家屁孩的行為不太可能會越過法律定義性騷擾的門檻高度，即便他的滑稽舉止會搞亂、貶低他人，而且不恰當。其次，由於他生性狡猾，所以只要他的行為受到質疑，鄰家屁孩就會裝傻。這真的超級煩人，因為當你的直覺告訴你，他這是在做壞事，他卻又會告訴你他的行為毫無惡意，或是說你過度解讀。鄰家屁孩會盡可能讓你覺得是自己瘋了。他就是一個四處走動的情感操縱狂（gaslighter）（這個話題容我們在第十章詳細討論）。

我的美好，不該是你騷擾我的藉口

如果你無法避開鄰家屁孩的唬弄，你可能會想點火燒他的屁股。我這麼說的意思是，他是那種自以為隱藏得很好的傢伙，所以要是你準備對抗他，就要開始指出他的小動作，好讓他知道，他並不像自己所想的那麼聰明。也許你能用「很明顯，你一直在（請自行加入場景）時想辦法碰我，這是不對的」來打擊他，或者點明「這已經是你寄計畫相關郵件時第三次跳過我了，這樣不行」。你最好把他的行為記錄下來，這樣你就能預見他曾在過去特定日期做過的類似行為，並看懂各種情境間的相似性（至於如何保存證據請見第七章）。你不一定非得幫鄰家屁孩的行為不檢找解釋。他自己清楚得很。另外，你無須擔心他的感受，因為他顯然也不在意你的感受。就算你真的想試著解釋**為什麼**他需要停止這種行為，他可能也會覺得只要在不同情況下就都可以。比方說有的場合不必尊重你，或者是比起要求他以對待專業人士的態度對待你，你反而更關心他的感受。這些對你都沒好處……

　　但正如我前面所提及，你要做好心理準備，鄰家屁孩一定會裝傻或試圖說服你，他的行為全是無心無害的。請不要因此感到困擾。你是來工作的，不是專門來處理他這種人的，所以要是你在部門會議前十分鐘，被人不斷私下評論你的約會習慣，你勢必沒辦法好好工作。

　　如果你不願意自己面對鄰家屁孩，你不妨拜託另一位值得信賴的第三方把他叫出來談，如果你信任人力資源部門或管理階層，也可以直接找他們。若是你的雇主允許匿名舉報性騷擾，這

可能也是一種選項。無論哪種方式，鄰家屁孩都該知道，他露出馬腳了！

ⅠⅠⅠ 不良前輩

良好的前輩制度就像美好性經驗：足以改變人生，而且難得一見。雖然我無法說出你平常的性生活，但我可以肯定，在職場上年輕專業人士往往沒碰到好前輩。不良前輩便趁機出現了！他知道你是天真單純、渴望能得到情報的人，所以他想利用自身經驗及職業洞見來獲取一些好處。沒錯，他真的就是個資本主義怪物。

不良前輩通常會找上你，吹噓自己具有豐富知識，並承諾讓你知道在行業中成功的「祕訣」（劇透：最後，祕訣就在他的褲襠裡）。一開始他看起來人超級好，你覺得很幸運能得到他的獨到見解及關照。在他建立起良好關係並取得你的信任後，他開始尋找與你獨處的機會，建議下班後見面喝杯酒，或是邀請你參加不對外開放的活動。接著，他會開始測試你的界線，把談話從專業轉到私人領域，也許還進入你個人肢體空間，假裝需要你幫他處理私事，或「不小心」給你發送可疑簡訊。這種「跳 tone」很微妙也很突然，但最終你與不良前輩的關係，就會從「領英」變調到交友軟體 Tinder 上。在你意識到這點之前，你就像登上鐵達尼號同時發出求救訊號一樣。

說到沉船溺水……海軍審計長羅尼・布思（Ronnie J. Booth）

的不當行為便是終極不良前輩的最佳例子。根據眾議員傑姬・斯碧爾（Jackie Speier）的說法，有多名女性指控這位入伍長達 32 年的海軍軍官有以下「行為模式」：「布思會指導這些女下屬，暗示要在非值勤時間與她們見面，更會安排與這些女性旅行，隨後就占她們便宜。」不足為奇的是，許多以前輩角度操縱他人的男性都會把自己塑造成職場女性的支持者。一位具理想抱負的 23 歲記者就記得，據傳知名記者格倫・斯洛許「試著讓自己看起來彷彿盟友及導師」，同時卻利用其名聲地位把年輕女性推入不得不妥協的處境。[1]

> **⚠ 注意！**
> 惡劣的不良前輩有很多不同面貌，但他們幾乎都會使用相同的可悲把戲，包括讚美及提供專業機會作為行為不當的前奏。
> 據報導，南達科達州的教育局長勞勃・波爾多（Robert Bordeaux）便與比小他一半歲數的老師莎拉・桑夏・曼寧（Sarah Sunshine Manning）共同重演了這齣戲。曼寧接受《今日印第安地區新聞》（*Indian Country Today*）瑪莉・安奈特・佩柏（Mary Annette Pember）採訪時回憶道：
>
> 他會讚許我的工作表現，並向我提供許多專業機會，但之後就會出現這些愈來愈不恰當的訊息及晚餐邀約。
>
> 有些不良前輩會在出現不當行為前，先用一點額外手段來經營這齣戲，好建立起融洽關係。一篇由派崔克・史特魯維克（Patrick Strudwick）撰文並發表於 BuzzFeed News、其內

容有關《告示牌》(Billboard) 雜誌高階主管派崔克．克羅萊 (Patrick Crowley) 的報導便是一個好例子。報導描述，對於想進入音樂行業的藝術家新人，克羅萊會傳遞以下這類訊息：

克羅萊很會運用幽默感。他會自我解嘲，試圖激起大家的同情心，說話不僅隱晦、不具針對性，也會使用表情符號。這都是為了掩飾他的真實企圖，也就是在直接、不容質疑地命令人「發裸照來」之前，以柔軟態度及俏皮話進行包裝。

我所遇到的一位不良前輩，也對我玩了類似把戲：他先是提到我的才華，對我指點一番，接著抱怨自己離婚，要我幫忙，最後發些不堪照片，再假裝道歉，並且在我表示反感之後，又再次重複同樣戲碼。大家請小心！

　　考量到他的影響力，你可能會擔心惹惱這位「不良前輩」，要是直接拒絕他，可能會毀了自己的專業機會。容我告訴你一個小祕密：你所處行業中一定有很多人——我再說一遍，很多人——都知道他很骯髒，你也不是第一個陪他玩這種遊戲的年輕專業人士。你想，他以新人為目標是有原因的。那些已經待在遊戲裡一段時間的女性，都很清楚他的把戲。還有，如果別人知道他並不光明磊落，而你又是他的「跟班」，他們難道不會認定你就是會做那種事嗎？沒錯，就是這樣。

　　當一個比我年長 20 歲、惡名昭彰的「不良前輩」邀請我出去「談公事」時，我真希望自己能早點知道這點——他只是利用

我的美好，不該是你騷擾我的藉口

這次見面來拉攏我，讓我幫他做點別的事，然後再把這件事變成機會（但其實根本是失敗的老牛郎策略）。這是相當令人不安，而且光怪陸離的怪事。作為一位年輕進取的女性，我並不知道這個無聊、過氣、背著一堆包袱及孩子的混蛋，竟自以為能以某種方式勾引我——尤其是我都已經告訴他我不感興趣了。但有一點很重要，請記住：不良前輩不是個理性思考的人，他是個操縱者。拜託幫自己一個忙，就放生他吧。馬上！

除了向人力資源部門或管理階層舉報之外，你還有好幾個不錯的選項來制止「不良前輩」。首先，你可以直接跟他溝通，他的行為並不對。在此提供兩個範例：「作為一個指導新人的前輩，你的行為並不適當。我要迎向新未來，就此不送，祝你順利。」、「你的行為很不專業。這些不是我想從你身上學到的，也是令人不能接受的事。保重。」你只要知道，不管他的「藉口」是什麼，你都必須不予理會。他那套把戲就像他的假道歉一樣，永遠沒有誠意。其次，你也可以專業地玩失蹤，藉此來擺脫這個不良前輩——也就是說，永遠不要再回覆他。如果你工作不用直接接觸他，就不需要每天互動，這個方法非常有效。若是你會在專業場合再次見到他，就把他當成陰險的笨蛋，不要理他。要是他膽敢質疑你的行蹤，你就用事實讓他難堪，隨便找個藉口直接離開現場，或是乾脆裝作沒什麼好討論的樣子，腳步別停。你自己選吧！

‖無恥之徒

如果說財富總是眷顧大膽的人，那麼無恥之徒就是銀行界的傳奇人物了。他就是那種膽大包天的傢伙，往人屁股上一拍好似在重演《廣告狂人》裡的場景；他一談到女人就像在背勞凱利（R. Kelly）的歌詞一樣；他會在客戶電話會議中叫你「騷貨」。他是貶抑、侮辱人及具有敵意的混蛋。無恥之徒很瞎，全然不避諱展現出厭女態度——而且他是你的同事。還真是恭喜了！

不像多數騷擾狂，無恥之徒不會試著隱藏其荒唐行徑，連管理階層也不會試著去控制他。或許會有同事嘗試以「哦，他就是這樣」、「他無心的」或「他是很煩啦，但你習慣就好」來合理化他的胡扯瞎鬧。是嗎？不，他是個問題，而且要是他們縱容這種狗屁倒灶之事，那公司文化也大有問題。

> 上，請記住，在這種情況下要當好人實在太強人所難，而好警察及檢察官都是遠水救不了近火。說真的，沒有人有權利碰你。他有多理直氣壯地貶低你，你就要多理直氣壯地拒絕，請好好珍惜自己的價值。

我曾經和一個無恥之徒共事過，他有一個下流的「招牌動作」，經常沒來由地對人施展。這傢伙會在辦公室走到一個毫無防備的年輕專業人士身後，用他的下半身往她背後靠近，就像他在邁阿密的舞池裡玩很開一樣。你就站在影印機前，然後「砰」的一聲！這可悲傢伙的下體就會在你心愛的裙子上來回摩擦。真的超噁心！這個無恥之徒很可能會被白眼或偶爾被出聲制止，但這些都**沒辦法**阻擋他或停下他扭動的屁股。這樣不對！

說到無恥之徒，你能做的最好就是記錄、記錄、記錄⋯⋯然後舉報他。沒錯，即使管理階層都知道他的行為，你還是應該以**書面方式**來行使權利，詳細寫下無恥之徒的種種伎倆，好讓管理階層能假裝這是他們首次有「機會」對該行為做點什麼。實際上，要是管理階層想用「男孩就是男孩」的藉口，讓他這種白目留在公司，那麼雇主本身很可能也是垃圾。 #真心話

另外，若你覺得自在的話，也可以毫不猶豫告訴無恥之徒，他到底「得分」多少。他很可能是那種經常在公共場合被打臉的傢伙，所以他對於防制暴力法並不陌生。跟他說他的行為是不對的，並不代表他會改變他在職場上對待你或其他女性的態度，但至少在你必須採取最高戒備狀態之前，你會有紀錄表示自己並不

認同他的不當行為。

無恥之徒是種警示，也就是並非每個男人涉及性騷擾行為時，都會採取隱晦不明的態度——即使《民權法案》早在 1964 年通過，整個社會卻還沒真的進步到那種程度。有些登徒子在不尊重你的時候，也總是膽大包天。不過好在你就跟他們一樣大膽，這些都不至於使你崩潰。

‖ 投機惡霸

投機惡霸是那種一旦有他想支配的年輕專業人士出現，就會施展下流招數的強大玩家。他會利用他的權勢來騷擾你，以提供專業機會或威脅扼殺該機會的方式促使你去討好他，甚至他會為了能更加接近你而改變行程。投機惡霸可能具有管理權，或只是在你所處行業中具有重要影響力。他有毒，又精力充沛，簡直就是個骯髒組合。

投機惡霸並不總是來硬的，行事也不總是明目張膽。他可能會禮貌邀請你一起合作，提供機會給你，讓你覺得這是你自己的選擇，或者你是萬中選一，並顯得他很有紳士風度。他在建立起你的信任之前，先用被動攻擊型的權力遊戲令你滿身瘡痍，讓你聽從他的意志。

舉例來說，某位律師事務所的投機惡霸先是指派我朋友去處理他的案子，占用了她所有時間，所以除了他之外她沒辦法跟其他人一起工作。起初，她覺得這對她的職涯很有幫助——也就是

在他真實目的開始為人所知之前。投機惡霸會召開閉門會議，在那裡他可以大方盯著她看，讓她大半夜還要待在辦公室裡，這樣她就無法好好過生活。投機惡霸還會趁公務之便，要求跟她兩個人出差過夜，他會想方設法確保自己在飛機上能坐在她身邊，侵犯她的個人空間；接著他還會千方百計讓她在旅館房間裡跟他邊吃晚飯邊看案件卷宗。當這個投機惡霸沒有得到他想要的回應時，他就會隨口提醒她，自己在她的年度暨加薪審查中有著重要影響力。是的，這個人根本是溫斯坦入門款。

雖然投機惡霸會真的提供一些好處來接近你，但千萬不要受寵若驚，也**不要**被感受所迷惑（總之這已經快變成斯德哥爾摩症候群了，可不是什麼好現象）。這個渣男以濫用權力為生。若是他對某個女人感興趣，他也知道該怎麼搭訕她，但他寧願把你逼到不堪地步，他就能控制你、折磨你。投機惡霸是格雷的五十道陰影混蛋版。幸運的是，無論他多麼強大，你**總是**有所選擇，而選擇就是力量。

首先，若你發現自己和投機惡霸一起工作，你一定要想辦法擺脫他。可能得向公司要求重新分配工作、建立同盟以便換個部門，或是表達自己想去不同領域工作的意願。若你熟悉辦公室裡的關係，你也可以考慮去找一個你想合作、更有權勢的人，看看那個大人物會不會破例把你納入他的麾下。（我以前就做過這種事。這很需要膽量及手腕，才能清楚看懂權力走勢。但事實證明這很值得！）

第二，若是你不能擺脫投機惡霸，那你可以試著忽略他的求歡並假裝生活中已經擁有某位男性或伴侶（又稱假對象），迫使他收手。雖然我們應該用不著玩這種把戲，但有些男性不懂得尊重你的「不」，卻會重視另一位男性的「不」。像投機惡霸這種權力玩家，一般沒辦法好好回應女性的拒絕，所以要是他不接受，他可能會採取更積極的方式，或是透過剝奪機會來懲罰你。要留意他的「挫敗感」會如何表現。

第三，你可以隨時向人力資源部門或管理階層舉報投機惡霸——只是要做好戰鬥的心理準備。即使面對嚴重的經濟損失，愚蠢雇主也常常站在權力較**大**的一方，也就是投機惡霸的一方。這可真是冤枉，因為讓有害的明星員工離開等於為公司省下一大筆錢，這點我們會在下一章討論。的確，這些雇主根本毫無道理可言，但這並不代表你就該默默忍受或傷害自尊，只為了方便某些變態能在追逐權力的過程裡甕中捉鱉。

||| 假仙盟友

假仙盟友是隱藏版敵人。他談得一口好策略，從如何保護你免受加害者侵害、促進女性在職場上的發展，一路談到如何行使他的男性特權點醒這些壞人。他看起來超級開明，熱衷於平等主義，並致力於栽培你，跟只想盡本分先生很不一樣。假仙盟友使你重拾對人的信心，直到真要實際行動時便原形畢露。

假仙盟友會裝出一副無所謂的樣子。儘管他說了那麼多，卻

　　　　　　　　　　我的美好，不該是你騷擾我的藉口

是那種有機會幫助你時卻**什麼都不做**的人。那是因為假仙盟友並不是真的為你著想，他只是為了讓你**感覺**如此。

> ⚠️ **注意！**
> 假仙盟友不見得是男性。也很可能是坐在你旁邊的女性。
> 千萬注意！

雖然他不會對你性騷擾，但假仙盟友可能很危險，因為他在你對抗騷擾時，會製造一種虛假的安全感。他讓你相信你有他的支持，有人來見證你的經歷，有位**男性**作為你參戰的後盾。不過，要是你有假仙盟友在身邊，你其實等同於孤軍奮戰——想想還不如這樣更好。總之，他只是說說而已。他也有可能說著說著就開始對你不利了。

我有一位朋友就遇過這種情況。當她被投機惡霸的蜘蛛網纏住時，她開始向某位友善同事訴說她的不滿，最後卻發現他根本是假仙盟友。這完全出乎她意料之外，因為他是那麼地鼓勵她，當著她的面談論生活、#到此為止運動（TimesUp）等等——後來她才知道他一直在分享她個人生活細節，並實況轉播她對投機惡霸的不滿。真是令人傻眼。

雖然我的朋友對此始料未及，但假仙盟友很容易就被識破——只要忽略他所說的話，觀察他的實質行動就可以了。當無恥之徒開始以性別歧視言論高談闊論起人事部的佩姬時，他是否保持沉默？當不良前輩開始鎖定新員工，他是否假裝沒看見？當

他接到一個新專案，他是否會把你分配到自己的團隊中，保護你免受投機惡霸的傷害？哈囉，這程度只是跳棋不是西洋棋，沒那麼難吧。

最困難的地方，是接受假仙盟友並非真的支持你，儘管他說了很多好話。這很難，因為你很想相信他是個正派人士。我們也很想，但現實是，不管他是會動的軟骨頭，或只是個騙子，他都不值得你信任。現在就跟他決裂，總比你站在人資部門的海倫面前，指望他不辜負自己的期望要好。

當然，你也能隨時挑戰假仙盟友。當鄰家屁孩試著讓你以為他只是單純伸手去拿螢光筆，是你的左胸突然湊上來時，問問假仙盟友為什麼悶不吭聲。假仙盟友只會光說不練，所以你不妨無視他給你的任何藉口，跟他保持一定距離。你一定要向親人或其他你能信任的同事敞開心扉，但不要向假仙盟友傾訴騷擾之事，也不要奢望他會站在你身邊。在集體行動上他可能不會讓你失望，但在捍衛你的尊嚴方面，他肯定會讓你孤立無援。

說了這麼多，只有好心還是不夠好。離開「已讀不回」假仙盟友，大步往前走吧！

要迴避的五種助長者類型

根據美國勞工部的數據，女性員工占美國勞動力將近47%，其中約 74% 的人力資源經理為女性 [2]，然而，性騷擾仍然在美國各地職場中盛行。由此可知，並不是每位女性都想杜絕性

我的美好，不該是你騷擾我的藉口

騷擾。事實上，在延續及隱瞞性騷擾方面，女性往往扮演著輔助角色。在羅南・法羅揭發溫斯坦的書中便能看到這點，女助理及女主管承認自己在心知肚明的情況下，誘導女演員進入飯店房間，利用自己的女性身分讓女演員感到放心。這只是一個例子，但是為什麼女人要為難其他女人，並且扯**自己**的後腿，背後還有很多原因。雖然你很可能無法拯救那些迷失的靈魂，但你可以學會辨識並避開她們。在職場中，你要迴避的五種助長者是：善後女、傭兵、酷妞、賣身女及古板女。

‖ 善後女

她熱情、友好、有同情心。她會聽你說話，陪你一起笑。她能成功把生氣的你哄得開心。來見見善後女吧。一旦涉及女性被性騷擾時，她便是雇主的第一道防線。善後女通常會在主管崗位上工作（可能在人力資源部門），她可能已經在雇主那裡工作很長一段時間了。她能在裁員及其他公司衝擊事件中倖存下來，是因為她有一項寶貴技能：善後女會對你撒謊——而且你還會覺得飄飄然。

> ⚠️ **注意！**
> 你可能已經見過她，只是不知道她就是那個善後女。她可能是你最要好的辦公室夥伴，而且會在必要時刻突然變出些詭計來。記住：要特別小心職場中你所信任的人。 #保持清醒

善後女的手法很高明。她會分享私人故事來取得你的信任，假裝對你的經歷感興趣，並在口頭上毫不遲疑地站在你這邊。她會用高超的情商來滲透你的感情，讓你覺得自己被透徹理解。當你受到騷擾時，善後女會堅定表示你有權得到公正對待，而且保證自己會做些什麼改善現況。但你猜怎麼著？她只是在安撫你。她的作用是讓你**覺得**她會有所行動，這樣你就可以放心走開，公司就不必真的拿那個老男孩的行為開刀（我相信你已經猜到，一旦涉及到責任追究或要求停止騷擾，她都沒有任何助益）。

　　好消息是，除非你先指出問題所在，否則善後女不會主動找你。當這種情況發生，不要被她看起來多麼好、多麼真誠而分心。這個女人會竭盡所能操控你、玩弄你的情緒。

　　我所遇過的善後女，為了操控我放棄申訴某位騷擾狂，甚至不惜祭出火力十足的虛假眼淚作為最後一搏。她是一個年近 60 的高階主管，卻在辦公室裡哭得像個謊言被抓包的小孩。別搞錯了，善後女可是滿腦詭計。

　　她很擅長自己的工作，所以公司才把她留下來。她唯一不擅長的就是言行一致，但若是你逼她，堅持要求她兌現承諾，她就必須這麼做。要是你必須跟善後女打交道，千萬別猶豫，趕快推掉。你有權在一個安全的空間裡工作，而她也需要完成她該死的任務。

　　　　　　　　　　　　我的美好，不該是你騷擾我的藉口

||| 傭兵

傭兵源自女性**必須**在職場上競爭的扭曲心態，是公認的大壞蛋。她積極尋找壓抑迫害其他女性的機會，尤其是那些正準備冒出頭的女性。這種女人會故意把你推入被性騷擾的火坑，因為她知道其殺傷力會讓你失去競爭能力，藉此將你從競爭中淘汰掉。聽起來很瘋狂，但這類型人是真實存在的，特別是在男性主導的領域中。

傭兵很難被發現。她通常看起來對你很好，而且總是對老闆態度和善。大家似乎都很喜歡她！但他們沒有告訴你，她競爭激烈、手段陰險的一面——可能他們也還沒看到。這是千真萬確的。當你開始要發光發熱的那一刻，她的陰影及凶狠就會展現出來。對傭兵來說，性騷擾不過是她能阻擋你成功的另一種手段。

幾年前我所遭遇的經驗，就是一個很好的例子。我聽幾位同事說，某位老兄是公認的不良前輩，他的目標都是新員工。就像時鐘一樣準時，在我入職後的幾個月內，他便主動聯繫我，說我多有潛力，並提供無與倫比的指教見解，以幫助我的事業更上一層樓。我沒有說出自己對這位「不良前輩」的看法，就問了公司裡一位頗有身分的女性「友人」對他的看法。她熱烈推薦我接受他的提議，讓他成為我的指導前輩。她可是認真的。在仔細觀察一番之後，我才發現她是個傭兵。你或許會對自己說：「也許她不知道他的真面目？」不，她知道。所有人都知道。事實上，當

我直接對她提起那些我所聽到關於不良前輩的事時，她承認自己知道他很渣。

　　跟傭兵打交道時，你不必像我一樣直接，但你一定要跟她保持距離，因為她很積極地在當你的「腹黑友」。請不要給她任何資訊，也不要相信她所說的任何沒有確切證據的事情。只要你對她的遊戲有所威脅，傭兵就會對你設下圈套，甚至在職場上把你塑造成慾女，把你當棋子玩。但這並不代表你就要收斂鋒芒或耍小聰明。當個嗆辣大神是很辛苦，但總得有人這樣做。那個人最好就是你！

||| 酷妞

　　當老男孩公開嘲笑同工同酬日（Equal Pay Day）之際，她總是不負眾望地加入行列。當行銷部的馬克想玩一輪「你寧願跟誰……？」（Who Would You Rather）的遊戲時，她會一馬當先地寫上姓名。當無恥之徒第 800 萬次叫你「婊子」時，她會和他擊掌。這就是「酷妞」，一個全心全意支持兄弟的女人！

　　酷妞會以各種方式出現在任何地方。她有著迷人的個性，因為她總是充滿笑聲又超有趣。問題是，酷妞拒絕去看不當行為的本質——騷擾。她只把那些看作是美好時光。她也願意降低自我價值，以適應或「生存」，隨你以什麼角度來看。她甚至可能會加入騷擾行列，這些全都是希望父權制度能把她當作自己人（嘆氣）。你有點為酷妞感到難過，因為她已經被父權制度洗腦了，

也或許可能是為了融入而融入。我們都有過這樣的經歷，但我想大多數自尊心強的女性都已經突破這關、更加進化了。

我曾經跟一位酷妞共事過，她一心只想和男性建立關係，以至於她會在公開場合性騷擾男性，偶爾還會羞辱他們。有次，一位年輕男製作助理正彎著腰在電腦桌前做自己的事，這時這位酷妞便覺得自己有必要踩著她五吋高跟鞋小跑步過去，一邊捏他屁股，一邊用別人聽得到的音量對他說沒禮貌的話。這個酷妞利用自己職等比這個可憐小夥子還要高的事實，希望能與職場騷擾狂打好不正常的關係。

說到底，酷妞不是為了鬥爭，也不是針對你。她跟假仙盟友一樣，或許不算是敵人，卻是個大麻煩。若是你不小心跟酷妞搭檔的話，很可能就會在某些方面給你帶來麻煩。第一，她主動想成為「男生中的一員」，急於討好男人，所以她不可能因為同為女性就對你忠誠。第二，一旦你看起來想提高女性地位，或者你對貶低女性之事不願善罷甘休，酷妞很可能就會放棄你，等於是

白花心思去經營與她在專業上的關係。第三,她很願意參加不尊重自己的活動,這代表她可能不太會拿捏界線。所以,如果你和酷妞一起搭車,你可能會發現,那些男性就會用對待她的方式來對待你。 # 處境不易

||| 賣身女

你也知道,商業遊戲大致上都控制在男性手中。為了買通自己的路,有些女性會試著利用她們**所有**的資產——包括她們的身體。她們就是賣身女。這些女性會過分地調情,製造不必要的肢體接觸,並有目的地利用身體獲得晉升。有時這真的有用。根據工作與生活政策中心(Center for Work-Life Policy)的調查,將近 34% 受訪女性高階主管表示,她們知道有哪位女同事與已婚重要人士有染,其中三分之一的人說,這段婚外情讓這位女性得以升遷。[3] 據傳,某位女職員會為了幫 CBS 前執行長萊斯・穆恩維斯口交而隨傳隨到,以保障她的工作,也不用怕受到處分。根據塔夏娜・西格爾(Tatiana Siegel)及金・馬斯特斯於《好萊塢記者》的報導,一名英國女演員跟華納兄弟(Warner Bros.)前執行長凱文辻原(Kevin Tsujihara)上床陪睡,以便她在好萊塢取得角色演出及引薦。賣身女可說是無所不在。

賣身女也許不算罕見,不過除非性關係被公諸於世或自己主動承認,否則她們是很難被辨認出來的。你必須善用自身**客觀的**

我的美好,不該是你騷擾我的藉口

判斷力，來確定某位女性是否就是賣身女。別被職場中另一位女性毫無根據、未經證實的謠言所迷惑，因為這可能是種抹黃羞辱，只會跟賣身女行為一樣讓女性地位止步不前。

> ### 💬 題外話
>
> 讓我們快速談談那些公開為被控性騷擾的男性辯護的女性——她們會署名作證，並提出「他一直以專業態度對待我」這樣的聲明。這些女性是賣身女的變種——但她們賣的不是身體，而是無稽之談。
>
> 我們都知道，在不同人身邊、不同環境下，一個人的行為會發生變化。人是不斷在變動的生物。就因為這位男性對某位女性（也許是你）態度專業，不代表他在所有場合對待所有女性都會這般專業。背棄這個基本普世真理的女人不僅沒有常識，也等於出賣了其他女人。她們這樣做可能是為了維持雇主對她們的好感，也可能是自以為了解某個人而藉此感到好過些（更多關於認知失調的內容請見第十章）。無論如何，請不要成為其中一員。
>
> 如果某個你認識的男性正面臨指控，在你為他挺身辯護之前，先想想這個普世真理。若是出於某些原因，你仍想跑去為他公開辯護，也許你該先問問自己以下幾個問題：
>
> ▶ 他被指控的不當行為發生之際，我是否在場？
>
> ▶ 他有沒有可能不覺得我有威脅，或是考量到難以全身而退，所以才沒有找我麻煩？
>
> ▶ 他有沒有可能是個騷擾狂，而我只是來不及被侵犯，或是被「好人」的護目鏡蒙蔽了雙眼？
>
> ▶ 我是喜歡公開道歉，還是看起來像個傻子？就像葛雷琴‧卡

爾森（Gretchen Carlson）提供的證據證實福斯新聞前執行長羅傑・艾爾斯（Roger Ailes）確實是人渣之前，那些跳出來聲援的員工一樣？

總之，若你不在事發現場，就別插嘴評論男方或任何你從未見過的人。不要當賣身女，也不要出賣別人。

　　喜劇演員瑪瑟拉・艾葛洛（Marcella Arguello）經常在工作中看到賣身女。雖然這位引人注目、身高 188 公分的火紅演員對於封殺沙文主義言論及性示好方面沒有什麼問題，但並不是同行所有喜劇女演員都一樣。在她來去不同城市、不同俱樂部的這些年裡，艾葛洛看到有些同事與經紀人調情，以便能進一步獲得表演時段，進入男性主宰的場域。艾葛洛靠著自己的喜劇天分贏得了進入 HBO、Starz 和其他電視網路的機會，但她並沒有仗著自己在遊戲中游刃有餘就對賣身女多加抨擊，不過她也承認，賣身女確實會造成一定程度的傷害。這位具有政治意識的喜劇演員，近期發行了她的首張喜劇專輯《清醒惡霸》（*The Woke Bully*），闡述賣身女實為造成職場中女性主管較少的部分原因。艾葛洛認為，賣身女知道如何利用自己的「才能」從男人那裡得到東西，但因為她們的才能無法操縱女人，所以賣身女才會主張讓男人占上風。厭女症還真讓人笑不出來。

　　賣身女並不一定認為自己用身體作為籌碼是在耽誤全體女性。雖然這些交易早在多年前就已不在法律範圍內，但她還是把

性看作是遊戲的一部分。將自己物化可能會在短期內有所幫助，儘管從長遠來看，她並不會走得很遠。根據《哈佛商業評論》的報導，許多賣身女在職場上被當成毒藥，近半數的男女同事都鄙視她們。[4] 雖然賣身女可能會得到升遷、職業機會和工作保障，但她們的技能也只能走到這裡，受到的庇護也只能持續這麼久。

例如，我有位朋友曾與賣身女共事，她在金融界爬得很高，表面上看起來很幸福。但她很沒有安全感，也很羞愧，因為她知道這些機會都不是靠著她的聰明才智或工作技能贏來的。另外，知道自己的同事們都清楚她為了上位所做的事，感覺一定很糟。後來，管理階層也以裁員為藉口把她處理掉。

除非你是一個異國舞者或性工作者，否則把自己的身體賠進去只會降低格調，並招致侮辱。賣身女不明白這個道理。她可能骨子裡是個優秀的人，但她的旁門左道很可能會蓋過她本來可以教你的本領。你還是祝她好運，希望有朝一日她會明白，要成功還有其他更好的方法。

‖古板女

我能跟你談談「古板女」嗎？她很有魅力，她還記得當時年輕女性上大學讀「貴婦學位」，或是只為了某位公司男性而去當祕書的日子。古板女曾被求歡、被冒犯、被撫摸。都有！她經歷**這一切**，默默承受著，並認為你也該如此。

> **⚠ 注意！**
> 古板女並不總是帶著一張樂齡卡（AARP），或是在美式餐廳享受早場週日晚餐。**各種**年齡層都可能有古板女。很多在重男輕女領域嶄露頭角的女性，仍然把性騷擾視為「成年禮」或只是工作的一部分。要小心她們，因為她們和年長的古板女一樣有問題。

　　以古板女的角度來看，性騷擾是年輕女性在職場上的必經之路。若你想在男性所主導的世界裡工作，這不算是問題，只是一個小小的代價。所以古板女會告訴你，「習慣就好」或是「別再糾結了」。當我抱怨某位不良前輩，一位古板女就是這麼對我說的。她是公司人力資源部門的高層主管，對性騷擾防制法的了解程度，就像對手上的老人斑那般瞭如指掌。這種女人能引用 1991 年安妮塔・希爾在參議院上提供的證詞，就像我豪不費勁就能背出《穿著 Prada 的惡魔》（*The Devil Wears Prada*）的臺詞一樣。即便如此，在古板女的印象中，要是遇到在職場上追求她們的登徒子，女人實在不該抱怨。所以你能想像，身為自尊心強又同時是個律師的愛德麗安，當然不能接受古板女的「習慣就好」。

　　你也應該忽略古板女的建議，不要浪費時間去教育她。她沒有莫名其妙就錯過了女權運動或＃我也是運動，她這輩子接觸的東西已經夠多了，有的是機會改變自己的思維方式，擁抱職場上

　　　　　　　　我的美好，不該是你騷擾我的藉口

的性別平等，然而她卻**選擇**不與性騷擾抗爭，不管是出於什麼原因，那都不是你的問題。

不要為古板女感到難過，也**不要**和她走得太近。她或許是超級好人，三不五時洋溢著母性光輝，而且見多識廣，但是她那過時的觀念，以及不願追究壞人責任的態度，都不是像你這種開明職場專業人士所需要的。另外，在性騷擾問題上，古板女**永遠**站在重男輕女的一方，而不是你這邊。除了叫你忍耐、說是為你好之外，她無法想像還有什麼其他方式能回應你。

古板女在這場權力遊戲裡真是錯失遊戲分數。實習工作是用來塑造品格的，不是用來性騷擾。你可以引用我這句話！

👁 總結回顧

▸ 職場中常見的騷擾狂有五種，助長者也有五種。你要避開他們，因為在性騷擾方面，他們都是大麻煩。

▸ 鄰家屁孩是指那些「不小心」或「無意」侵犯他人、遊走在不當行為邊緣的傢伙。一旦可笑行為受到正面迎擊，他就會裝傻，但他必須知道，你認為這是不適當行為，而他必須停止。

▸ 不良前輩是那種會在指導新人的過程中，尋找能建立性關係的同事。他一開始會表現得很好心，然後操控你，企圖把專業關係轉變成私人關係，並在這個過程中不斷測試你的界線。你最好跟他斷絕關係。

▸ 無恥之徒是大膽的厭女者，他常常對女性感到性致勃勃並充滿敵意。他很可能會對你毛手毛腳。正面對抗他可能是你唯一的選擇，儘管這很可能也沒用，因為他公然的誇張行為也可能表示該職場是有害環境。你或許該考慮更新你的履歷表了。

- 投機惡霸是會利用權勢來騷擾你的大人物。他是喜歡控制的權力玩家，而且不喜歡聽到「不」，這也是為什麼正面迎擊他可能會招致危險。請想盡辦法避免與他合作。

- 假仙盟友是個隱藏版角色，他話說得很好聽，但並非真正支持你。他只是在吹牛，絕不會陪你站在同一陣線上。請跟他保持一定距離，如果你不能百分之百確定他會支持你，就什麼都不要告訴他。

- 善後女是熱情、友好、富有同情心的人，她會成功把你從對騷擾狂的憤怒中哄出來。她會說出你想聽的話，但什麼都不會做。如果你必須和她打交道，盯緊她做好她的工作，不要被她操控了。

- 傭兵會主動去征服及打壓其他女性，尤其是那些正準備冒出頭的女性，因為她認為自己必須不擇手段與她們競爭。請不惜一切代價避開她。

- 酷妞很有趣，但不是你該花心思經營專業關係的人。她不願了解性騷擾為何，還忙著要成為男性的一員。別和她過於親近了。

- 賣身女是利用其身體，以超乎常理的調情、不必要的肢體接觸來獲取利益的女性。她或許人很好，也認為自己只是在利用父權制度上位，但她阻礙了女性地位的提升。請跟她保持一定距離。

- 古板女認為性騷擾是年輕女性在職場必經之路，若你想在男性主導的世界工作，這便不該是問題，只是一個小小的代價。她是有害到極點的人，請避開她。

我的美好，不該是你騷擾我的藉口

Chapter 6
付出代價

對雇主和你而言的性騷擾成本

> 長期以來，美國最具影響力的機構
> 都有性施虐者及極度厭女者位居高層的問題。
> 這些加害者不僅形塑了所處行業或職場樣貌，
> 還塑造了我們的政治、文化及國家。
>
> ——伊茲拉・克萊恩（Ezra Klein）／對外宣導兼 Vox 創辦人

無論賣的是服務還是產品，企業應該都是為了賺錢而存在的。在此要開門見山地點出一項殘酷事實：關於性騷擾，公司很可能是相當程度上的同謀。它們會試著說服你，對於機會平等說得很好聽，還會賣力地表演，讓你相信它們是絕不帶偏見的雇主，但千萬不要被愚弄了。

許多雇主都是職場壓迫遊戲的明星玩家。從故意無視申訴、悄悄支付和解金到力保騷擾狂，企業不斷在性騷擾問題上投下錯誤賭注，其中多數只是希望社會大眾永遠不要發現。這些愚蠢雇主拒絕意識到的是，性騷擾這種賭局並不像在拉斯維加斯賭博一樣。賭局一旦是性騷擾，莊家永遠不會贏。2018 年，世上最屬害的博弈巨擘暨飯店帝國便學到這項慘痛教訓。

永利度假村（Wynn Resorts）在 2018 年新年以拉斯維加斯第一賭場的姿態進駐，賺了數十億美元，公司股價也比去年同期增加將近 87%。永利度假村彷彿就要乘著前所未有的高盈利起飛——直到 1 月 26 日。那天早上，也是執行長史蒂夫・

永利（Steve Wynn）76 歲生日的前一天，由亞莉山卓·柏佐（Alexandra Berzon）、克里斯·克爾克罕（Chris Kirkham）、伊莉莎白·柏恩史坦（Elizabeth Bernstein）及凱特·歐奇菲（Kate O'Keeffe）於《華爾街日報》（*Wall Street Journal*）上撰寫的一篇爆炸性報導，詳述永利長達「數十年之久不當性行為模式」並涉嫌掩蓋事實。據數十名曾為永利工作之前職員表示，這位賭場大亨多年來不斷濫用權力，強迫員工進行性行為，包括某次，已婚的永利大亨強迫一名美甲師脫衣並威脅她發生性行為，還讓她懷孕。據報導，他付出了 750 萬美元的代價讓她保持沉默。前女性員工亦敘述了這位曾受過常春藤聯盟教育的億萬富翁還有哪些其他噁心行為，據說他經常暴露身體，並曾無數次提出性要求。這些女性為了不影響工作，她們的因應之道是製造假約會，且經常會在永利出現於大樓並往自己的方向前進時，躲到後面的房間好避開他。

在報導中，永利被描繪成一個權力飢渴的性侵犯者，沒有責任心，也沒良心。在報導發出的幾個小時內，永利度假村便在那斯達克（NASDAQ）股市下跌超過 10%，公司價值減少將近 20 多億美元。

永利面臨著多項指控。他不僅看似有違法行為，根據報導，他還簽了保密協議，據說也支付了和解金。儘管如此，他還是堅持⋯⋯否認、否認、否認。但隨後風暴並沒有停止。永利度假村的股價又再一次暴跌，跌了將近 9%。該公司在不到十個工作天

內就已經耗損掉 35 億美元的價值。永利精心打造的博弈帝國從一個穩賺不賠的賭局變成了一個大敗局，之後又面臨著潛在敵意收購的威脅。

就在永利度假村元氣大傷的時候，凱莉・吉兒・賽維諾（Carri Geer Thevenot）及亞瑟・凱恩（Arthur Kane）隨後亦於《拉斯維加斯評論報》（*Las Vegas Review-Journal*）撰文報導，它是永利度假村的商業夥伴之一，也可以說是眾多競爭對手之一擁有的小型刊物。20 年來，當地報紙陸續有過揭露、踢爆更多針對永利不當性行為的指控，甚至能追溯到 80 年代。2018 年 2 月 5 日，《拉斯維加斯評論報》終於把那篇報導送印，並解釋道，這篇爆料早在 1998 年就已經被處理掉了（更多關於被稱為「捕殺」的媒體策略內容，請見第 13 章）。不到 24 小時，名譽掃地的永利就辭去了執行長職務，並把公司交給了前妻。在接下來幾個月裡，永利度假村的股價不僅難以止跌回升，還必須持續抵擋政府調查及聲稱永利性騷擾與掩飾罪行等諸多集體訴訟，這些訴訟耗費許多公司資源。

最終，永利被趕出了他一手創立的帝國，據說他的個人資產至少損失了 4 億 1200 萬美元。他的董事會被解散，營收曾蒸蒸日上的公司也在 2018 年虧損收場，並在 2019 年，因未能解決數十年來的不當性行為問題，被監察部門罰款多達 2000 萬美元。

在此有兩項重要的常見真理：第一，發生在拉斯維加斯的事，**絕對不會**只留在拉斯維加斯；第二，性騷擾對生意不利。這

不僅會扼殺職業生涯，也會扼殺公司本身。本章會深入探討雇主、個人和其他人所承擔的成本。談到職場性騷擾，你可以放心，莊家永遠不會贏。

雇主要付多少錢才能保住騷擾狂？

　　大多數雇主都有反性騷擾政策，這些政策與我們會在第 11 章和第 12 章中討論的反歧視法有異曲同工之妙。然而，這些政策往往只是口頭說說而已。雇主只會投入更多到職場政策宣傳上以減少法律責任，而不是阻止騷擾狂進行騷擾行為。但象徵性的遵守不過是代價高昂的詭計。不受支持的政策不能也不會使雇主免於承擔不必要的高成本，而這些成本會隨著保住騷擾狂的職位而產生。

　　騷擾狂的成本：無論你怎麼看，騷擾狂都會傷到銀根。研究顯示，平均每一位被騷擾的員工，都會使公司損失 2 萬 7800 美元的生產力。[1] 事實上，員工會替雇主帶來最大的性騷擾經濟成本。根據婦女政策研究所（Institute for Women's Policy Research）的報告，因性騷擾導致的員工流失平均成本是標準員工年薪的 16% 到 20%，若是涉及具有經驗的管理及專業人士，成本則高達其薪水的 213%。[2] 根據國際婦女研究中心（International Center for Research on Women）估計，依照員工級別及所處行業，失去一位員工的損失為 5300 美元到 22 萬 5000 美元不等。[3]

　　順道一提，這些數字還不包括每位旁觀者失去生產力的平均

成本，也不包括招聘、僱用及培訓**每位**用來取代被騷擾狂嚇跑員工的新員工平均成本。這是研究人員尚未能量化的數據。即使沒有這些未知成本，把騷擾狂留在身邊的代價顯然也是很高——即使他表現出色也無法改變這點。

在一項對 11 家不同公司、5 萬多名員工進行的大規模研究中，哈佛商學院（Harvard Business School）檢視了聘請一位有害員工的比較成本——也就是涉及性騷擾及其他形式不當行為、傷害企業的員工。 2015 年的研究顯示，儘管有害員工經常比一般員工更有效率，但他們傾向於使用不道德的手段，並對周圍的人產生不利影響，這使得他們的淨利存在相當的問題。事實上，避開有害員工所產生的報酬率，幾乎是單純聘請一位超高績效員工的兩倍。你不需要經濟學學位就會知道，二比一的報酬率並不算差——但留住一個騷擾狂絕對會很慘。[4]

聲譽損害：除了要承受留任騷擾狂所造成的相關經濟成本外，雇主的聲譽也會受到極大打擊。在《哈佛商業評論》所討論一項 1500 人參與的調查中，研究人員發現，即使是一件單一性騷擾索賠主張，也會大幅影響社會大眾對於該組織如何公平對待男女員工的看法。在這種情況下，該公司的形象會比被指控有經濟方面不當行為的公司還要差。研究人員更透露，以「害群之馬」作為辯護並無法騙到任何人：大家會把單一性騷擾索賠案件視為**整體**文化問題。[5]

正如你所想像，因為大家更願意支持公平正直的組織，所以

性騷擾對公司聲譽的損害，其影響也會反映在和銀行的往來上。研究人員很難量化這些數字，因為每個行業和雇主的損失各不相同。儘管如此，性騷擾指控會趕跑客戶、投資者和人才，已經是無庸置疑的事了。[6]

以 CBS 為例。在 2018 年 7 月某個週五，這家媒體巨頭公司股票突然暴跌了約 6%，原因僅是傳出羅南‧法羅即將踢爆當時公司董事長兼執行長萊斯‧穆恩維斯相關醜聞的消息。當晚，《紐約客》刊出法羅的文章。到週一下班時間之際，財經媒體報導稱，CBS 的股價已經下跌超過 15 億美元。對，不止百萬，而是**十幾億**！

另外，以美國服裝品牌 Guess 在 2018 年初的事件為例。模特兒凱特‧阿普頓（Kate Upton）在 Twitter 上開砲，指責該品牌共同創辦人保羅‧馬奇亞諾（Paul Marciano）濫用權力「對女性進行性騷擾及情感騷擾」，經過幾小時之後，該公司在當天股市便下跌約 2.5 億美元，股價縮水約 18%。騷擾行為與聲譽損失之間的連帶關係是千真萬確存在的。

不過，並不是每家公司的有害文化公開之後，其價值都會受到具體的打擊。例如，2018 年傳出 Netflix、亞馬遜及 NBC（其母公司為 Comcast）包庇騷擾狂的消息時，這些公司的股價既沒有被撼動，也沒有被攪亂。不過這並不代表這些公司就能安然無恙。Netflix 表示，在十幾位男性指控演員凱文‧史貝西（Kevin Spacey）有不當性行為後，Netflix 便與這位《紙牌屋》（*House* of Cards）男主角切割，損失至少 3900 萬美元，Netflix 還曾與他共同製作一部從未上映、名為《高爾》（*Gore*）的電影。之後不久，Netflix 或許還吸收了更多損失，它不得不刪除《牧場家族》（*The Ranch*）中丹尼・馬斯特森（Danny Masterson）所飾演的角色，因為多年來針對該演員的多項強姦指控又再次出現。事實上，跟騷擾狂打交道的代價可能相當高——而我們還沒有去算法律方面會產生的成本。

和解與陪審團裁決：當性騷擾成為一個法律問題時，對公司來說，保住騷擾狂要付出雙重成本，因為他們要支付數百萬美元的和解金，並且滿足陪審團的裁決條件。

例如，根據報導，2019 年 5 月，製片人哈維・溫斯坦及其前董事會成員達成了 4400 萬美元的協議，以解決紐約總檢察長及某些女性所提出的不當性行為訴訟。同樣地，21 世紀福斯公司（21st Century Fox）也為福斯新聞前執行長羅傑・艾爾斯（Roger Ailes）及前主持人比爾・歐萊利所涉嫌不當性行為問題，掏出了至少 1 億美元，另外還向主張福斯性騷擾處理不當的股東支付了高達 9000 萬美元的費用。難怪 21 世紀福斯公司在 2017 年期間，無法達到華爾街的預期利潤。哎呀！

大多數公司可能不會像福斯公司十年來在性騷擾索賠上花費那麼多。平均來說，每起性騷擾和解案要花費雇主 7 萬 5000 美元。[7] 對你來說，這可能聽起來不多，但對雇主來說，還可能增加更多。從 2010 年到 2017 年，雇主支付了將近十億美元來解決

　　　　　　　　我的美好，不該是你騷擾我的藉口

由平等就業機會委員會所提出的性騷擾指控，但這僅是平等就業機會委員會少數受理的案件。[8] 這十位數的價碼甚至還沒考量到以下任何一項：

▸ 來自各州監管機構的罰款〔如內華達州博弈委員會（Nevada Gaming Commission）便對永利度假村罰款 2000 萬美元〕

▸ 除了平等就業機會委員會以外，雇主向員工支付法律訴訟之前或之後達成和解的款項

▸ 向法庭上或透過私下紛爭解決機制（如仲裁）勝訴的員工所支付款項

▸ 企業為就業實踐責任險所支付的保險成本費用（平均每次索賠金額在 1000 至 100 萬美元之間）[9]

▸ 假設公司聘請一家中等規模的律師事務所，那就還要支付給律師的法律費用及訴訟相關費用 [10]

律師費用及訴訟費用	
庭外和解	10,000 － 50,000 美元
駁回案件	10,000 － 15,000 美元
交付審理案件	150,000 － 200,000 美元

雖然只有少數性騷擾案件會進入法庭審理程序，甚至幾乎見

不到陪審團，但要是其違反國家歧視法之責任成立的話，公司最後還是會支付相當龐大的金額。陪審團所作成性騷擾案件平均裁決金額為 21 萬 7000 美元——還**不**包括法律費用。[11] 有些性騷擾陪審團所作成最大裁決，則來自於雇主忽視或未能妥善處理性騷擾申訴案件。

例如，2012 年，加州陪審團針對某位醫生助理裁定薪資損失賠償金 350 萬美元、精神撫慰金 3900 萬美元，以及懲罰性賠償金 1.25 億美元，這些裁定全都是針對某家醫院無視她多次投訴外科醫生用針頭扎她，稱她為「笨妞」，說她做手術「像個女孩」，並用「我好飢渴」問候她。

先租後賣零售商亞倫公司（Aaron's Inc.）某位員工在 2011 年遭到上司性騷擾及侵犯，之後獲判賠償 9500 萬美元。當她向公司部門檢舉他時，公司什麼也沒做，只就她提出申訴一事通知上司把她盯緊。

幾年後，2016 年，新罕布夏州陪審團針對某位沃爾瑪（Walmart）超市藥劑師裁定賠償積欠薪資 16 萬 4000 美元、預期薪資 55 萬 8000 美元、損害賠償金 50 萬美元，另外還有懲罰性賠償金 1500 萬美元，原因是管理階層基於她舉報藥房不安全狀況一事，而選擇性地懲罰並開除了她。

請不要讓美元標誌分散了你的注意力。這些女性不見得能保住**所有**現金，**這些裁定結果都很少見**，尤其是考量到實際暨潛在職場性騷擾索賠案件能提起訴訟的總數。不過，這些案例還是多

少說明了，若公司在反性騷擾政策上採取耍嘴皮的態度，可能會遇到哪些風險。

為什麼公司會容許性騷擾？

公司的業務應該是賺錢，而不是放任那些因權力結構變動而不安的員工不管，犧牲其同事作為代價。那又為什麼會有這麼多雇主選擇容許性騷擾呢？這問題問得好。在此提供三個十分可悲卻再真實不過的原因。

首先，很多公司之所以會容許性騷擾風氣盛行，是因為他們基本上受到相關誘因影響。看看這個：

稅收優惠：美國稅法允許公司得以沖銷對抗性騷擾訴訟所產生的法律費用及任何和解款項（只要兩者都未附加於 2018 年 1 月 1 日之後所簽署的保密協議之中）。這種「線上扣除額」（above-the-line deduction）確實能為公司**減稅**。我們的世界如此扭曲，這種稅賦制度等於在一定程度上變相鼓勵雇主容許不當行為。

保險範圍：大公司雇主通常都有保險計畫，以承擔其法律攻防及性騷擾訴訟賠償費用。如果最後都會由別人來買單，你還會去關心這個潛在問題嗎？

仲裁優勢：許多公司強迫員工進行仲裁，相較於法院起訴，這種準法院程序通常只會讓員工拿到更少的錢。在第 12 章中，我們還會再詳細討論這個問題。

金錢上限：在性騷擾訴訟中，你很可能拿不到多少錢，這還真是多虧了國會。在美國，若你打贏了聯邦性騷擾訴訟案，立法機構已經把你所能獲得的補償性及懲罰性賠償金上限設定為 30 萬美元——而且那還是在公司擁有 500 位以上員工的情況下（如果員工更少，上限還會調降。這並不代表依據國家賠償法你無法得到更多賠償金額，不過誠如前述，要靠陪審團作成數百萬美元的裁決。然而這些同樣都是少見案例）。我們也會在第 12 章中，提到更多可行的補償措施。

其次，多數美國大公司若非助長性騷擾的一員，多半是容許性騷擾存在的，因為這只是社會傳統權力結構的一種投射，我們都清楚，這種權力結構是建立在征服女性及邊緣化族群的基礎上。白話來說，紈褲子弟掌控著一切，通常也喜歡保持這種狀態。儘管女性占勞動力將近一半，但是《財富》（*Fortune*）雜誌營業額排行前 500 強公司大多還是由男性所創立及領導，截至 2019 年中，由女性所領導公司只有微不足道的 6%。[12] 正如我們所確知，男性從維持現狀中獲得更多的利益，並且往往免受騷擾行為所冒犯，他們毫無理由去嘗試阻止騷擾行為——也就是說，只要大家沒發現就好。

第三，公司之所以容許性騷擾，是因為它們自以為永遠不會有人發現。這是認真的。無論一個女人說什麼，或者她是否公開提出她的行動計畫，這些傻子都**不**相信她會公開談論騷擾問題，因為整個社會系統已經在她面前設下門檻障礙。問我就好了。我

懂。想想，在葛雷琴·卡爾森公開踢爆福斯新聞醜聞，以及＃我也是運動將許多人的不當行為曝光之前，有無數公司明知卻依然故我地窩藏騷擾狂長達數十年。美國公司故意把騷擾狂的地位抬高於利潤之上，優秀人才反而受苦，因為這些受害的幾乎都是女性。這些公司並不重視職場中的女性——相反地，它們比較看重在職場中因為**貌似**重視女性而能獲得的影響力。在它們的雙面人手段被公開後，聲譽就會受到打擊，導致在華爾街股票下跌，以及被廣告商抵制。隨著社交媒體出現及時代變化，女性有了選擇，她們不再保持沉默。然而，許多雇主仍然會包庇或聘用騷擾狂——直到大家發現為止。

> ### ⚠ 注意！
> 公司經常喜歡用「老鼠屎」這個藉口來逃避責任，同樣地，一旦涉及性騷擾問題，公司都很愛假裝不知情。但不要被騙了！騷擾狂**從不會**躲在暗處。根據調查研究，幾乎可以保證，那些內部人士都清楚這些騷擾問題。[13]
> 還記得《今日》節目主持人安·凱瑞（Ann Curry）嗎？她在2012 年離開了 NBC，據說是因為她和另一位主持人麥特·勞爾不合。根據《華盛頓郵報》2018 年一篇由莎拉·艾莉森（Sarah Ellison）報導的文章，在凱瑞 2012 年離開電視臺之前，她告訴 NBC 兩名管理階層成員，一位年輕工作人員說她曾被勞爾「肢體性騷擾」，然而管理階層除了用保密協議要求凱瑞保持沉默並把她送走之外，沒有任何其他行動。五年後，NBC 終於在 2017年解僱勞爾，根據 NBC 的說法，這是該公司所接到第一份也是

唯一一份舉報其明星主持人的申訴。針對此次申訴，勞爾堅決否認，而 NBC 據說也只花了一天時間進行調查，申訴人是一位名叫布魯克・內維爾（Brook Nevils）的年輕工作人員。即使《綜藝》雜誌在勞爾被解僱的同一天，發表了一連串有關申訴勞爾性騷擾行為的報導，NBC 仍堅持立場，聲稱完全不知道這個年薪超過 2000 萬美元的男性員工具有騷擾狂本性。對對對……要傾眾人之力才能掩飾性騷擾，而 NBC 還真是有該死的膽量來說自己不知情。

這樣你就知道，為什麼公司選擇讓會計部的亞當去看一段沒用的防制性騷擾影片，然後依舊故我，而不是花錢去真正有效地教育他，實際執行反騷擾政策。不過，企業公司絕不會承認這點。可以肯定的是，有些公司挺有自覺地知道該投資辦公室的週四歡飲政策，卻不會積極主動創造一個安全的職場。

性騷擾會對你造成什麼損失？

無論你身處哪個行業，性騷擾對所有人來說都是代價不菲。除了我們將在第九章所討論的壓力及心理傷害之外，性騷擾還需要付出專業及經濟成本，對受害者及旁觀者皆會造成影響。這些成本有可能會立即反映出來，也可能隨著時間推移而有感。無論是哪種結果，都不是件好事。

關於專業上會產生的後果，以下是一些典型的成本：

減少	增加
工作滿意度	同事衝突
投入程度	曠職
績效表現	遲到
生產力	怠職

這些後果或許會讓**你**看起來很糟糕，因為你給人的印象會是個難搞、沒有生產力或不可靠的員工，而事實上，你真的只是在對工作負責任的同時，想辦法處理自己心理上或可能生理上的慘痛經歷。這都會使你在發展事業及維持開放人際關係上面臨更大挑戰性。換言之，性騷擾會讓你的整個職業形象完蛋。

至於經濟成本，暴露在性騷擾下，會使你更有可能利用病假或休假來逃避上班，也就更有可能提早離職，社會學家海瑟・麥克勞林博士說，這或許會對你長期職業軌跡產生不利影響，尤其是對 20 好幾或 30 出頭的女性來說。

在 2017 年〈性騷擾對職業女性的經濟及職業影響〉研究報告中，麥克勞林博士解釋了性騷擾是如何在女性職業生涯形成階段，便迫使女性受害者及旁觀者偏離軌道，而這種方式對男性沒有影響。男性在升職計畫被打斷後，很可能還是會繼續從事高薪工作，但女性卻經常受到阻礙，最終在離開性騷擾環境後蒙受長期經濟傷害。在十個被性騷擾的女性中，有八個會在最初的

騷擾發生後兩年內離職，而且她們比男性更有可能在隨後的 24 個月內承受更大的經濟壓力，因為她們更有可能會接受低薪工作，或者出於對未來可能會被騷擾的恐懼而避開自己所樂衷的行業。[14] 麥克勞林博士發現，無論女性從事的是白領、粉領還是藍領職業，這種不幸結果都會發生。

💬 題外話

跟騷擾狂一起工作的人，也會在其不當行為指控被媒體曝光後受到經濟影響。舉例來說，你還記得 2017 年的劇情片《我愛你，老爸》（*I Love You, Daddy*）嗎？當時角色陣容包括克蘿伊・葛蕾絲・莫瑞茲（Chloë Grace Moretz）、約翰・馬可維奇（John Malkovich）、蘿絲・拜恩（Rose Byrne）、查理・戴（Charlie Day）、艾迪・法柯（Edie Falco）和海倫・杭特（Helen Hunt）。你大概不記得——因為在電影上映前一週，整部電影就被封殺了。為什麼呢？呃，這部電影的主演、製片人、編劇兼剪輯是喜劇演員路易 CK，他當時才剛被爆料經常對同行女性暴露自己及做出其他不當行為。《我愛你，老爸》的票房表現為零，這部電影似乎變成了其他演員演出履歷上的汙點。莫瑞茲在 2018 年 8 月向《紐約時報》表示，她更希望這部電影「就這樣消失了」，拜恩則公開支持那些站出來反對製片人兼主演路易 CK 的女性。在這部大家各自付出相當大心力的電影中，演員們無疑損失不小。

得獎女演員艾瑪・湯普森（Emma Thompson）女爵士在 2019 年初退出了動畫電影《運氣》（*Luck*），避免遭受同樣的命運。天空之舞（Skydance）動畫公司所聘請的電影製片人約翰・拉塞特（John Lasseter），因為來自皮克斯（Pixar）和華特・迪

我的美好，不該是你騷擾我的藉口

士尼（Walter Disney）動畫工作室對他長達數十年的性騷擾指控被公開，導致他不得不被迫休假。湯普森放棄了這份酬勞，但從長遠來看，接受反而可能會讓她付出更多代價。

重要教訓：放聰明點。知道自己在和誰合作。別顧左右而言他。別跟已知的騷擾狂打交道。這最終只會讓你付出代價。

　　在無預警被迫離開一個有害職場後，我遠離律師界整整六個月，因為我害怕會在自己所熱衷的行業裡再次被性騷擾。儘管有兩個高等學位，我還是踏入調酒師行業，並在洛杉磯最火紅的餐廳擔任女侍者的工作，偶爾要面對喝醉的客人，還幾乎花光積蓄，直到我重新準備好再次從事法律相關工作。當我重新加入一家律師事務所時，起薪還比同行低，但很可能是因為我的執業期間曾中斷過，加上當時經濟景氣很低迷。不管怎麼說，這對我及我的個人退休帳戶（IRA）來說都不算太好。

　　事實上，突然的工作變動不僅會扼殺你的職業生涯，還可能導致一連串不幸的失業、財務壓力、工作機會減少、收入降低、債務增加等問題。這些後果很容易使你偏離原來的長期職業發展，更難維持財務穩定及安排退休生活。

　　追根究柢，性騷擾所導致的後果，恰好是把女性推入騷擾狂希望她們落入的處境——經濟上沒保障，還被排除在職場之外。

👁 總結回顧

▸ 性騷擾會讓你和你的雇主付出相當大的代價。不幸的是，多數雇主往往不會在真正有效的預防方法上付出努力。

▸ 雖然騷擾狂經常比一般員工更有生產力，但有害員工對公司營利來說還是個問題，因為他們會增加員工流失、生產力損害、監管機構罰款、法律訴訟、和解費用、陪審團裁決、保險費、聲譽損害等相關成本。那些不顧這些經濟成本去容許騷擾事件的雇主，並不是在做賺錢的生意。

▸ 除了這些成本，公司會留任騷擾狂也是因為有其實際誘因，多數公司領導人為男性，即正好是維持現狀的既得利益者，而且也相當自以為是地認為，社會大眾不會發現公司並非真心支持職場中的女性。

▸ 性騷擾會對你的職場表現及同事關係產生不利影響，損害你的職業形象、聲譽、升遷可能和進入重要人際網路的機會等等。

▸ 性騷擾也會封殺你長期職涯，迫使你離開公司，接連導致你失業、經濟壓力大、工作機會少、收入降低、債務增加。

我的美好，不該是你騷擾我的藉口

Chapter 7
留存證據

記錄性騷擾、保存證物
並建立紀錄

> 大家不敢做自己，是因為他們害怕被錄下來。

—— 卡蒂‧B（Cardi B）／
優秀說唱歌手和布朗克斯區的必取女人

如果騷擾狂知道自己被錄影和錄音，他們騷擾人的機率會有多大？可能微乎其微，大概神經病才敢。你或許不一定能正好錄到騷擾狂的行徑，但還是應該保留好證據。留下文件紀錄必然是不可少的預防措施，因為誰也沒想到最後會和雇主打起來。我就從來沒想過。拉芮‧卡爾森（Lara Carlson）可能也是。

卡爾森是新英格蘭大學（University of New England）的得獎生理學教授，2011 年正準備獲得終身教職，也是一顆明日之星。接著，保羅‧維希奇（Paul Visich）受聘為體育與運動表現系系主任，他的任務是審查卡爾森的研究。基於她的成就事蹟，這本該一切順利，結果卻演變成水深火熱的局面。

在維希奇加入大學後不久，維希奇就開始對卡爾森發送不合宜的電子郵件。這位已婚系主任會發表一些性言論，像是：「我穿著睡衣在家邊喝茶邊看 A 片！」、「（你老公）告訴我，他前幾天去購物，給你買了一些超性感的內褲，真是個男人！」他不只

　　　　　　　　　我的美好，不該是你騷擾我的藉口

是口頭上說說而已。卡爾森說，維希奇還會在開會時，把手放在她腿上，還色瞇瞇盯著她的胸部看。在他曾強行抓住她的上臂之後，她開始避免與他單獨相處。卡爾森不是唯一一個因為維希奇而感到不舒服的女性。據傳，他也會對女學生下手，他曾叫她們要帶著彩色胸罩去校外教學，還曾拍過大學生裸照。

顧忌到他有審查她工作表現的權力，卡爾森不願意直接戳破維希奇，所以她依照學校規章處理，並且聯絡人資部。 2012 年 11 月 20 日，在出席主管會面之前，她也把他的電子郵件整理成一個文件夾，交給了人資部。

當天，她與人資部主任雪倫·布柳（Sharen Beaulieu）和代理院長提莫西·福特（Timothy Ford）會談，卡爾森說，他們都承認維希奇的行為是性騷擾。然而，他們並沒有討論該如何糾正他的行為，反而打擊她。原來，維希奇根本就在房間裡，卡爾森後來才發現這點。她既震驚又感到被背叛，因為她發現人資部從未想真正召集會議，其運作簡直是為了維希奇所設計，人資部還通知他，卡爾森試著申訴他的行為，最後便安排了這場四人會面。

卡爾森說，維希奇、人資部主任和代理院長甚至拒絕承認或查看這些郵件。相反地，維希奇對於她申訴行為的看法主導了整場會面。卡爾森被告知，她必須「想辦法讓這件事順利過去」，並堅持要求她改善「溝通」技巧，成為一個更好的「團隊成員」。她在離開會議時感到很挫敗，因為維希奇仍然是她的上

司。他會在下次工作審查中持續給她負面評價，破壞她爭取終身職位的機會。不過，狠角色如她，卡爾森繼續提起聯邦訴訟，她拿出了維希奇的電子郵件副本檔、被他黑箱的績效評估，以及2012 年 11 月那次會議錄音。[1]

正如卡爾森的情況所示，保留性騷擾證據就是為了要比騷擾狂和令人髮指的雇主搶先一步，範圍可能包括保存文件、電子郵件、簡訊、社交媒體貼文、錄音等等。在本章中，你不僅會了解為什麼需要以及如何成功記錄文件，還能掌握祕密追蹤和記錄對話的技巧及竅門。保存證據比你的記憶更有助於確保自身遭遇已被留存，而你也才不會口說無憑。

💬 **題外話**

你可能會因為害怕別人的看法而不敢記錄下來。但誰在乎他們怎麼想？他們又不需要忍受這種汙辱人格的行為，也不需要付你的帳單。而且他們更不需要知道你在記錄性騷擾。

記錄是你為了自己、職業生涯和未來幸福而做的事。不需要經過任何人認同或評斷。

如果之後有人知道你一直在蒐證記錄，並對此表示不滿，不妨把這看作一個危險訊號。就像明星卡蒂・B(Cardi B) 所暗示的那樣，這個人很可能是因為害怕要對自己的行為負責才會不高興。那是**他們**的問題，不是**你**的問題。請繼續勇往直前。

你為什麼要保存證據？

讓我跟你直說吧。你需要記錄性騷擾的原因有四點，或許聽起來很刺耳，但這確實反映了現實。

首先，記錄是監控騷擾狂的必要條件。你會看到某些行為是否具重複性或某種模式，你可以藉此預測不當行為何時可能再次發生，以及是否會升級。時時掌握對你的職業及身心健全的可能威脅，能幫你在騷擾發生前脫身，以免騷擾狂採取更進一步行動。安全第一！

> **⚠ 注意！**
> 不當言論或碰觸第一次發生時，我們很想相信這僅此一次，並希望能忘記它。然而，對於騷擾狂來說，這只是一個開始。
> 性騷擾從來就不會只有一次。這是一種行為習慣，用來在職場上使你邊緣化，使你變成弱勢玩家或是退出。這種行為不會自行改變。所以，一旦出現第一次，就一定要記得記錄、記錄、記錄。

其次，在追究男性不當性行為的責任時，在這個世界上，光靠女性一句話是沒有多少分量的。你大概很清楚，我們的社會相當重視傳統制度，而且對於女性陳述事件的不信任程度根本毫無道理可言，這是眾多維持有利男性權力地位的不平等手段之一。我們從以下事件便能看得出來，要多少女性站出來對抗**一位**男性，才能讓社會輿論去質疑他有不當行為：超過 15 位女性出面指控，才讓 CBS 前執行長萊斯·穆恩維斯被解僱離開公司，據

傳該公司部分董事會成員無論指控是否屬實都不想開除他；儘管有超過 60 位女性指控美國總統唐納‧川普（Donald Trump）有不當性行為，但這些指控卻沒有讓他下臺。所以，雖然你的話對我及你媽媽來說可能已經夠了，但我們的社會本身設定就是要質疑這些說詞。這就是為什麼你要記錄、記錄、再記錄。

第三，記錄性騷擾有其必需性，因為回憶可能會有遺漏，記憶會出問題。回憶會隨著時間而褪色，尤其是事件發生時，可能會有一些事情你當時沒完全理解，或涉及某些你寧願選擇忘記的創傷。當然，有時創傷會深深蝕刻在記憶之中，就像克莉絲汀‧布拉西‧福特（Christine Blasey Ford）博士一樣，她在 2018 年於國會以自身回憶作證，當時最高法院大法官候選人布雷特‧卡瓦納（Brett Kavanaugh）攻擊她的經過。即使如此，創傷也可能會驅使大腦清除記憶。總之，以確切證據佐證記憶是更為可靠的方法，也更不會受到質疑，因為要變更並不容易。

你應該記錄的第四個原因是，你永遠不知道什麼時候你的雇主會出問題。你可能今天是最佳員工，明天就變成眼中釘。我在為某家公司工作時，曾看到一位才華橫溢、人緣極好的女性，多年來一直受到愛戴、高薪和讚揚，結果一夕之間從該公司無可取代的女神，淪落到以最殘酷的方式被解僱，好像她根本不重要——只因為她反對明顯的懷孕歧視。世事多變，而且變得很快。你不能仰賴你的雇主會提供其他員工不當行為或你善良事蹟的證據。

同樣地，我們之所以記錄性騷擾，是因為雇主和騷擾者可能會銷毀或製造證據。當你的情況進入法律程序或涉及某位大人物，這種情況便特別可能會發生。CBS 聘請兩家律師事務所調查穆恩維斯，便發現這位前執行長涉嫌銷毀證據以妨礙相關偵查。這些都不令人意外，因為操弄證據的事時常會發生，而且你之後在第 13 章就會讀到，關於我個人的親身實例。

　　說到要阻止性騷擾，這些人連根手指都不會動，但他們會移山填海來粉飾太平。請不要給他們撒謊的空間。務必記錄、記錄、再記錄。

要記錄什麼？

　　想一想為電影寫劇本是什麼樣子。你必須敘述性地描寫事件、背景、對話及其他所有相關細節，以幫助觀眾清楚理解設定場景，對吧？**這**就是你記錄性騷擾細節該有的程度──對象是誰、發生何事、在何時、何地，如何發生，並盡可能把細節都具體化。

> 🗨 **題外話**
> 首先，在任何要記錄性騷擾的時刻，請堅持以事實為根據。保持中立、不摻雜個人意見。或許有人會在未來看到你的紀錄。你最不想看到的，就是把紀錄寫得像是在跟 J・K・羅琳（J. K. Rowling）比賽，而非真正提供中立的事實陳述。同理可證……

> 永遠別說謊。你的雇主或許是人渣的化身，但千萬不要自貶身價去撒謊。真相終會公諸於世。相信我就對了！

舉例而言，就說在每月會議上，行銷部的馬克滔滔不絕談到，你如何靠著陰道得到這份工作。至少，你應該記下以下內容：

▶ 會議日期、時間和地點

▶ 馬克及其他所有人的全名與職務

▶ 房間裡每個人坐的位置（包括任何目睹他的行為或與你談過此事的人──若是在後者情況下，請把他們說的話也記下）

▶ 馬克的行為及言論，細節要到最鉅細靡遺的程度

▶ 你當時如何因應，其他人如何應對，以及此事對你帶來的感受

如果你不確定是否**該**把這段經歷記錄下來，這裡有兩個小技巧能幫助到你。

技巧一：相信你的直覺。請以任何方式記錄使你本能感到不安的事情。注意評論、照片、提問或眼神使你產生什麼感覺。你是不是被某位同事的郵件冒犯了？你沒戴項鍊，但你的上司卻毫無來由地一直盯著你脖子看？相信你的直覺。某人如何「故意」

我的美好，不該是你騷擾我的藉口

做些無關的事。不要試著說服自己把情況化成小事，或者認為自己一定是誤會了什麼。如果內心主宰告訴你，該事件會是個問題，或是**即將成為**問題，請記錄、記錄、再記錄。

　　技巧二：績效問題。無論是好是壞，請把任何有關你自己的績效表現記錄下來。一旦涉及性騷擾，轉成「敵對模式」的雇主就喜歡主張你是個平庸員工或表現不佳，而且你很有問題。相信我，我懂。卡爾森教授也懂，因為新英格蘭大學就是用這招對付她〔但同時，她早就被提名為 2018 年美國國家肌力與體能協會（National Strength and Conditioning Association）年度教育家獎候選人——而且是**連續三年**〕。事實上，雇主們總是訴諸於瑣碎小事，這就是為什麼你需要記錄自己就業過程中，所有相關工作表現。這包括回饋、績效評估、推薦函，以及個人檔案與評估、獲獎、讚美信等副本檔案。你也要記錄你與雇主合作時所得到的任何批評、否定或針對你能力或問題等不確定因素。記下負面意見就跟記下正面意見一樣重要，因為雇主會毫不猶豫曲解整個情況或小題大作，以掩蓋其敵對行為。這些人不是有風度的權力玩家，他們也不是你的朋友。一定記得要記錄、記錄、再記錄。

你該如何記錄？

　　蒐集證據還算簡單。不過，要暗自偷偷建立紀錄，簡直就是一門藝術。前者是去蒐集已經存在的證據，像是複製大家都知道的「火辣電子郵件」。後者則需要尋找還不存在的證據，像是發

送一封讓騷擾狂在書面上承認對你進行不當行為的電子郵件。這兩種都是記錄性騷擾的關鍵，當雇主和騷擾狂開始說謊話時，你便不至於會孤立無援。一起來談談在這種情況下，你可能會遇到、需要或想要的文件類型。

性騷擾日記及績效日記：性騷擾日記及績效日記基本上是你的即時職場日記。但它們一點都不基本。任何一個認真看待自己職業生涯的人，都應該對性騷擾及績效進行追蹤，並流水帳式地記下所發生的事情。

騷擾日記的記錄範圍應該是你及同事所經歷、各種類型的騷擾行為，包括性騷擾及性別騷擾。其他員工的經歷與作為旁觀者的你還是息息相關，詳細原因容後討論。針對天天發生的性別騷擾，性騷擾日記也是特別理想的記錄工具，像是某些羞辱言論及威脅性肢體語言，畢竟這些事之後要再回想起來可能會很困難，因為很多都已經被我們的社會正常化了。唉。

績效日記是用來記錄你如何完成工作的事件，例如客戶回饋、年度考核、團隊評估、主管評價你工作表現次數等等。任何績效相關問題——無論是好是壞的，都記在這！

騷擾日記	績效日記
所有你及同事所經歷過、各種類型的騷擾	針對你工作績效所有正面、反面或中立評價

　　　　　　　　　　我的美好，不該是你騷擾我的藉口

守則一：把**所有事**都寫在日記裡，即使你有其他形式的證據。例如，同事發了一封具冒犯性的私人信件給你，或是你的老闆發了封讚美信，把這些細節都輸入你的績效日記中（注意還有其他文件），並把那封個人信件或電子郵件的副本保存到你的個人檔案中。透過把這些細節輸入日記中，你就能流水帳式地記下事件，做成一個超有用年表，並在私人信件或郵件突然消失時保有備份。

　　守則二：盡可能在接近事發當下的時間點，把事件寫進日記裡——不要忘了加上完整日期！

　　雖然這聽起來好像很費工，但其實不會。以下是建立並維持日記同步運作的步驟：

1. 使用第 14 章中保障安全的方法，使用 ProtonMail 或其他供應商所提供的**加密**電子郵件帳戶（一定要使用加密郵件，沒有任何商量餘地。如果不加密，你的日記還不如貼在公司休息室裡算了）。

2. 建立一個新電子郵件。在主題欄位寫上「7 月 22 日——性騷擾日記」、「3 月 21 日——職場績效日記」或類似標題，這樣你就能輕易辨識日記的內容。

3. 在郵件正文中，寫上那個真實發生在生活中的事件！利用前一節的建議，詳細敘述騷擾事件或績效評論相關細節。

4. 在「收件人」欄位，把郵址寫上（也就是給自己發郵

件），然後發送郵件，你的收件匣裡應該就會收到這封郵件。

5. 在該郵件帳戶中建立一個特定文件夾，把郵件從收件匣移到該文件夾中。

6. 等到下一次事件再發生，就點進去那個文件夾，回覆那封郵件，詳細說明最新的性騷擾或績效表現情況。每次有事件要記錄，就這樣照做下去。

你看！你已經有個帶有時間和日期戳記的同步日記，記錄著關鍵事件，而且無論你在哪裡都可以隨時登入！如果你在當天日記中有提到某份文件，也可以將其附上、添加到記錄信件中，全部保存在同一個地方。若是你忘了記錄什麼，就盡快輸入，記得愈詳細愈好，要是之後又想起什麼，就在訊息中再次加入、更新。

同步日記是一種簡單又極為可靠的證據記錄方式。當你能輕易從精心維護的日記中進行編輯、剪下和貼上，而非到處翻找電子郵件、Instagram 動態消息和其他東西來建立一串可靠的事件時間軸時，你會感謝我的。

> ✅ **加分題**
> 績效日記既能在雇主日後說你工作表現不好時有所幫助，也能在獎金及加薪季節到來時發揮助益，因為有些雇主很容易就忘記你這一年來的諸多貢獻。

暗地追蹤下文技巧（Stealth Follow-Ups，簡稱 SFU）：性騷擾不一定總是以電子郵件、簡訊或文書形式發生，有時是口頭或肢體碰觸。在這種情況下，除了記錄到你的性騷擾日記上，你還應該使用暗地追蹤下文技巧。我會用某次經驗來解釋……

一位知名商人（姑且叫他「吉姆」）在我某次演講結束後來找我，表示有興趣與我合作成立一家公司，並提議在兩週內見面討論細節，屆時他剛好會造訪我所住城市。當下我表示同意，並為了潛在的合作關係充滿期待。時間一到，我已經認真研究過吉姆和他剛賣掉的公司，我準時到餐廳赴約，穿著精心挑選過的社交專業服裝，百分之百準備好要來談研究過的詳細資料及財務狀況。然而與其說當晚是以象徵下個億元企業誕生的握手作結，不如說是被一個我不得不打電話求援的朋友結束掉的──她硬是把毛手毛腳的吉姆扔出了她的車。

儘管我的朋友是一位受人尊敬的美國武裝部隊成員，而且也可以證明吉姆當晚的性騷擾行為，我還是決定要建立紀錄，以防日後會變成問題。我透過簡訊暗地追蹤下文。內容是這樣：

吉姆：謝謝你昨晚與我共進晚餐。我過得很愉快！

我：真的嗎？所以，你很愉快地誤導我，讓我以為我們要見面討論商業投資，結果這只為了方便你吃我豆腐，抓我的腿、碰我的私處，想跟我發生「關係」，你用這種方式，讓我不得語出威脅，要是你不停止碰我，我就要大叫，找服務

生來幫我？哇，我們對「愉快」的定義真的是大不同呢。

　　吉姆：（來電，不過我沒有接）對不起。我喝多了。要不要我們一起合作發表文章？

　　我：喔好。我看懂了。謝謝吼。

　　吉姆和我從來沒有合作過什麼文章，但我確實讓他承認了他的不當行為。跟這種人一起工作會有危險，但我不必讓他成為我的敵人——只是我**的確**需要記錄他的行為，以防之後又發生什麼事。這就是暗地追蹤下文技巧——即是由你發起一個文字互動，以便得到回應，去確認發生或沒發生什麼事。這便是透過創造無可辯駁的證據，證明你對事件的陳述是真實也是唯一的版本，作為處理潛在「他說／她說」羅生門情形最好的方法。使用暗地追蹤下文技巧，只須以書面形式向騷擾狂或雇主提出問題或相關事實證明，以引起他們的回應。若是你必須親自面對他們，錄音或錄影也是一種選項。

　　我曾有過一份直屬上司以書面及錄音形式承認，我的表現非常出色，而且我的合約之所以沒有被續簽，就只是單純被裁員。**我知道**到底發生了什麼事，但我不打算一開始就提出反制行動，直到我的上司承認——我是一個有才華、盡忠職守的員工，而我的績效表現跟不留任的原因則完全沒有關係。為什麼我在提出反制行動之前，要先得到這些證據呢？因為高達 99.9%的情況下，一旦你把他們的不當行為講出來，雇主就會在你的績效表現和發

我的美好，不該是你騷擾我的藉口

生事件上撒謊。而我說的沒錯：我的前雇主在法律程序中試圖做的第一件事，就是攻擊我的績效表現。　# 可想而知

如果有同事對你毛手毛腳，還試著捏造一個足以破壞你事業的故事，那麼暗地追蹤下文技巧或許就能派上用場。在記者蘿拉・麥葛溫以第一人稱的 Vox 獨家報導中，她分享了被《紐約時報》記者格倫・斯洛許強行觸摸並親吻的經歷，他在事發隔天寄了一封空洞的道歉信給她。麥葛溫說，就在斯洛許寄信幾小時後，她就看到他和她男同事聊天，她的直覺告訴她，這傢伙是在散布他們倆相遇的「浪漫版本」。[2] 麥葛溫本可以用暗地追蹤下文技巧痛打斯洛許，這樣一來她就能用事實對抗他的「浪漫版本」。當然，事後諸葛大家都很會，但要是騷擾狂和雇主不那麼愛撒謊，你也不必採用暗地追蹤下文技巧了。

電子證據：無論是處理電子郵件還是簡訊，你可能會遇到各種形式的電子證據，你或許會想記錄下來。網路安全專家沙特南・辛格・納然（Satnam Singh Narang）便分享了四項記錄電子證據的方法：

▶ **儲存：**如果有所選擇，最好是把證據儲存在個人隨身硬碟或外接硬碟上。這或許有助於儲存所有證據建立與使用等相關資料。

▶ **轉發：**透過加密電子郵件或訊息，把證據副本轉發給自己也是一種選擇。雖然轉發可能會刪除部分資料，例如電子

郵件標題訊息，但若無法直接存到個人隨身硬碟，這或許會是另一個好選項。

▶ **截圖／PDF**：如果既不能儲存也不能轉發，那就在手機上截圖，或是使用內建螢幕截圖功能的工具，又或是建立一個 PDF 檔案。如果選擇截圖，一定要包含郵件標題。不過畢竟證據能從任何原始資料中擷取出來，因此截圖和建立 PDF 檔或許會有幫助，但不是最佳選項。

▶ **列印**：如果證據連接到印表機，而其他選項都無法使用，就列印吧！只是要注意的是，複製文件需要實體儲存空間，可能會損壞或遺失，而且無法保存原始資料。

在查看電子證據時，要想想這些選項中有哪些是你能選的，並盡量使用最佳選項。若是你想要留下備份，甚至可以使用全部四種方法，紀錄永遠不嫌多。除了你所選擇的方法，記得「有總比沒有的好」，就把你能拿的全都拿走吧！

錄影：社交媒體向我們展示了視覺證據的力量，可以免責，也可以定罪。除了少數例外情況，無論被你錄影的對方是否同意，多數錄影影片都是合法的。同時，多數公共場所及私人場所都具有標示，說明正在進行錄影監控，通常這也已經算達到充分通知的程度。

拜現代手機發明所賜，我們幾乎隨時都能進行錄影。如果你能在不被發現下的情況下錄影，就請這麼做吧！這很可能會是足

　　　　　　　　　　我的美好，不該是你騷擾我的藉口

以顛覆局勢的證據，可用來對抗未來必然出現的謊言。

錄音：當面錄音勢必會比錄影引發更多法律問題，但根據你所在地的法律，可能這還算是一種可行選項。美國某些州只要求被錄音一方（你）同意，其他州則要求被錄音雙方皆同意。有些州會因為你的錄音未經過同意而進行裁罰，而其他州則根本不允許在法庭上使用錄音 *——不過總是能訴諸於輿論所用！數位媒體法律計畫（The Digital Media Law Project）則列出各州錄音法規最新規定。

⚠️ **注意！**

跟狡詐人士打交道時，請不惜一切代價避免以電話交談。可能會很難錄音，而且各州法律規定也不盡相同，你或許要得到單方或雙方同意才能對電話合法錄音。

除非你確定自己得以在單方同意情形下進行錄音，而打電話的人也了解此點，而且你有設備能祕密錄下談話，否則最好的做法就是避免接聽電話。

讓電話自動跳轉語音信箱即可。如果你不小心接了，就告訴來電者「現在不是時候」，然後掛斷電話。接著，給對方寄簡訊或郵件，說明最好以書面形式回應。同時，用截圖方式留下你的電話紀錄，以證明原始電話號碼、日期及通話長度。如果你能證明自己沒有接聽，或是通話期間未超過三秒，那麼騷擾狂或雇主就很難謊報通話內容了。

---

* 對於錄音是否能當作證據，臺灣的刑事與民事法庭衡量標準不同，還須注意是否有違法疑慮。

儘管具有法律複雜性，但在建立紀錄時，錄音是非常有用的。問卡爾森教授就知道！另外，錄音比錄影更加具有隱密便利性。當你進入某會議或其他會面，以下便是適當取得騷擾狂或雇主錄音的相關步驟：

1. 把你的手機調到飛航模式。

2. 開啟錄音功能。

3. 把螢幕亮度調低。

4. 進入房間之後，把手機放在你打算錄音的地方附近（當然，千萬不能弄得令人容易起疑的樣子）。

5. 把麥克風朝向你欲錄音的發聲方向，將手機面朝下放在桌子上，向上放在皮包或口袋裡，或是拿在手上。

6. 錄音結束後，除了將錄音檔儲存在安全地方之外，還要把相關細節加入相對應的日記中，同時把錄音檔附加進去。

這便是暗自建立錄音檔的六個簡單步驟。錄音很有可能便是拯救卡爾森教授案子的關鍵，據說也是讓福斯新聞前主播葛雷琴·卡爾森獲得 2000 萬美元和解金及含糊公開道歉信的原因，你的武器庫中也應該要備有這些東西，以免你的雇主或騷擾狂後來否認事實（因為他們很可能會這樣）。

如果你不確定是否要錄音，選擇錄音總是沒錯。另外，不要按照性別或你對某人過去的了解而選擇性地錄音。人資部主管是位女性，或者你的上司兩年來一直超級支持你，都不代表他們以後不會為了保住自己的工作而撒謊。雖然我以前也曾傻到這麼想過。別傻了。有錄音總比沒有好。

證人：證人也能成為記錄性騷擾的重要環節，因為他們可以為整個事件提供活生生的證明，進而佐證你的經歷。但是就跟你個人記憶和偏見一樣，證人也可能在其回憶程度及對事件解釋上遭受限制。基於這些原因，依據證人是旁觀證人還是私人證人，你應該要有不同的處理方式。

①旁觀證人：旁觀證人是指與你有專業關係，並且注意到騷擾事件的人。由於旁觀證人可能在多年後無法回憶起該事件，或者可能會陷入「妥協」的境地（即被迫在符合道德行事和繼續受僱之間做出選擇），因此，你的方法應該具戰略性，涵蓋暗地追蹤下文技巧。

在此提供如何處理旁觀證人的因應方法：事件發生後，親自或透過電子郵件與他或她聯繫確認他們對同件事的觀察、他們對該事件的印象，以及你們各自的感受。一定要用暗地追蹤下文技

巧以書面記錄下來，包括愈多溝通方式的細節愈好。

▸電子郵件範例

史考特，我還是不敢相信德萊尼在大家面前說我不應該在這裡，只因為我是個女人。這是種貶損與羞辱。事實上，你聽到了，也認為這是相當不尊重人的說法，這也讓我確定會議上每個人（麥克道格、強森、史密斯、馬斯特森）一定也聽到了德萊尼的言論。我現在不確定該怎麼辦。就像會議結束後我們說的那樣，我認為像德萊尼這種言論，讓身為辦公室裡唯一女性的我實在難熬。但我會盡我所能在此工作、貢獻己力。在我們今天下午的對話中，你鼓勵的話讓我感覺不那麼孤獨。真感謝這裡有你。——羅蘋

▸簡訊範例

在德萊尼於今日稍早管理會議上說出貶低言論時，謝天謝地有你在場。我仍然無法相信他說我不應該在這裡，只因為我是個女人。不過我很感激你也認為德萊尼太過分，讓我感覺不那麼孤單。謝謝你的支持。

用這種方法，你就能回溯事件及其對你的影響，還有當時旁觀證人的印象。現在，你就有實際證物來佐證你的日記紀錄了！

　　　　　　　　我的美好，不該是你騷擾我的藉口

✔ 加分題

除非看起來很古怪，否則你在暗地追蹤下文時要加上姓氏，因為這才會讓你在之後更容易辨識他人身分。畢竟有太多叫約翰、麥克之類的人，會讓人在多年後難以辨認出當時在場人士的身分。

②**私人證人**：私人證人是那些你職場生活以外的人，他們可能是你能敞開心扉談論騷擾事件的親近朋友與家人。對於你之後需要有人來證實該事件，以及你對該事件的感受方面，他們能基於當時對情況的了解而提供協助。你不一定要對你的私人證人使用暗地追蹤下文技巧，儘管你可能早就無意間透過日常簡訊和電子郵件發洩你生活中所發生的事。請記住，私人證人往往被視為帶有偏見，同時他們也可能有回憶謬誤。例如我的母親，在我的職場生活經歷諸多性騷擾中，她都一路陪著我。但這並不代表她能記起超過 20 年以來、每個騷擾狂的所有相關細節，因為她也有自己的生活，還有其他孩子要操心。總而言之，私人證人比起同事和公司而言，雖較不可能對你不利，但私人證人未必能記得起所有事情。風險還得自負！……還不如你記錄、記錄、再記錄！

➖ 題外話

正如水能載舟、亦能覆舟，紀錄有時也會被用來對付你。事實上，某些男性會試著用據稱是被他們騷擾的女性所傳的友善訊息，當作他們並未騷擾她們的證據。

例如，當企業家蘿拉‧菲頓（Laura Fitton）控訴風險投資家夏

文‧皮榭凡（Shervin Pishevar）試圖在飯店電梯強吻她，皮榭凡公開展示她曾給他的善意卡片，彷彿這就是他的豁免權。羅傑‧艾爾斯及比爾‧奧萊利對福斯新聞前主播葛雷琴‧卡爾森及梅根‧凱莉（Megyn Kelly）也做了同樣的事情。在我職業生涯早期，我曾接受某位女前輩的善意建議，當時有某位投機惡霸，在我拒絕他之後開始搗亂我的未來，我為了表示善意便給他買了一份禮物。當然，我就跟那些女性一樣，只是想保住自身事業，但我們的努力都白費了。

雖然你可能擔心疏遠騷擾狂會傷害你的事業，但不要自亂陣腳，擺出沒必要的感激姿態。送出那張感謝卡，或是不顧一切給騷擾狂買禮物，都不會讓他懂得尊重你、你的界線或你的貢獻。這樣只是提供籌碼給他，讓他以後能用來詆毀你。

如何保存紀錄？

如果最終丟失了證據，蒐集一堆證據又有什麼意義呢，對吧？沒錯，保存文件資料是有正確方法的，以下步驟便很重要。你也應該採取一些預防措施，以免向雇主提供會對**你**不利的文件。以下是一些該做或不該做的事，也是來自網路安全專家納然和我的建議事項。

電子存取：以電子方式儲存檔案證據，包括把你的同步日記存進**個人**電腦中，**千萬不要**將任何數據資料存在雇主分配的電腦及設備上。你最不希望的就是被你的雇主翻看你的職場日記，或是讓證據成為他們的所有物。若是可行，把所有電子證據備份在

外接硬碟或個人隨身硬碟上。你永遠不知道你的筆記型電腦什麼時候會壞掉或被盜，或是你的雲端被駭客攻擊。有了備份，你就有了後盾。

實體證據：將實體證據存放在一個有條理的檔案夾中，別放在辦公室，放在家裡。任何你所持有的實體證據，都需要以電子格式留下備份，例如建立 PDF 檔作為副本。如果不可行，那就用手機拍下證據。無論你採用哪種方式，為實體證據留下備份是有其必要性的，因為文件中的墨水會隨著時間過去而褪色，而紙張副本也很容易被破壞或丟失，所以務必要留下備份。

私人手機來電及對話：如果你曾經討論過戰勝性騷擾攻略計畫，請在職場以外的私人時間及設備上進行，不要把雇主分配給你的電話或電腦留在房間裡。這是 21 世紀，是一個智慧助理 Siri、Alexa 及麥克風近在咫尺的世界。很多雇主能夠也確實在職場中監聽來電與對話，有些人則在其他地方也這樣。能拿到你的證據是他們最關心的事，至於合不合法則無關緊要。聰明點，快擋住隔牆耳。

> **⚠ 注意！**
> 一旦涉及不當性行為，當他們把你視為威脅的那一刻，騷擾狂和雇主就會想辦法對你所掌握的資料插一腳，而且他們甚至會不擇手段。
> 在演員泰瑞·克魯斯公開表示自己被威廉·莫里斯奮進經紀公司共同創辦人伸狼爪之後，他說他的電腦硬碟突然被駭客

攻擊，他的家人也被跟蹤。演員兼社運人士蘿絲・麥高文表示，她也有相同經驗，就在她站出來反抗製片人溫斯坦，並開始撰寫回憶錄《勇敢》，以揭露好萊塢不當性行為風氣之後。2017 年，福斯新聞前主持人安德莉亞・坦塔洛（Andrea Tantaro）指控，在她舉報艾爾斯和歐萊利的性騷擾之後，該媒體集團監聽了她的手機通話，並駭進她的電子郵件信箱。就在我的騷擾申訴進入平等就業機會委員會裁決期間，發生很多令人不安的事（都有第三方目擊者），導致我去買了一支備用手機。然後，某天早上醒來，我發現收件匣裡幾封日常郵件已經被標記為「已讀」，我不得不移到另一個加密電子郵件帳戶。

當然，我們所經歷的可能都是巧合——但也可能是進一步的證據，證明騷擾狂和權貴勢力會努力運用其資源脫身，達到掩蓋性騷擾事實的目標。別變成被害人，要搶先一步。第 14 章會教你如何保護自己不受數位監控及網路戰的影響。

電子郵件交流：跟來電與見面交談一樣，針對你處理性騷擾情況的策略，其相關電子郵件交流都應該以個人加密電子郵件進行。**千萬不要**用你工作用的電子信箱或雇主提供的電子郵件伺服器，來發送跟你策略相關的電子郵件，否則等同是把你的應對計畫雙手奉上。如果你可以透過手機應用程式進入你的加密電子郵件，並且恰好在工作期間要使用，記得在傳輸任何有關你所採取策略的訊息之前，要先登出雇主提供的無線網路。

簡訊：關於發送簡訊，使用 Signal 應用程式作為你訊息傳遞的主要方式，因為它提供了完整加密服務。iMessage 及

WhatsApp 是可靠的替代方式,但請記住,蘋果(Apple)及 Facebook 都能傳喚後設資料(metadata,也就是你曾向誰、在什麼時候發了訊息的資料),而且只有在收件人同樣也使用 iMessage 時,其訊息才會加密。

⚠ 注意!

考量到個人信件及簡訊的普遍程度,以下提供在這些平台上保存證據的建議:

螢幕截圖:如果有騷擾狂透過簡訊或社交媒體往你撲來,就把所有內容截圖記錄下來,並確保電話號碼或社交媒體帳號都在截圖畫面中。畢竟無線網路營運商及社交媒體網站保存數據資料的時間有限,所以你可能無法透過供應商恢復所有數據資料。也就是說,不要屈服於封鎖騷擾狂訊息的誘惑,因為你需要保留不當行為的紀錄,並隨時留意騷擾狂的行動。如果收到的訊息實在太多,就把騷擾狂訊息轉成靜音模式,並讓親人查看其訊息,以確保你沒有處於迫切危險之中。

已讀證據:應對騷擾狂時,你應該要關閉你的已讀功能,這樣他就無法看到你是否已經讀取了他的訊息。這能為你爭取所需空間,以自己的方式來處理騷擾。

如何使用紀錄?

你該如何使用紀錄,完全取決於你所希望達成的策略。考慮到每個人情況都不同,這裡有三項基本守則來幫助你決定策略方向。

守則一:你手上有什麼紀錄是你的事。你可能有一些紀錄文

件，但騷擾狂或你的雇主不需要知道你有這些紀錄。你沒必要攤出全部或任何手上的牌。你得決定你打算要對雇主和其他人拿出什麼證據，有時口頭敘述該事件，或是簡單描述事情經過應該就夠了，有時則必須拿出電子郵件和簡訊的副本。你直接拿出錄音來證明你說的是真話，可能也不見得對你有利，因為有些雇主在知道他們要為自己所說的話負責，而且沒有說謊的餘地之後，就不會給出好回應（這反應實在很妙）。請做出明智決定，但千萬別一受壓力就把一切都說出來。

🗨 題外話

就跟訴訟一樣，某些雇主在調查性騷擾申訴時，會要求你提供一定證據來證明性騷擾的發生。這種類型的證據標準並非由法律所規定，而是由雇主自行制定。如果你的雇主以某種標準，要求你提出實質證據來證明騷擾行為，你應該考慮提供一些紀錄日記以外的文件（因為那些文件相當於日記）。但即使你選擇不提供任何文件，法律也會規定雇主至少要為你的申訴進行調查。

守則二：如果發現拿出證據沒有任何益處，就先把證據留在手上。別誤解我的意思：我並不是說，你不該把騷擾狂的不當行為告訴雇主，我是說，在某些情況下，或許你最好先保留那些能支持你申訴的**證據文件**，等到有更合適的時機再拿出來。

還記得卡爾森教授怎麼說大學人資部對申訴維希奇的電子郵件如何不予理會嗎？事實上，你的雇主可能明確偏坦騷擾狂，也可能不管情況和證據如何，都無意制止其騷擾行為。在這種情況

下，你不妨給他們一個口頭交代，但對於得以支持事證的紀錄文件有所保留，因為把你所有證物都給他們看了也對她沒用——特別是在他們也沒有要求的情況下。

例如，當我向前雇主投訴某位不良前輩時，人資部主任基本上告訴我，這個騷擾狂是她 20 年的朋友，我需要「給他一個機會」。當我拒絕，主任又要求要審查那個騷擾狂的不當簡訊和照片，也就是我已經向她**和**另外兩位公司主管口頭描述過的那些。你認為我接受了她的提議，還是拿出了其他什麼證據給她嗎？不，我開始錄下對話——可惜比我該開始錄的時間還晚了點。

重點：有時候，關於你手上有什麼證據，最好也是保持沉默，因為這是你可以在和解、法庭或在輿論上用來以小博大的籌碼。

守則三：用你的紀錄文件來證實你的說法。你之所以會記錄歸檔是為了能把發生的事留下一個紀錄，並且能對該事件提出無漏洞的說詞及詳細時間軸。到了需要向雇主舉報或向法院申訴之際，你就應該檢視紀錄文件，把蒐集好的事實、日期及細節，作為你舉報或申訴的佐證。你不一定要附上實際文件，但應根據守則一及二，做出最佳判斷。

👁 總結回顧

▶ 記錄檔案很重要。這是你為了自己、職業生涯及未來幸福所做的事，你不需要任何人的許可、認同或評斷。

- 你需要記錄、記錄、記錄，因為文字太薄弱，記憶會有缺失，騷擾狂必須被監控，而證據會被銷毀。還需要我說嗎？騷擾狂及雇主曾否認、否認、否認，以及撒謊、撒謊、撒謊。
- 盡可能愈詳細愈好，把人、事、時、地及任何令你直覺上感到不舒服的事物記錄下來，同時還有你的工作績效表現，正面及負面的評價都要記錄。
- 很多種紀錄方法都很有效，包括保存性騷擾日記及績效日記、儲存、轉發、列印、截圖電子證據、使用暗地追蹤下文技巧、製作影片及錄音紀錄，以及確認核實證人的說詞。同時也須確保自己正確地保存所有的文件，包括儲存備份。
- 如何使用紀錄檔案關乎你採行的策略。請記住，你有什麼文件是你的事，除非對你有所幫助，否則你不需要（也可能不願意）向你的雇主或其他人拿出這些證據，而且在向雇主提出正式舉報，或是向法院提出訴訟之前，記得要好好檢視你的檔案文件。

我的美好，不該是你騷擾我的藉口

Chapter 8
反應並回報

性騷擾會如何受理？

> 高層管理人員告訴我，他是「高績效員工」，
> 他們不會因為他只犯了個無心之過而嚴厲懲罰他。
>
> ——蘇珊·芙樂／
> 科技業遊戲規則改革人、Uber 性騷擾醜聞爆料人

就在露易莎·桑塔娜（Luisa Santana）向人資部舉報其新來的男性上司保羅·伊凡斯（Paul Evans）之後，她說，該部門主管告訴她，她需要「學會與其他高階主管相處」。桑塔娜知道如何與最高階主管們合作，她在該行業的經驗累積超過 30 年，並且已升為全美最大保險公司——達信保險顧問有限公司（Marsh & McLennan Companies）副總裁。但高階主管的身分並沒有使她得以避開性騷擾問題。她說，伊凡斯公開對她進行騷擾，包括性騷擾及敵意騷擾。根據桑塔娜所說，伊凡斯會在其他同事面前評論她的胸部，大聲表示她穿的是 F 罩杯。她還回憶說，她的老闆是如何惡意說她跟同事上床，並以假裝口交的手勢動作來嘲笑她——全部都是當著他們員工的面。她說，伊凡斯稱她為「棕色人種」、「濕背移民」和「墨西哥人」，此外他還告訴她「妳之所以能在這裡只是因為平權運動」。桑塔娜說，她持續向人資部投訴，但正如她提出的證詞那樣，另一位主管的回應則是，伊凡斯並沒有「那麼糟糕」，並試著安慰她說「我們會導正

他」。桑塔娜說，什麼也沒改變，人資部也沒有進行任何調查，直到另外三名員工也站出來。最終，桑塔娜被診斷出患有創傷後壓力症候群，為此休了無薪病假。[1]

客服人員艾許莉‧亞福德（Ashley Alford）依照雇主亞倫公司的程序舉報其店長理查‧摩爾（Richard Moore）。這位年輕職員沒有得到任何回應。據亞福德所說，除了要求以性愛來換取基本的員工福利外，摩爾還會摸她的胸部，把拇指塞進她的股溝，並在其他員工嘲笑她的同時，順便評論她的長相。她說，她多次向直屬上司投訴，並撥打家具零售商的人資專線，但都無濟於事。甚至她的母親也為她打過一次專線電話。

就在亞福德工作滿一年左右，事態變得更嚴重了。她說，有次摩爾在她坐著的時候抓住她的馬尾，掏出他的陰莖，用它拍打她的臉。她再次投訴，然而什麼處置也沒有。據傳此事發生後不到一個月，摩爾在後方房間裡把亞福德逼到角落，把她扔到地上，拽起她的上衣，脫下他的褲子，在她面前自慰並射精在她身上。這次亞福德報了警。直到這時——應警方調查人員的要求，亞倫的人資部才派人到店裡來調查她的騷擾投訴。[2]

我真希望能告訴你，桑塔娜及亞福德的雇主對其舉報沒有回應的情況只是少見例子。但我不能。他們幾乎就跟大多數雇主一樣——都有反性騷擾政策及舉報程序，只是不去遵守。正如《工作法：法院、企業及象徵性公民權利》（*Working Law: Courts, Corporations, and Symbolic Civil Rights*）一書的作者蘿倫‧艾德

曼（Lauren B. Edelman）教授所說：「性騷擾政策及程序能自在地存在於女性經常受到貶低言論、討人厭的肢體接觸，甚至威脅或性侵害的組織文化之中。」[3]

具有相關政策及舉報程序是很重要，但執行這些政策及程序才是最重要的。雖然我們無法控制雇主是否真的會執行性騷擾政策，但我們能討論這些政策及程序的合法性。本章要探討，在了解個人通常如何因應性騷擾、雇主有問題的回應，以及在提出正式舉報前所應考慮的問題之後，應該怎麼做。這一章並不有趣，但卻很真實。

你如何因應性騷擾？

「為什麼她不正面反抗他？我一定會這麼做！」大家總會說，若是自己站在**你**的立場，他們**一定會**怎樣去對付性騷擾，每個人都能講得頭頭是道。那些扭曲不實、自我膨脹的假設，就跟 2016 年美國總統大選民意調查一樣準確。不論這些推測是否準確，每個人面對高壓情況的反應都不同，例如性騷擾，更是取決於個人性格和外部環境的因素。你在面對性騷擾會有什麼感受，亦是專屬於**你**的特有感受。你有權產生這些感受。千萬不要為此覺得羞恥，也不要認為你必須合理化自己的反應，更不應該讓別人產生這種感覺。你並不了解他們的背景及經歷，沒有人能毫無包袱、不被過往束縛地接下工作。例如，某位曾被虐待過的女人，一旦有人壓迫到她的空間，就有可能引發負面情緒，或是

我的美好，不該是你騷擾我的藉口

某位年長同事可能會感到被侮辱，只因為年輕同事叫她「婊姐」（betch）。無論在什麼情況下，只要有關性騷擾，我們都有權利表達自己的感受。我們的感受是種本能表現。我們需要相信它。這是整個過程的一部分！

讓我們來談談大家通常如何因應性騷擾，以及某些影響這些反應的因素。

▌反應範圍

從嚇傻僵住到正式提出申訴，有一系列因應性騷擾的措施。反應與其說是一種單一行為，不如說是一段過程，是一連串的行為。以下則是多數人典型的反應過程：

> **典型的反應過程**
> 忽略 → 閃避 → 自助 → 告訴家人／朋友 → 告訴同事 → 告訴主管 → 聯繫律師／政府機構

你到底會在這個過程中從哪裡開始發展，都是你根據騷擾類型、周圍環境及本身自在程度所做出的個人決定。你有權以一種讓你感到自在的方式來應對。你不必等到被人觸碰，等到別人都踩到你頭上了，才叫他們走開或聯繫有關當局。你認為適當就該反應（當然，我不是在說，你的同事就該為嘲笑＃我也是運動這種小事被抓包。我想你明白我的意思）。

為了讓你了解大家如何反應，就讓我們看看一般反應的範

圍，我們能將其分為三種不同類型：不反應、非正式反應及正式反應。相關例子如以下：[4]

不反應	非正式反應	正式反應
▸否認或大事化小 ▸忽略 ▸裝傻 ▸走開 ▸躲避騷擾狂 ▸離職／辭職	▸（親自或書面）與騷擾狂對質 ▸威脅要告訴其他人 ▸尋求旁人的幫助 ▸採取幽默／諷刺態度	▸向雇主舉報 ▸向平等就業機會委員會（或州政府機構）提出申訴

通常，騷擾程度愈嚴重（例如性觸摸或猥褻要求），反應就愈偏向採取正式管道。然而，這並非絕對，因為可能還有其他因素會造成影響。例如，行為本身並不嚴重，但像性別歧視一般微量侵犯、反覆發生且令人反感，你可能就會決定停止忽視，直接去提出正式申訴。你必須根據自己的情況，去決定何種反應措施才是最適合的。

不反應：對性騷擾最常見的反應是不反應，如僵住、傻笑、走開、有意識地拒絕及辭職。[5] 通常來說，那些採取不反應措施的人都知道自己不喜歡這種行為，但不認為這種經歷是「性騷擾」，而採取拒絕、大事化小或單純容忍這種行為的態度來面對。同時，試著完全躲避騷擾狂也非少見。根據喬瑟琳・吉克

（Jocelyn Gecker）於美聯社新聞（AP News）的報導，曾與知名歌劇男高音普拉希多・多明哥（Plácido Domingo）合作的舞者之一，便稱自己善於「左閃右躲、傻笑離開」。[6] 誰不曾在工作中，主動躲避**那個人**怪異的調侃或是具侮辱性的挑逗呢？

非正式反應：非正式反應包括直接對抗騷擾狂、威脅告訴其他人、尋求旁人的幫助，以及採取幽默或諷刺態度來間接處理攻擊性行為。

大家普遍認為，直接對抗騷擾狂是非常不尋常的事。有些人會揣測，這是因為女性會害怕騷擾狂報以肢體威脅。雖然對暴力的恐懼很值得考量，但是這並不是女性避免衝突的唯一原因。有些女性害怕職業會受影響——蜜雪兒・布蘭查（Michelle Blanchard）就是其中之一。

布蘭查是女子摔角（Women of Wrestling）大將，屬於湖人隊（Los Angeles Lakers）老闆珍妮・布斯（Jeanie Buss）同時持有的洛杉磯職業摔角隊，她根本沒有理由會害怕任何男性的肢體威脅。光鮮亮麗的外表之下，布蘭查其實是一位出色的綜合格鬥家、訓練有素的泰拳手，也是優秀的神槍手及戰術刀器專家——而且人又超級好！（附記：布蘭查正是難搞必取女人，我們愛死她了！）一提到打擊性騷擾的話題，她說她會用幽默或諷刺態度作為她的第一道防線，儘管直接對抗並不是問題，但很可能會升級成肢體威脅。布蘭查避免直接跟騷擾狂對質，因為這可能會傷及她的事業。連這位成功、堪稱行動武器的女性都不想

這麼做。

　　布蘭查提到了採取戲謔方式的好處。我曾直接對抗男同事的不當行為，卻因此被他們擋在了未來職業機會之外。即便如此，我也不後悔。對性騷擾的適當反應是種個人決定。你可能像布蘭查一樣思緒敏捷，也可能像我一樣擁有致命毒舌，也或者兩者皆非。總之，有效最重要。

而，你的行為仍然讓我感到不舒服。在（日期），你又再次（行為和情況）。請你就此停止。」

第三回合

▶「這已經是我第三次要求你停止騷擾我了。第一次，在（日期），當你（行為和情況）。第二次，在（日期），當你（行為和情況）。現在第三次，當你在（日期）又（行為和情況）。如果你再不停止，我就要向管理階層正式投訴你。」

▶「你已經多次無視我要求停止（行為）的請求。在（日期），你（行為和情況）。這就是性騷擾。這是具有攻擊性和侮辱性的行為。如果你現在不停止，我就會向管理階層及平等就業機會委員會舉報你、提出申訴。」[7]

正式反應：正式的回應涉及第三方介入，例如向管理階層舉報或向平等就業機會委員會提出申訴。

因為對女性來說，騷擾行為的範圍較廣，所以她們比男性更有可能有所反應，但是除非騷擾程度很嚴重，否則她們不太可能會採取正式管道。[8]不幸的是，這代表女性鮮少舉報性別騷擾。然而，無論其騷擾嚴重程度為何，男性比女性更加不可能去舉報騷擾行為，都是有害的男子氣概和同儕壓力造成的。[9]

公司反對性騷擾的立場愈強硬，你的上司及同事就愈支持你，你也愈有可能正式舉報性騷擾。[10]這合情合理。一個支持你的上司不會希望你默默承受，而一個真正的團隊也不會期望你透過保持沉默來「為團隊貢獻己力」。在好公司裡，性騷擾違反

了由公司文化所定義的書面及不成文規範——這是從高層開始的！我曾在一家律師事務所工作，在那裡，我的主管跟我說，董事叫我「性感屁股」，聽到這句話後，你認為當主管開始對我毛手毛腳時，我會向人資部報告嗎？答案是不會。

正式舉報是所有反應選項中**最少見**的，無論男女。據估計，只有 6% 到 13% 職員會向管理階層正式舉報騷擾行為，而且多數職員會在事件發生**後**平均 16 個月才提出。[11] 職員會提出正式舉報，通常代表所有其他方法都已用盡，或是騷擾程度很嚴重，比如觸摸或性要脅。即使如此，舉報率仍然很低，因為只有 8% 的被觸碰者及 30% 的被性要脅者會進行舉報。[12] 根據《哈佛商業評論》報導，相較於保持沉默的員工，說出性騷擾的員工更有可能會失去工作 [13]（騷擾狂都知道這點）。除了擔心被報復之外，員工還經常擔心不被相信，問題不被受理，以及被同事排斥。[14] 那些仍然勇於正式舉報的人，要不是完全不受僱用，就是會感受到整個組織的不公正。[15]

> ✅ **加分題**
>
> 發覺性別騷擾對許多人來說很困難，因為把女性視為二等公民在美國文化中是根深蒂固的印象。試想：「你球打得跟娘們一樣」這種句子，跟其他基於性別的侮辱有多常見？
>
> 如果你需要應對某位施以性別侮辱言論的同事，而且你完全不欣賞這種侮辱，在此有個方法，能幫他們了解這是種冒犯行為。問問你的同事，要是這句話是針對少數族群，會不會有冒

犯性？例如，如果同事對你說：「女性沒有足夠智力來從事這類工作。」你可以回答說：「我相信你不是有意的，但這句話是具有冒犯性的。若是你把『女性』這個詞換成『黑人』——你的言論就會是種具侮辱性、種族歧視的言論，不是嗎？希望你能明白為什麼你所說的話既令人不快又性別歧視。」

或許你同事日後在發表性別相關言論前，也會懂得採用相同邏輯。

女性對嚴重性騷擾的反應

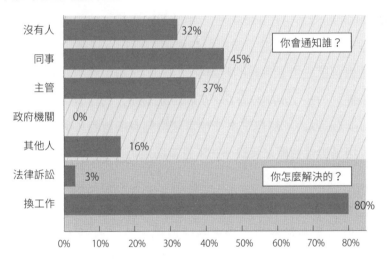

資料來源：安娜堡（Ann Arbor, MI）：政治與社會研究跨校聯盟
（Inter-University Consortium for Political and Social Research）（發行人），2015 年 12 月 18 日

旁人如何反應？

「每個人都知道這該死的事。」史考特・羅森伯格（Scott Rosenberg）在 Facebook 上貼文，彷彿就在他前老闆哈維・溫斯

坦這個媒體大亨倒臺之後突然覺醒。[16] 旁人並不在暗處。你的同事知道誰是騷擾狂，他們只是少有動作。

女性往往因為對騷擾的恐懼，並意識到自己在結構中權力較小而選擇不說出來。社會學家兼性騷擾研究學者海瑟・麥克勞林博士說，男性往往不會把騷擾狂說出來，因為他們擔心自己過去的行為也會被檢視。這種心態是，「如果他倒下了，我也會倒下。」事實上，根據《哈佛商業評論》2019 年線上調查顯示，在 1100 名受訪男性中，有近一半的男性表示，他們過去曾做過一些現在可能會被貼上職場性騷擾或不當行為標籤的事。[17] 這種透過沉默來自我保護的行為必須停止。《給男性的 # 我也是運動小冊》（*The Little #MeToo Book for Men*）的作者馬克・格林（Mark Greene），解釋了為什麼當騷擾狂有所行動，男性就必須要利用其男性特權來發聲——不管當場是否有女性。格林說：

每位男性所存在的社會空間都會對女性的生活產生影響，因為身為男性的言語會跟隨我們、改變我們，並告知我們接下來要做的事情。

我們詆毀女性，或是在別人這樣做時選擇保持沉默，這將讓生在這個世界上的女性及女孩都必須跟我們及我們的言論、思想，以及我們所默許的侵犯者共存。

不管是什麼性別，旁人的介入可以是終止性騷擾最有力的方

法之一。Catalyst 是一家致力於提高女性職場地位的全球性非營利組織，它提醒我們旁人可以任選以下四個方法進行介入。

▸ **正面迎擊**：直接面對情況

▸ **使其分心**：製造使騷擾狂分心的情況

▸ **找人代打**：尋求幫助

▸ **緩兵之計**：稍後與被騷擾者談談，提供情感上支持或陪同她／他提出正式舉報

那些積極投資性騷擾培訓，並鼓勵員工在看到性騷擾時採取行動的雇主，不太可能會形成有害工作文化。如果你待在一個有害職場，並且不覺得能自在運用上述四個方法，你可以考慮採取其他主動措施。例如，我曾工作過的某家公司，那裡有很多年輕女性一進入公司餐廳，就難免會被禿鷹一般等待獵物的騷擾狂所侵犯。有些正直的男同事就會利用自己的男性特權，主動陪同、保護女同事去餐廳。

你舉手之勞的小事，卻能為弱勢同事帶來天壤之別的處境。

> ♈ **專業攻略**
>
> 如第三章所述，非異性戀族群在職場受到騷擾的比例高於其他族群，因此更需要旁人的協助。著名的多元教育家史考特・透納・舒菲爾德（Scott Turner Schofield）創辦了「Speaking

of Transgender」諮詢團體，專門針對職場跨性別包容及非異性戀族群同盟關係進行教育宣導。舒菲爾德為那些希望提高非異性戀族群隊友戰力的人，提供了以下五項建議：

▶ **不要問**：散漫同事問你有關你的生殖器或性伴侶的問題，肯定是不尊重和侵犯，對吧？正是如此。若是好隊友，就不要問。你無權了解別人的身體，也無權評論別人的私生活。就跟你一樣，你的同事是來工作的，不是來應付不洽當問題的。

▶ **不要假設，教育自己**：好隊友要自我教育。要了解關於某事（而非某人）的一般資訊，就多讀點書或查維基百科。要記住，每個人都是複雜的，直接推論是愚蠢的。請努力克服把人性過度簡單化的思考。

▶ **停止流言蜚語**：有人開始談論跨性別人士的身體或某位同事的性傾向時，請立即結束討論。不管是改變話題，還是私下把說閒話的人叫出去，請當個好隊友，中斷話題吧。

▶ **使用代名詞**：性別錯稱（misgendering）和棄名錯稱（dead-naming，即用跨性別者更名前的名字稱呼之）是貶低人的做法。這不可輕忽。若你聽到這兩種情況，立即插話糾正說話者，指出他使用了錯誤的代名詞或非異性戀族群同事名字。另外，把你的代名詞寫在電子郵件簽名上，以表明立場。小事一樁但大有幫助！

▶ **不要性別化或附屬化**：跨性別男性和同性戀者在某種程度上並非「更安全的人」。所以不行，你不能和他們調情，或是在交友上把他們當作「安全空間」。要當個好隊友，就不要對某人進行性騷擾，或是把他當作附屬品。

　　　　　　　　　　我的美好，不該是你騷擾我的藉口

騷擾狂如何反應？

我只想說：比起男性，女性對於被性騷擾而說謊的頻率，就像男性坦誠自己性騷擾女性的頻率一樣高。無論指控是由一位、十位或 1 萬名女性提出，騷擾狂的必備反應便是否認、否認、再否認。別對號入座，也無須驚訝，只要知道你聽到的確實是否認。

從具有被動攻擊性的「我很抱歉她有這種感受」，到自負的「她不是我喜歡的類型」，再到轉折性的「社會規範正在改變」，否認有很多形式，有些甚至更有創意，但幾乎所有都具有侮辱性。讓我們來看看，在 # 我也是運動成為主流後的三個月內，三個來自好萊塢的可笑「道歉」。

首先是凱文・史貝西！這位奧斯卡獎得主在 2017 年 10 月交出了差勁的成績單，當時演員安東尼・拉普（Anthony Rapp）告訴 BuzzFeed 記者亞當・凡瑞（Adam B. Vary），史貝西在 1986 年曾試圖迫使他發生性關係，當時拉普只有 14 歲，史貝西 26 歲。針對此事的回應中，史貝西先是聲稱自己失憶，接著又說如果自己真的性侵了自己的同事，那應該是「極不恰當的醉酒行為」，並**應該**為此道歉。隨後，史貝西為**拉普的感受**道歉，然後突然出櫃成為一名同性戀，企圖藉此轉移話題。[18] 叫這為垃圾舉動，還真算是客氣了。

大約一個月後，《好萊塢記者》金・馬斯特斯報導了一則關於約翰・拉塞特的故事，他是迪士尼／皮克斯的首席創意總監，

為我們帶來了《冰雪奇緣》（*Frozen*）等大片。[19] 顯然，當時 60 歲、已婚的拉塞特會在工作中觸摸、親吻女性，並以不當言論批評她們的體態，這是眾所周知的事，據傳迪士尼／皮克斯並沒有檢視拉塞特的不當行為，反而讓員工作為「負責控制他衝動的看守人」。在醜聞公開曝光後，拉塞特道歉得唱作俱佳，稱自己的行為是「失誤」，接著告訴員工，「如果我讓你們失望了，我深表歉意。」這個「如果」是否也讓你感到很不真誠呢？[20]

最後，也可能是最駭人聽聞的，2017 年 12 月，馬力歐・巴塔利（Mario Batali）講了一大堆廢話，以回應由艾琳・普拉奇諾（Irene Plagianos）及琪蒂・格林瓦德（Kitty Greenwald）於國際美食網站紐約食客（Eater New York）的報導，其中詳細揭露這位曾擔任 ABC《閒聊》（*The Chew*）節目主持人兼名廚幾十年來的不當性行為。在眾多指控中，巴塔利據說會去摸員工胸部，並強迫她們坐在他身上。[21] 而這位 57 歲、已婚、兩個孩子的父親是如何回應的？他透過自己的粉絲週報，先向他的朋友、家人、粉絲及團隊道歉，但沒有向任何一位據傳曾被他侵犯及騷擾的女性道歉。事實上，他甚至從未提到她們，也不承認她們的指控。相反地，西雅圖出身的巴塔利以烹飪義大利菜的榮耀美化其形象，承諾會重新獲得粉絲的信任，然後分享了這段話：「附帶一提，要是你正在尋找節日早餐的靈感，下面的披薩麵團肉桂捲是粉絲最愛喔！」並插入食譜連結。[22] 真他媽的見鬼了。

||| 為什麼騷擾狂會撒謊？

除了想逃避責任之外，騷擾狂為什麼要否認、否認、再否認？撇開合理的溝通不良及極少數虛假指控的可能性不談，騷擾狂否認的背後可能有幾件事在主導。

> **題外話**
>
> 雖然男性比女性較不可能將某些行為視為騷擾，也可能在不知情的情況下進行性騷擾，但這並不代表他們就能逍遙法外。我們已經進入 21 世紀文明社會。若是騷擾狂能有份工作，拿薪水回家，他就應該知道如何在職場上表現得當。同時也有很多證據顯示，騷擾狂知道自己有錯。舉例來說，騷擾狂既然會對是否涉及這種行為而撒謊，這就告訴你他知道分寸。
>
> 然而，並不是所有騷擾狂都會逃避責任。有些人還是會在面對指控時道歉，像《麥胖報告》(*Supersize Me*) 導演摩根・史柏路克 (Morgen Spurlock)；而有些人則是在被指控時承擔全部責任，比如巴瑞・魯賓 (Barry Lubin)，他在大蘋果馬戲團 (Big Apple Circus) 工作將近 40 年，扮演一位名為「奶奶」的小丑。不管是哪種方式，一個真誠周到的道歉才能讓你走得更遠。要是能有更多的騷擾狂願意承擔責任就好了，即便他們全都像小丑一樣可笑。

人性弱點：「人類天生就具有防衛性。」心理學家兼《如果那時候，好好說了「對不起」：人人都要學，一堂修補人際關係的入門課》(*Why Won't You Apologize?: Healing Big Betrayals and Everyday Hurts*) 一書作者海瑞亞・勒納 (Harriet Lerner) 博

士如此說道。這種錯誤的內在設定使得騷擾狂很難為自己的行為認錯，不得不怪罪別人、找藉口或混淆事實。根據勒納博士的說法，在#我也是運動盛行的時代，某些男性透過不斷混淆視聽、操縱他人情感，親身示範了如何**不**道歉，就像迪士尼的拉塞特寫給皮克斯員工的信那樣。但我們不能對騷擾狂抱有太大期望，尤其是在公開道歉的時候，因為無論如何，他們都只是在「表演」。勒納博士說：「這是一種自我保護的行為，是一種控制損失範圍的努力，也是為了挽救自己的名聲。」[23]

道德許可效應（Moral Licensing）：騷擾狂喜歡道德許可效應——也就是說，透過善惡相抵的想法，使行為合理化，例如騷擾狂認為用謊言毀掉你的事業並沒有什麼大不了的，因為他已經用為當地女子足球隊買球衣或定期拜訪他的父母抵銷了。道德許可效應是混蛋專用藉口，但現實人生這樣是行不通的。某位男性因為支持女性相關事業而捐款，並不代表他就能豁免於不當性行為。也許有人應該在溫斯坦試著捐出 500 萬美元來支持女性導演之前，向他解釋一下這個道理，以為這樣就可以抵銷「連環強姦犯」的罪名了是嗎？才不是！

過度認知偏見：騷擾狂可能會否認性騷擾指控，因為他的自戀心理認為你喜歡他。權力會蒙蔽一個人尊重他人意見的能力，使有權勢的人更有可能認為別人對他們有浪漫的興趣，即使並非如此。《哈佛商業評論》表示，過度認知偏見或許能在一定程度上解釋為什麼某些騷擾者會低估，他們那些討人厭的性示好可能

會讓同事感到多麼不舒服。[24] 但這是「騷擾狂」的問題——不是「你」的問題，也不是合理化一切的藉口。騷擾狂才是該負全部責任，好好檢視其自我膨脹問題的人。

⚠️ **注意！**

在最近一項調查中，《哈佛商業評論》發現有 65% 的男性認為，自從 # 我也是事件發生後，現在指導異性員工感覺「不太安全」。在此有很多需要解讀的地方……

在 # 我也是事件之前，他們提供了什麼樣的「指導」？如果這些人**現在**不知道如何與女性進行專業互動，那麼很有可能他們之前並沒有與女性進行過專業互動——而你也肯定不想要他們的建議。另外，正如演員伊卓瑞斯・艾巴（Idris Elba）所說：「若你是一個有隱情的男人，要你響應 # 我也是運動才會是困難的。」也許那 65% 的男人需要寫下其過失，因為過去不會改變，47% 的美國勞動力（也就是女性）也是。

幸運的是，那些在 # 我也是事件**之前**就已經在指導女性的正派男性，現在仍然會指導女性。那些不確定自己的行為是否得體的男性，則不至於疏遠另外半數的勞動力，而是會努力學習如何成為一個更好的同事。還是有正派的男性導師，你可以跟所處行業中自己所欣賞和信任的女性坦誠對話，找一個跟你有相似特質的人。問問她過去的男導師有誰，是否還能聯絡。如果她在專業上值得你重視，那她就不會把你引入歧途。

大眾如何反應？

大眾對性騷擾指控的反應，取決於當事人及公開證據而有所

不同。所有的指控人一般都會接收到令人想翻白眼的「你為什麼不……就好？」的猜測，再加上傷人的檢視。不過，女性所受到的待遇遠比男性差。男性指控人會因為未能以具陽剛氣質的方式對抗騷擾而被公開嘲笑，但他們所面對的批評往往還是不如女性所經歷的那樣令人髮指。對於某位女性指控另一位男性有不當性行為，大眾的反應對「她」比對「他」來說要麻煩得多，因為她實際上是在挑戰權力結構，也就是性別階級制度。與男性指控人不同的是，女性會被問及外貌，並經常被指控是為了追求金錢或名聲。敢於發聲的女性經常在社交媒體上受到攻擊、騷擾和威脅，而媒體上關於她們的描述也可能是扭曲的。除非我們的社會能進步，否則大眾將持續懷疑與排斥女性，同時給予男性這些質疑所帶來的好處，包括選擇性地要求正當程序，還能哭訴是「她」毀了「他」的事業。

||| 大眾不知道的事

父權偏見就是屁話，卻始終存在著。作為社會大眾一員，你很可能也會發現自己正被玩弄於股掌之間。請不要被玩弄，也不要玩弄自己。當性騷擾指控出面對抗男性權力，以下是一些大眾（和你）或許想記住的事。

遊戲規則一：有害明星實際上動不得。幾乎所有大型僱傭契約都會規定，雇主不得在沒有「理由」的情況下解僱明星——但這是一個模糊的概念，且很少由雇主來定義。因為多數性騷擾

　　　　　　　　　　我的美好，不該是你騷擾我的藉口

都是各說各話，所以即使是好雇主也可能很難蒐集到足夠「理由」證據來解僱明星，勢必得面臨一場大型訴訟。利用這個小漏洞，有害明星在騷擾行為方面有著得天獨厚的優勢——而這正是他們之中許多人的做法。當然，還是有個簡單的解決方法。在契約中，雇主能簡單定義出「理由」，將特定形式的性騷擾涵蓋進來。但是在這成為常態之前，幾乎沒辦法動得了這些有害明星。

✅ **加分題**

雖然對於平凡、沒有保障性契約的任意僱傭員工（at-will employee），情況有些不同，但是這些不受媒體注意、被指控性騷擾的老百姓，還是比其他人有優勢。

即便他們並不享有正當法律程序，這些任意僱傭員工在性騷擾情況下，其平均得到的正當程序還是比他們被指控竊盜、貪汙和其他職場不當行為要多。事實上，當某人把手伸入收銀檯被抓到之際，公司會當場解僱他，但當他被抓到對實習生毛手毛腳時，公司會給他第二次機會。

當然，正當程序和第二次機會並不是每個普通人都能享有的權利。研究顯示，公司很可能會用性騷擾指控為藉口，以種族或性取向等歧視性理由解僱某些員工。[25] 這會讓來自邊緣族群的男性處於艱難處境，因為指控可能源於毫無根據的過度性化或具敵意的刻板印象觀念，雇主可能會利用這個機會解僱他或至少逼他就範。

重點：如果大眾覺得有必要提倡正當程序，就應該促進公平對待來自邊緣族群的普通人，因為他比有害明星更容易受到性騷擾，也更容易受到性騷擾的攻擊。

遊戲規則二：有害明星還能變現。這些有害明星也知道，就算因為不當性行為被踢出去，他們非但不用受苦，還能得到一筆豐厚交易及收益。舉例來說，在大眾發現有許多針對 Google 兩位高階主管的有力控訴之際，即阿米特・辛格爾（Amit Singhal）和安迪・魯賓（Andy Rubin），據傳 Google 同意向他們支付總計 1 億 3500 萬美元遣散費〔引用自廖夏農（Shannon Liao）於科技媒體 The Verge 的報導〕。[26] 要不是受到大眾抗議及股東集體訴訟影響，萊恩・穆恩維斯（在 2017 年受評為好萊塢收入最高的高階主管）原本也能在離開 CBS 時，拿走高達 1 億 2000 萬美元的遣散費，儘管他身上有很多相關指控。名單很長，否認很多，而大眾同情心則很是錯亂。

　　遊戲規則三：不值得給的第二次機會。同樣很錯亂的，還有大眾對於女性毀掉男性事業的噓聲，因為多數男性很少會因為不當性行為而難以捲土重來。以下是某些相關例子：據報導，伯尼・桑德斯（Bernie Sanders）在 2019 年 1 月因其競選人員羅伯・貝克（Robert Becker）涉嫌親吻下屬並發表粗暴性言論而將其解僱，然而貝克隨後在同年又被瑪麗安・威廉森（Marianne Williamson）僱用，負責她的預選活動〔引自艾力克斯・湯普森（Alex Thompson）於《政客》（*Politico*）的報導〕。在約翰・拉塞特的荒謬行徑於 2017 年末公開前夕，迪士尼讓他去休了為期六個月的帶薪「休假」，這位《冰雪奇緣》的製片人一路領薪水領到 2018 年退休，但很快又被聘為天舞動畫公司（Skydance

　　　　　　　　　　　　我的美好，不該是你騷擾我的藉口

Animation）的執行董事。在四名媒體業女性提到記者格倫·斯洛許的不當性行為之後，《紐約時報》下令這位明星白宮記者無薪停職約兩個月，之後又僅是將他重新調到另一個部門，彷彿問題已經解決了！還有我本人最愛提的例子：艾亞·古騰塔（Eyal Gutentag）！他曾是 Uber 駐洛杉磯辦公室的總經理，據說他在某次集體出遊中，當著多名員工的面強行摸了其下屬的胸部和臀部。四個月後，也就是 2016 年 1 月，古騰塔受到兒童乘車服務 HopSkipDrive 公司聘請為營運長，不過同年稍晚又跳槽至美國求職平台 ZipRecruiter 公司擔任高管，直到 2019年 4 月 BuzzFeed 大幅報導其不當行為之後，他便突然辭職〔引自戴夫·艾巴（Davey Alba）及萊恩·馬克（Ryan Mac）的報導〕。[27]（附記：在職位變動來去之間，已婚的古騰塔還成立了一個基金會，以作為對其社區的回饋。啊……更多的道德許可效應嗎？）

或許大眾更應該保護那些不容易得到第二次機會，並且**實際**蒙受性騷擾其害的人——即是那些被騷擾的女性和男性。

雇主如何反應？

在完美的世界裡，所有雇主都不會容忍性騷擾，所有投訴都會得到迅速及公正的調查，任何一方都能得到正當程序的對待，任何不當行為都會得到及時和適當的懲戒。不幸的是，這並不是我們所處的世界。

在我們的世界裡，每位雇主對性騷擾投訴的反應都不一樣，有的比其他雇主好，幾乎所有雇主都會有某些反性騷擾政策，而某些雇主則會提供相關培訓——但並非所有的雇主都有（只有36%）。[28] 若是雇主提供培訓，其動機主要還是出於若是公司被起訴，會有減輕其法律責任可能性的考量。我不想潑冷水，但是大多數雇主還是沒有認真投入性騷擾防制的行動當中，而我們會知道這點，還是因為這情形很普遍，以及被報復的機率極高的緣故。儘管在職場世界內有許多令人失望之處，我們還是來談談你從雇主那裡應該得到的投訴報告與程序，以及在此過程中經常出現的潛在問題。

||| 你應該得到什麼回應？

並非所有雇主都有人資部門，但在舉報性騷擾投訴時，你還是應該得到一些回應。以下是一些最基本的標準：

- ▶ 收到你的投訴之後，據此提供專業回應
- ▶ 以蒐集相關資訊為目的，提出適當問題
- ▶ 對於你的投訴進行及時且公正的調查
- ▶ 面談騷擾狂及任何已知證人
- ▶ 提供關於調查結果的資訊
- ▶ 必要時，對騷擾狂進行適當的紀律處分，如口頭或書面警告、調離、停職或開除

　　　　　　　　　　　　我的美好，不該是你騷擾我的藉口

▸不會受到來自上司、騷擾狂或同事的報復威脅

‖ 舉報程序與投訴處理

　　性騷擾並沒有統一的投訴程序。但是，許多雇主幾十年來仍一直沿用同樣的老套方法——是的，儘管明明有進一步的研究證實了什麼方法才有效，哪些則行不通。這些研究為我們提供了幾種非正式但有效的新穎方法，希望未來能在職場上獲得迴響。在討論這兩種方法以前，我會從個人經驗中提供一些案例，或許能說明為什麼舉報程序如此重要。

　　經驗一：在某家媒體公司完成工作目標時，我和某位我所信任的主管坐在一起，開誠布公地談起了某個高層騷擾狂，那是一個不良前輩，把我當成目標並聲稱要跟我約會。那位主管告訴我，我必須採用公司規定的程序進行「正式投訴」。為此，我不得不和一個我從未見過的男性人資面試官面談。幾天後，我必須再去另一棟樓進行另一次面談。這次面談的是一位人資女主管，在面談過程中，我發現早在一年前就已經有另一位女性因為類似情況舉報過這位騷擾狂。之後，我又被要求到另一位男性人資主任的辦公室，再進行一次面談。這個正式程序既不人性化又浪費時間，目的只是為了讓我打消舉報性騷擾的念頭。關於我在那裡的日子，我還真沒什麼正面東西可說。超傻眼。

　　經驗二：在某家汽車經銷商任職時，我和某位女同事走向主管隔間，告訴她，我們希望某位業績長紅的無恥之徒不要再碰

我們。（還記得那位有「招牌動作」的傢伙嗎？）聽完我們的投訴，主管便直接穿越展示廳，走到男銷售經理面前說：「能不能請你跟那位無恥之徒說，別再亂碰女孩子了？」銷售經理便即刻透過廣播召見了這位無恥之徒，當他趕到時，銷售經理下了明確命令：「別再亂碰女孩子！」而無恥之徒回應：「好的。」我們謝謝銷售經理。大家就地解散。問題也解決了。因為當天的事，我對這間公司給予高度評價。不意外。

雖然這些經歷發生在兩家截然不同的公司，但兩者都是在傳統男性職業中，以男性為主導環境的高階企業，有反性騷擾政策及培訓。在這兩個案例中，多名女性皆針對相同問題，投訴某位我們不得不與之繼續共事的「超級明星」騷擾狂。媒體公司的正式管道之所以失敗，主要是因為它讓我和我既不認識也不信任的人經歷了一段漫長且不必要的過程，藉此來懲罰**我**舉報性騷擾的行為。另一方面，汽車經銷商的非正式方法無縫可鑽、直接且迅速，使我感到舒適及受重視。總之，在汽車經銷商那裡，大家對性騷擾的容忍度比在媒體公司那裡還要低，這從公司各自處理投訴的方式就能明顯看到。現在，讓我們來談談處理性騷擾投訴的新舊方法。

老方法：老方法所宣揚的是性騷擾零容忍政策。員工必須提出正式投訴，這可能涉及與管理階層進行面談，或是針對控訴提供一份書面簽字聲明。在正式舉報之後，雇主會決定這些指控是否構成性騷擾，如果是，則開始調查，接著通知騷擾狂及任何相

關證人進行會談，蒐集相關證據。雇主能重新詢問申訴員工，或請她提交任何相關證據。在調查結束後，雇主會決定騷擾狂是否違反了公司的性騷擾政策，如果是，便會決定是否及如何懲處騷擾狂。真無聊，是吧？有時，採用這種老方法的雇主會試著透過建立舉報熱線來顯示本身的進步，好像這樣做大有幫助。

老方法是有好處，例如具有更大問責性及企業制裁懲處、追蹤累犯，以及具備固定程序。不過，這也有很大的缺點，即：第一，無助於減少性騷擾，因為門檻過多致使大家不願舉報；第二，如果騷擾行為不嚴重，你可能不希望或不需要騷擾狂受到正式懲處，你只是希望能把這種行為扼殺於開始階段；第三，程序過於空泛的老方法並不利於員工提出敏感及情感上令人不安的問題。不幸的是，儘管有這些及其他已知的缺點，許多雇主仍然只提供老方法來處理性騷擾舉報。

新方法：對於員工如何選擇舉報性騷擾，以及如何解決其投訴方面，新方法則提供更多種選擇。一般來說，這種漸進方法具有非正式、正式、匿名及保密舉報選項。以下案例是摘自《哈佛商業評論》及新美國兩黨智庫（bipartisan think tank New America）所訂定的 2018 年性騷擾解決方案：

▶ 比起零容忍政策，不如採用根據問題行為施以適當措施的政策，無論是幫助雙方保持專業的工作關係，還是把某位具攻擊性、連續累犯騷擾狂從職場中剔除。

▶ 設立電子保密舉報系統，員工能夠要求暫緩舉報，直到其他人也對同一人進行投訴。

▶ 員工可以把投訴報告交給任何令他們感到安心的管理階層成員；接著授權經理得以非正式管道處理騷擾狂相關事宜，或將其升級到指定人員進行調查。

▶ 具有中立第三方調解員解決員工之間的問題，其目的在於達成專業及和平互動，而非懲處。

▶ 聘請第三方機構或獨立委員會調查該投訴，提出建議行動及懲處，並監督事後是否具報復行為。

▶ 在以性騷擾為由解僱員工之前，先檢視其是否符合工會申訴七段測試。

新方法能幫助雇主辨識騷擾狂，並在其行為觸犯雇主底線之前便能有效處理。初期可能需要更多資金投入，但雇主在後期能獲得的好處可說是無可限量。一切都取決於公司想致力於消弭性騷擾，還是讓老男孩擺脫不安全感。[29]

||| 其他潛在障礙

即使有最好的政策和舉報程序，還是有某些雇主很渣。問我就好了。我超懂。無論他們是人資部、主管還是同事，有些人會主動阻止你舉報性騷擾，或讓你對舉報感到後悔。這裡會告訴你要注意他們哪些陰險手段，並且提供如何因應處理的選項。

不信任：許多女性之所以不舉報性騷擾，是因為害怕不被相信。正直雇主會透過訓練，讓接受舉報者知道該如何表現出適當的同情心及同理心。如果這位接受你舉報的人缺乏這些溝通技巧，或者說他們不相信你，千萬不要因此退縮。你知道真相，沒人可以剝奪這點。雖然你不需要別人相信你，但你確實需要一個心胸開闊、不偏不倚的人。你可以考慮要求指派其他人接受你的舉報並進行調查，但如果沒辦法這樣做，那就堅持要他們接下你的舉報。你也能向公平就業機會委員會（或類似的州級機構）提出申訴。

⚠️ 注意！

需要傾眾人之力才能掩飾不當性行為。在 2016 年一項調查中，研究人員發現，被性騷擾的女性經常被經理、同事和人資部告知三件事，以阻止女性舉報或追求正義。因此，你能預見並避開這些說法，以下彙整了舉報時會遇到的障礙及其操作手法。

▶ **證明這種經歷不常見且事關重大**：第三方經常試著合理化女性所經歷的事，並告訴她這不是騷擾，她必須證明這並不常見且事關重大，才得以提出申訴。

▶ **相信組織能解決問題**：某位女性提出申訴時，就會有第三方藉著「要相信組織」的言論，鼓勵她要有耐心，讓程序發揮作用。其實根本死路一條。

▶ **承受挑戰制度之後果**：身邊同事會經常建議女性不要抱怨被騷擾，除非她願意面對職業受影響和社交孤立。

> 如果你從主管、同事或人資部那裡聽到任何類似這樣的話，他們只是試著要讓你閉嘴。請保持專注、堅持不懈。[30]

漠視態度：雇主草率駁回性騷擾申訴也是阻礙舉報的常見問題。當蘇珊‧芙樂向 Uber 人資部舉報性騷擾事件，這位工程師說，她得到冷漠的回應態度，而且每次提出問題都變得更糟。冷漠態度違背了任何保證會及時、公平處理申訴的政策。如果你的舉報被人忽視，請考慮堅持與他人談論，以敘述性信件的形式提出詳細的投訴，或者轉向政府機構申訴等選項。

報復：報復是非法的——但有四分之三的性騷擾舉報會發生這種狀況，員工被降職、調班、解僱、性侵或被進一步騷擾。[31] 關於報復，若你認為可能有幫助，你應該要考慮提醒管理階層，或者去平等就業機會委員會（或類似的國家機構）。無論你做什麼，都要把任何報復行為記錄、記錄、再記錄，就像記錄性騷擾一樣，而且一定要檢視你能行使的法律選項。

在正式舉報之前要考慮什麼？

現在你已經知道性騷擾舉報的相關問題，若你想正式提出投訴，這裡有幾個你可能會想先考慮的問題：

▶ 該行為是否違反了公司政策、《民權法案》第七章或相關法律？

▶ 該行為是否不止發生一次？是否非常惡劣？

▶ 除了讓你感到不舒服的情形下，你是否試過以非正式管道解決這種情況？

▶ 你記錄了什麼？是各說各話的情況嗎？

▶ 騷擾狂的人緣有多好？是否在工作上很成功？你呢？

▶ 若這種行為不停止，你是否願意離開這份工作？

▶ 你是否願意冒著被強迫出局、被孤立或被排斥的風險來制止這種行為？

▶ 有無目擊者、旁觀者或其他員工願意一起站出來？

▶ 其他員工在公司是否也有類似行為的問題？若有，他們有沒有正式舉報？若有，他們是如何處理的？

▶ 你是否已經打算近期內就要離開雇主？

這些問題很重要，因為雇主並不是站在你這邊，他們是站在自己這邊（也可能是站在父權主義那邊）。無論你怎麼回答這些問題，都要做對自己最有利的事情。你有權按照自己的意願行動。你在職場中應該感到舒適和安全。

> 👁 **總結回顧**
> ▶ 每個人對性騷擾的反應都不一樣，這取決於個人的個性、經歷和外部環境。永遠不要批評或譴責他人的反應。千萬不要懷疑你的直覺，也不要認為你需要為自己的感受辯解。
> ▶ 對性騷擾的反應有三種類型：不反應、非正式反應、正式反

應。不反應是最常見的反應，而以非正式反應對抗控訴者則最少見。

▸ 受到正面對質時，騷擾狂通常會否認、否認、再否認，因為他們會試著逃避責任、公然表現其無知、利用道德許可效應，或是過度認知偏見。

▸ 當騷擾男性站出來面對檢視的時候，大家卻多把譴責眼光留給為自己發聲的受騷擾女性。你可以不去理會大眾的反對意見。跟其他形式的職場不當行為相比，男性在被控訴性騷擾時，其得到的正當程序要多得多。有害明星往往能享有鉅額賠償金以支付其薪水，而且還能很快獲得第二次機會。

▸ 如果你向雇主舉報性騷擾，至少應該得到專業的回應、為了蒐集事實而提出的適當問題、迅速而公正的調查、對騷擾狂及其他相關證人的面談、有關調查結果的資訊、適當的懲處，以及之後不被報復。

▸ 老派舉報程序會提供正式的舉報管道（也許還有一條熱線）。然而，新方法會提供不同程度的舉報管道。

▸ 管理階層及人資部是為了公司——而非你的利益而存在。你可能會遇到舉報程序問題或障礙，但你不該因此放棄為自己辯護，以及在無騷擾環境中工作的權利。

Chapter 9

壓力與掙扎

了解性騷擾的心理影響

> 就算精神病不像骨折顯而易見，
> 也不代表它對家庭或個人沒有危害或破壞性。
>
> ——黛咪・洛瓦托（Demi Lovato）／
> 充滿力量的歌手兼忠實的鬥士

不管你是誰，性騷擾都會對你的心理健康造成傷害。請跟著我再說一遍：性騷擾會傷害心理健康。

你可能是你所認識的人之中，最堅強、最有韌性的。

這真的沒關係。

你或許能從火災大樓裡救出一個嬰兒，或是在沒有無線網路的情況下倖存一週。

這，真的，沒關係。

你可能會用巨石強森（Dwayne "the Rock" Johnson）般的神力，加上聲名狼藉 RBG 的韌性，來克服困難問題。

¡No es importa!

沒關係！

Ça n'a pas d'importance!

это не важно

翻譯：性騷擾才不鳥你！

但如果你從來沒有被撫摸、觸碰或類似經歷呢？猜猜看……

這並沒有關係。你不需要被摸或心理上直接承受痛苦，僅僅是忍受偶爾出現的貶低言論，甚至只是以旁觀者的立場觀察冒犯性行為，都足以對你的長期心理健康產生不良影響。數百項研究調查證實，**沒人**能毫髮無損地脫離性騷擾陰影。

在過去 17 年期間，我的生活方式便是 9 個 30、3 個 6 及 60、2 及 1，也就是在日出及睡前以九個不同角度做 30 個仰臥起坐（共 540 個），再加上每天至少一次三組以六個不同角度重複六個抬腿動作，每週至少三天 60 分鐘的有氧運動——當然啦！還不包括兩次（最少約 4.8 公里）的戶外跑步——再加上一天的恢復休息時間！

在這將近 20 年的生活中，健身對我來說就像泡澡一樣美好，如呼吸般不可缺少。後來，大約是在我因「訴訟狀態」離開某家公司的時候，我對健身的狂熱消退了。實際上，我對所有事情都喪失興趣。像洗頭、換衣服、去雜貨店這樣基本的事，似乎都能讓我莫名感到恐懼。除了蘋果醬以外，任何東西都變得無法下嚥，因為所有東西讓我覺得不舒服，就像喉嚨自行關閉，身體不想吃東西一樣。我的語速變慢、說話結巴，彷彿那聰敏機智、受過法律訓練的腦袋無法正常運作。一夜好眠也變得跟出門一樣難得。愛德麗安‧勞倫斯——過去總是以活躍、笑臉和笑聲著稱的女人——現在總是處於緊張狀態，一碰就爆炸，就對每個人發火。

但我**很好**。「軟弱」不存在於我的字典裡。怎麼可能呢？**我**

是大家的支柱。**我**是那個擁有所有答案的人，我所需要的只是幾本勵志書、一些祈禱、積極態度及一點啟發……我如此告訴自己。而**我**不需要醫生的幫助或藥物治療。我**了解自己**，我自己就能做到。

但我錯了，大錯特錯。

不幸的是，我在以下這些事發生後才恍然大悟：身高 170 公分的我從 71 公斤暴跌到 53 公斤；幾乎跟所有好朋友打架；愛上一個有「輕度」酗酒問題又愛控制別人的離婚男子；從一輛移動中的摩托車上跳下；酒醉後撥打電話、發 Twitter 和發簡訊；在美國銀行停車場嘔吐；在脖子後面紋上我的貓的名字。整個就是一團亂。

心理健康是很重要的，這就是為什麼我分兩章來介紹這個話題。在本章中，我會講到性騷擾對你的心理、情緒以及生理帶來何種影響，還會和你分享該注意的事項。在第十章中，我會告訴你以健康方式應對的關鍵所在。這些章節有時很沉重，但只要有點幽默感、有話直說，我們就可以一起度過難關。

有多沉重？

性騷擾對人的健康有著令人髮指的影響，因為這會給身心帶來壓力。不僅僅是粗暴、性別歧視、詆毀言論或不想要的肢體接觸會造成壓力，還有你有意識、努力躲避騷擾狂，糾結於自己看起來的樣子，希望他不要對你吹口哨，忽視側目及冷嘲熱諷，思

我的美好，不該是你騷擾我的藉口

考著自己如果現在辭職了該怎麼交房租等也會。為了解性騷擾所帶來的壓力程度，我們來看看心理健康專家和研究人員是如何衡量壓力的。

半個世紀以來，心理健康專家一直採用社會再適應評定量表（Social Readjustment Rating Scale）來測量重大生活事件所造成的壓力程度。該量表會對改變生活的常見事件進行積分測量。其中有些關鍵事件似乎是快樂的原因，比如度假或個人成就，但身體卻不知道。對身體來說，任何重大的生活變化——無論看起來是好是壞——都可能是損害你健康的壓力。量表會告訴你，由於壓力事件，你的健康受到重大打擊的可能性有多大。

不過，這個量表也有問題——在測量壓力方面，這並非萬無一失。其開發於 1967 年，當時多數臨床研究尚缺乏女性發聲，量表因此忽略了能大幅衝擊女性的主要生活事件，例如性騷擾。你也不會看到反映我們今日現實生活中的壓力源，像是在社交媒體上突然爆紅，或是承受大規模的攻擊。即使有其侷限，該量表仍然提供了有用的見解，能幫我們度過為什麼性騷擾對身心如此有害的難關。**準備好接受測試了嗎？**

◯加分題
根據美國壓力研究所（American Institute of Stress）的統計，與你工作相關的壓力有 90% 以上來自於你與同事的關係。研究人員還證實，騷擾狂在食物鏈上的地位愈高，基於其在體制中的權力，你的壓力可能就愈大。[1]

‖ 壓力測試

指示如下：看看下方所列出的主要生活事件。過去一年中，每當你的生活發生某事件，或是該事件將在近期內發生時，請將該影響分數計入你的總壓力分數。如果你的雇主因為你舉報性騷擾而解僱你，你可能需要重新找一份新工作，加上搬家壓力，可能進入不同工作領域等等。職場性騷擾可能會造成連鎖壓力反應，貫穿你生活中每個領域。

重大生活事件影響	壓力分數	你的分數
配偶死亡	100	
離婚	73	
婚姻分居	65	
監禁	63	
近親死亡	63	
人身傷害或疾病	53	
婚姻	50	
被解僱	47	
婚姻調解	45	
退休	45	
家庭成員健康有變化	44	
懷孕	40	
性能力困難	39	
獲得新家庭成員	39	
業務重新調整	39	
財務狀況出現變動	38	
好友死亡	37	
職業變動	36	

我的美好，不該是你騷擾我的藉口

與配偶爭吵次數改變	35	
抵押或貸款超過 151,363 美元 [2]	31	
抵押或貸款取消贖回權	30	
工作責任變動	29	
小孩離家出走	29	
姻親方面的麻煩	29	
傑出的個人成就	28	
配偶開始或停止工作	26	
開學或放學	26	
生活條件改變	25	
個人習慣改變	24	
老闆方面的麻煩	23	
工作時間或條件改變	20	
居住地改變	20	
學校改變	20	
娛樂活動改變	19	
教會活動改變	19	
社會活動改變	19	
151,363 美元以下的抵押或貸款	17	
睡眠習慣改變	16	
家庭聚會次數改變	15	
飲食習慣改變	15	
休假	13	
假期將近	12	
輕微違法行為	11	
總計		

▌▌▌壓力測試結果

現在計算一下分數，看看你的得分會落在壓力測試結果表哪個組距中。分數低於 150 分代表你在不久的將來罹病機率較小

（30% 以下），分數在 150 分至 299 分之間，機率有一半左右，分數在 300 分或以上，則代表你現在真的很有問題，壓力引起健康崩潰的可能性很大（高達 80% 以上）。

生活變化積分	近期患病可能性
300+	約 80%
150-299	約 50%
少於 150	約 30%

以下是我受到性騷擾並丟掉工作後，長達一年的混亂情況。我在工作中遇到「麻煩」（+23）；管理階層「突然」打亂我的工作時間，改變了我的職責（+20）；我被解僱了（+47）；我祖父的健康狀況大不如前（+44）；我失去收入（+38）；我改行，從受薪階級變成自由工作者（+36）。我不得不賣掉資產，以換取收入，從房子縮減到公寓（+25）；我跨州搬家（+20），離開親朋好友（+19）；為了挺身對抗性騷擾的立場得獎，我跨州兩次（+28，+28）；我停止健身（+24），停止睡覺（+16），停止進食（+15）。在不算入被媒體糟蹋，以及在大規模槍擊事件中失去兩位同事所帶來的壓力情況下，我的總壓力積分是 383 分。這讓我陷入了嚴重的崩潰狀態，患病的可能性幾乎是百分之百。不過，我還是很有自信，我能獨自處理問題。我也錯了，大錯特錯。

我的美好，不該是你騷擾我的藉口

> **⚠ 注意！**
>
> 經歷性別騷擾——也就是第三章中，攻擊法蘭琪娜隊長的那些
> 侮辱和敵意——對你身體的傷害就跟忍受性示好一樣大。一項
> 針對 1 萬多名在法律界及軍隊工作的女性所進行的研究發現，
> 相較於沒有受到騷擾的女性，獨自忍受性別騷擾的女性會因為
> 生理和情緒健康問題，工作績效下降的幅度更大。此外，面對
> 性別騷擾的女性在職業和心理上的痛苦，幾乎就跟忍受討人厭
> 性示好的女性一樣大。
>
> 總之，千萬不要認為某種形式的性騷擾一定比另一種形式的性
> 騷擾更糟糕；每種性騷擾都會造成慘痛損害。[3]

黛咪·洛瓦托說得沒錯：就因為你看不見精神疾病，不代表
它就沒有在你內心產生有害混亂，並慢慢滲透到你的日常生活，
影響你及周圍的人。

什麼是旁觀者壓力？

很多人認為只要自己不是直接目標，性騷擾就不會是他們該
煩惱的問題。這些人真的是放錯重點。性騷擾如此有害，以至於
當你目睹甚或聽到其發生在同事身上，光是這種氛圍就會侵蝕你
的心理健康。心理學家和研究人員將其稱為「旁觀者壓力」。

當你看到或得知同儕的騷擾行為時，你或許會因此感到有
壓力，因為：

▸ 你會擔心成為目標

▸ 你對同儕的痛苦感同身受

▸ 你可能會感到無能為力，或因為什麼都不做而感到內疚

▸ 因為組織未能預防或制止騷擾行為，你感到不公正[4]

更複雜的是，即使旁觀者認為這種行為是「受歡迎的」，例如兩位同事互相調情，或是藉由交談打好關係，也可能會產生旁觀者壓力。[5] 換句話說，不管你如何看待性騷擾，也不管其背後企圖為何，性騷擾對任何人來說都是有害的。

不論男女，只要看到女同事被性騷擾，都有可能導致整體情緒健康的下降。[6] 安琪拉‧狄翁尼希（Angela Dionisi）及朱利安‧巴林（Julian Barling）博士曾在 2018 年共同撰寫男性性別騷擾相關研究調查，根據他們的說法，一旦受到騷擾的對象是男性，旁觀者則會因為性別不同，而有不同的經歷感受。在這項研究中，他們發現，當男性看到其他男性被騷擾時，他們會很生氣。但當女性看到男性被騷擾時，她們不但會生氣，也會害怕——生氣是因為這是不對的，害怕則是因為女性發覺騷擾也可能發生在自己身上。事實上，狄翁尼希及巴林博士發現，對於那些看到男性因為偏離男性刻板印象或不是「真男人」而被欺負的女性來說，刺痛感會更加地深。正如他們所解釋的，「即使是針對男性，性別騷擾也算傳達出隱性、普遍的父權制度訊號，這些訊號對女性特別具有傷害性。」女性愈是看到男性參與「惡作

　　　　　　　我的美好，不該是你騷擾我的藉口

劇」或「欺侮」行動，包括貶低女性（例如，稱另一位男性為「婊子狗」），就愈會損害其身為女性的身分認同。實際上，這些侮辱就像在說，身為女性是不好的，而你若是一位女性，相對而言就是一種貶低。[7]

> ## ✅ 加分題
>
> 雖然女性發起了一場重新使用「婊子」一詞的社會運動，但當男性以貶義稱呼其他男人為「婊子狗」時，壓抑女性的傾向還是相當明顯。比較模糊的或許是，其他美語常用字背後的厭女傾向。例如「sucks」（爛透了），是在說什麼東西不好，對吧？不過，「sucks」其實暗指口交，一種歷史上由女性和男同性戀者所展現的性行為。這代表「sucks」實際上只是在藐視此種性行為。就像「cocksucker」（喇叭男）這個字也是如此。
>
> 你可以自行決定要向什麼對象、用什麼字及在哪裡使用，但在職場上使用之前，最好先檢查一下字源。　# 你知道更多

旁觀者壓力會導致職場上眾人不敢發聲，升高團隊衝突程度，降低團體凝聚力，並降低財務業績。[8] 同時也是性騷擾目標的旁觀者會受到「雙重打擊」──除了身為旁觀者或騷擾目標所承受的痛苦之外，還包括不利其職業、心理和健康的影響。[9] 不管怎麼包裝，性騷擾的氛圍都會造成慘痛損害。

壓力如何表現出來？

遭遇性騷擾的心理後果可以表現在很多面向，全都是較為糟

糕的。醫生認為，對男性來說，受到性騷擾的心理影響可能會更糟，因為男性是一種不認為會被騷擾、因此不太可能得到同情的族群，而且通常也沒有因應的社會模式得以參考。對女性來說，她們比男性更有可能把行為視為騷擾，所遇問題並不同。

女性很有可能在騷擾壓力下，更強烈地把問題內化，使自己更容易受到性騷擾所帶來的心理傷害。這種加乘反應完全合乎邏輯：女性往往比男性在生理和經濟上更加脆弱，使得女性面臨的威脅更加真實。這並不是要貶低男性因性騷擾所承受的心理壓力，而是要提醒大家，女性所承受的傷害更頻繁、更強烈，為她們的生活留下更大、更持久的影響。

> **⚠ 注意！**
>
> 一旦面臨性騷擾，女性往往會花時間注意自己的外表，試著要「去性化」。這些女性正陷入某項謊言陷阱，即她們的衣著選擇會激起男性無法控制的性慾，最後導致被騷擾或攻擊。這個迷思被用來阻止女性行使身體的自主權，並讓男性從不當性行為的責任中脫罪。別上當。
>
> 請記住：性騷擾是為了鞏固權力，而非表達性慾，這就是為什麼你的穿著並不是別人決定騷擾你的原因。來自各行各業的女性及男性都會被騷擾，跟他們穿什麼無關。
>
> 所以，想穿什麼就穿什麼吧！因為不管怎樣，你都有可能被騷擾。

本章接著會依據當前精神障礙的診斷及統計手冊（Diagnostic and Statistical Manual of Mental Disorders，簡稱 DSM-5），即

醫療專業人士所使用的心理健康診斷，來討論面對性騷擾時最常見的生理反應。請注意，這項回顧**並非**是完整的醫療簡報，也不能取代醫療專業人員的建議。我的專業是法律，而非醫學。說到這，請**不要**自我診斷。你的美國醫療健康訊息平台（WebMD），可比不上醫學院專業執照（MD）。如果你認為自己可能患有任何這些疾病，請去看醫生或提供心理健康意見的專業人士。有一系列有效治療方法——包括心理治療和藥物治療。我們的目標是在考量到**你**的情況及需求下，找到最適合你的方法。再次強調：你有選擇。還有希望。你並不孤單。

||| 常見的心理健康副作用

碰到性騷擾最常見的三種心理健康副作用是憂鬱症、創傷後壓力症候群和焦慮症。

嚴重憂鬱症：憂鬱症是那些被性騷擾及接觸性騷擾者中，最常見的心理健康診斷之一。這一點也不奇怪，因為性騷擾會攻擊一個人的自尊和自我價值，造成自我懷疑、羞恥及自責，很容易展現出憂鬱症的傾向。症狀包括感到悲傷、空虛或無望；無緣無故哭泣；對曾經喜愛的活動失去興趣。憂鬱症和偶爾悲傷之間的區別在於其持續長度：憂鬱症發作會持續將近一整天的時間，幾乎每天都有，至少兩週。你也可能會感到自我價值低落、難以集中精神，或是考慮自殺。憂鬱症可能會出現生理症狀，例如疲勞、體重顯著增加或減少、睡眠過多或過少、表現不安或遲鈍。

因為性騷擾所引起的憂鬱症影響力很長，其症狀往往持續多年，並隨著時間不斷累積，使你在未來面對騷擾時更加脆弱。雖然有 系列的心理治療和藥物治療能有效醫治憂鬱症，但認清症狀才是適當解決問題的關鍵。

創傷後壓力症候群：性騷擾另一個常見副作用是創傷後壓力症候群──一種因經歷創傷性事件或反覆出現創傷而形成的疾病。大約有 7% 到 8% 的人會在其生命中某個階段經歷創傷後壓力症候群。經歷的可能性取決於各種因素，例如現有的心理及生理健康、創傷事件本質、創傷期間的情緒反應、年齡、性別、支持系統及額外壓力源。某些創傷後壓力症候群的症狀包括：

▸ **重新經歷創傷**：因創傷被喚起，導致重溫事件、做惡夢並經歷痛苦。

▸ **主動迴避**：迴避會讓你想起這些事件的想法、人或事。

▸ **過度躁動**：睡眠困難、精神緊張、難以集中精神、易怒或表現出魯莽行為。

▸ **負面情緒／失去興趣**：很難回憶起事件的關鍵部分，難以獲得正面感受，對曾喜愛的活動失去興趣，感覺與他人疏遠。

　　　　　　　我的美好，不該是你騷擾我的藉口

🗨 題外話

性騷擾不僅會對心靈造成傷害，也會對身體造成傷害。那些受到騷擾的人更有可能出現頭痛、噁心、疲憊、頸部問題、腸胃併發症、呼吸系統問題、體重增加、體重下降、飲食問題和飲食失調。跟那些沒有被騷擾的人相比，被騷擾女性中有 89% 很可能會有長期睡眠問題，而且在被騷擾多年後，罹患高血壓機率會翻倍，提高其心血管疾病及其他潛在生命威脅問題的風險。接觸到性騷擾也會使你比其他人更有可能染上濫用問題，例如酒精、毒品和尼古丁。男性比女性更容易濫用藥物，但是不論何種性別，發生藥物濫用的機率都可能因性騷擾而增加。

逃避現實的酗酒、嗑藥和不斷吸菸，都是危險而又流傳甚廣的自我藥物治療形式。它們能使人的感官變得遲鈍、減輕焦慮，讓你相信自己正在應對眼前的現實或有害工作環境中揮之不去的影響。這個假象只是暫時的，非常危險，因為藥物濫用對你的身體健康產生很大的負擔，一旦停止使用，就會嚴重擾亂你的生活。

創傷後壓力症候群可能會讓你處於戰鬥或逃跑的緊張狀態。當我幾個月吃不下飯、睡不著覺時，醫生就是這麼說的。身處於戰鬥或逃跑模式時，腎上腺素（一種壓力荷爾蒙）會在體內流竄，這樣我們就能隨時準備動起來，以制止威脅或逃跑。當你的大腦相信有個威脅在眼前或即將到來，你的身體最不想做的事情就是吃飯或睡覺。經歷創傷後壓力症候群的人常會濫用酒精和藥物等等，試著分散被誘發的注意力或減輕焦慮，這可能會延誤發

現病情，進而影響治療。

創傷後壓力症候群可能在創傷事件發生後立即表現出來，也可能潛伏一段時間，直到被觸發事件喚醒。然而，時間並不能平復創傷後壓力症候群，因為症狀可能會在最初發生創傷後持續數月或數年。這種失調症狀可以透過心理治療、藥物治療、亞甲二氧甲基苯丙胺協助的心理療法（MDMA assisted therapy）、虛擬實境暴露療法（virtual reality exposure）及各種替代方法，例如創傷感知瑜伽（trauma-sensitive yoga）或針灸來緩解。

廣泛性焦慮症（Generalized Anxiety Disorder，簡稱GAD）：從下意識地擔心自己的安全，到有意識地躲避騷擾者，廣泛性焦慮症的長期壓力會讓你惶惶不可終日，讓你變得煩躁不安，把例行公事都變成費力工作。

廣泛性焦慮症的主要特徵是恐懼和焦慮。恐懼是對現有威脅的反應，而焦慮則是對未來威脅的恐懼。兩者結合會使人衰弱，即使威脅不是真的，只是種想像。

廣泛性焦慮症會在身體上表現出各種症狀，包括疲勞、失眠、無法集中注意力、肌肉緊張和不安。這也可能出現在某人生活中任何時間點，而女性得到焦慮症的可能性是男性的兩倍。治療範圍則從藥物治療到認知療法皆有，尋求幫助可千萬別猶豫！

👁 總結回顧

▸ 不管你多麼堅強，性騷擾都會對你的心理健康造成傷害，因為這會對你的身體帶來巨大壓力。

▸ 沒有人能夠安然無恙躲過性騷擾——即使是旁觀者也不行。就像二手菸一樣。

▸ 憂鬱症、創傷後壓力症候群和焦慮症是性騷擾所引起最常見的心理健康問題。許多人都會經歷壓力的生理表現，例如失眠、頭痛、腸胃問題和噁心。常見的情況是，一些人會試著透過濫用藥物進行自我治療。

▸ 不要試著自我診斷或自我治療。只要一發現有不對勁的感覺，就不要害怕尋求幫助。請記住：你有選擇，還有希望，你並不孤單。

本章獻給我的貓咪——瑪凡瑞克（Maverick）。
你的愛永遠印在我心，如同你的名字紋身永存我頸後。
沒有你〔還有樂復得（Zoloft）〕，我絕不可能度過黑暗。

Chapter 10
心智遊戲計畫

生存於性騷擾心理影響之下的策略

> 把目光停留在終點線上，而非周遭的混亂上。

—— 蕾哈娜（Rihanna）／寫詞藝術家、女商人及女人代表

正如你在第九章所讀到的，性騷擾對心理健康的影響是真的。在不到兩年時間內，我從「小姐，去洗洗臉吧！」變成「大姐，屎臉浸煤油就好啦！」性騷擾很殘酷。但是，你又期待能從注定摧毀你意志的虐心權力遊戲中得到什麼呢？轉為追求小確幸，放棄職業夢想嗎？

根據美國國家衛生研究院（National Institutes of Health）發表的一項研究，性騷擾造成的不良心理影響，或許會因為你決心克服而減輕。[1] 簡單來說，這代表若是你努力不懈，便很有機會擊敗性騷擾。沒有什麼比制定一套「心智遊戲計畫」（Head Game Plan）更好的投入方式了！（或是簡稱「HGP」，我喜歡這樣稱呼。）

在本章中，我會提供你創立理想 HGP 的工具，一套讓你能更輕鬆從創傷中走向蛻變重生的全面計畫。這能幫助你利用手中所握有的東西，把周圍正向資源發揮到最大。在為個人心理健康奮鬥時，HGP **正是**我所需要卻沒用上的方法，只因為我不願相

信丟了工作影響的不僅僅是我的年收入而已。

為了讓你能制定出理想的 HGP 藍圖，我會坦率地去評價自己許多尷尬但具啟發性的個人經驗，跟一堆人談論其親身經歷，搜尋並閱讀大量資料，並與幾位醫生和心理健康專家進行對談。

HGP 藍圖分為兩大部分：內在祕密和外界協助。但願它們能指引你方向，一路順風！

內在祕密

你當然了解自己。只是在遭受性騷擾後，你可能變得不了解自己。不管受到何種類型的創傷，無論是輕度還是重度，只要是人都會產生變化。這種變化可大可小，可能有意識或下意識為之。而你最終會變成更好或更糟，關鍵就在於你將變化導向何處。在此有些很棒的心理健康小攻略來幫你完成你的旅程。

擁抱問題：你或許是小壞蛋，但你還是人，也可能會受到傷害。承認自己有事真的沒關係。承認有些事出錯並非示弱，但要是為了挽回面子而擺架子，或是把心力投入到毫無意義的事物中就是。我們都見過那個把頭埋進沙裡的人，否認現實，彷彿情況便會就此改變，或是別人就不會注意到似的。該死的，在我們生命中某些時候，我們都曾是那個人！

為什麼我們要接受這種鴕鳥式的做法，而不是擁抱問題呢？問題往往有兩個方面。首先，有些人很可能會針對已發生過的事對自己撒謊，以此作為一種應對機制，淡化事件本身，希望能逃

我的美好，不該是你騷擾我的藉口

避心理傷害。很多人會忙著分散自己的注意力，比如承擔別人的問題，或是全心投入其工作中，而不去面對內心的問題。在我最低潮的時候，我下意識這樣做，只想拖延不可避免的內心風暴。注意到是否有自傷傷人的傾向，本身便是件十分具有挑戰性的事，也很可能會造成重大內在衝突和壓力。

> **題外話**
>
> 有些人無論如何都不會接受某人是騷擾狂的事實，只因為這與他們對這個人的看法不一致。這便是認知失調——當一個人得知眼前事實與他們現有信仰、價值觀或想法不一致時，就會產生心理壓力。例如，如果一個你認識多年的客戶突然向你提出性要求，或許你一開始會拒絕承認他就是個不尊重你的下流胚子，你反而在心裡為他找藉口，繼續找他做生意。我也有過這種經歷。千萬不要這樣做。這種自我保護式的認知否定是很危險的，因為這很容易會讓你受傷。用歐普拉（Oprah Winfrey）女王總結瑪雅·安傑盧（Maya Angelou）的格言下結論：「當人們向你展現自己真面目時，請相信他們。」

其次，大家經常假裝「沒事」，因為他們傾向從他人看法中建立自我價值。無論是家人、朋友、同事，還是社交媒體、社會中的陌生人，整個社會制約著我們去向他人尋求認同感。重視他人的意見高過於自己的意見（尤其是跟你有關的意見），這生活方式不值得。人生太短，不要以別人的方式來「做你自己」，不管這個人是否和你有關係，或者他們是否真的在網路論壇 Reddit 上看起來很聰明。

你應該對自己誠實，尊重自己的感受，並在事情出錯時看清楚。沒有人可以決定你對性騷擾的感受，也沒有人可以決定你應該如何反應。不管這讓你有點困擾，讓你感覺被輕視，還是演變成身心問題，不管別人怎麼說，你都不必「放手」或「放棄」。你有權執著於自己的感受，不管別人是否對此有相同感受。

如果你正面臨性騷擾的影響，請接受你想要及需要的幫助吧。畢竟度過不同類型的變化（例如，從有權有勢的職業走到「差強人意」的環境），可能會對你心理上造成如地獄般的打擊。但是，只有當你面對並接受這種掙扎困擾時，你的心理康復之路才會真正展開。

為悲傷各階段做好準備：你可能會因為失去事業，或是失去對雇主的信任而感到悲傷，但不管你失去的是什麼，你都需要花時間來哀悼。悲傷的五個階段是否認、憤怒、討價還價、沮喪和接受。然而，你不一定會按照這個順序經歷這些階段，因為悲傷並不是線性的，心理學家泰瑞莎‧瑪斯卡朵（Therese Mascardo），同時也是 Exploring Therapy 執行長兼創辦人如此解釋道。某天，你可能會大發雷霆；接著，你會開始否認上司正暗中威脅自己這件事。在你意識到這點之前，你會花上幾個小時去討價還價，告訴自己「要是」能做了什麼，或是希望自己能早點做了什麼。我經歷了幾個月的討價還價，責怪自己怎麼會愚蠢地認為某些人會因為其性別而做對的事，卻沒有意識到他們是危險的職場同僚。討價還價是個沒意義的舉動，這讓我夜不成眠，更

無法活在當下；但這是過程，也是我旅途的一部分。要是你有這階段和其他階段的悲傷，真的沒關係。你一定能，也一定會度過難關。

不要去碰觸媒：觸媒是受到創傷之後，你所經歷最真實的不真實事件。觸媒通常與創傷後壓力症候群相關，也是會提醒你創傷經歷的外在事物。它們可以是圖像、氣味、味道、聲音、文字、地方、人。觸媒會立刻把你拉回創傷當下。它們就像是無聲無息的心律不整，一旦你經歷過，就會知道了。

這是我能解釋這種感覺的最好方法。想像一下，你剛離開地獄般的牙醫診所。你的睫毛膏暈開了，口紅弄髒了，半邊臉都麻了。你左臉頰有浸滿鮮血的棉球，右臉還流著口水。而你走到街上，（即使不算超醜但）樣子很不好看，你最不希望的就是被人認出來。偏偏這時你撞上了「離你而去的那個人」和他的新歡，他們兩個看起來光鮮亮麗，而且特別有話聊。**那個**瞬間，你突然感到臟腑翻湧、內心震撼不已，你就像一觸即發、瞬間燒盡萬物的引信。如同有什麼東西激發了這種強烈感覺，那就是觸媒。

我很清楚記得某一次的觸媒，那出現在我離開某個有害職場一個月之後。我以為自己已經好了，正在健身房做我自己的事，觸媒卻突然出現在我的滑步機面前、幾英尺遠的電視螢幕中。跟你說，我離開健身房的速度，簡直能讓我在百米短跑中獲得獎牌。幾星期後，當我終於鼓起勇氣回來，我還是只敢待在旁邊那空氣不流通的有氧運動器材室，時間長達幾個月之久，只因為那

裡沒有電視。觸媒很無情，我不希望這發生在任何人身上（儘管這本書出來後，我的名字也可能會成為某些騷擾狂的觸媒，但我無所謂）。

觸媒的力量很強大，可能也有點難以預料。就像過去的戀人，偶爾會突然出現來擾亂平靜，或是破壞了某個美好經驗。觸媒很討人厭，不僅僅是因為這會讓你重新想起不好的事物，也是因為這會提醒你這些不好的事物如何控制了你。觸媒也可以是好的，因為這是心靈試圖引起你注意的方式，告訴你有問題存在。

如果你需要時間來克服觸媒，不要對自己太苛求。這可能需要幾個月，甚至幾年的時間來克服。在受到創傷一年多以後，有些表情符號仍然會使我焦慮，我也很努力地避開某些場所。我仍在掙扎。但總有一天，這些都不再是觸媒，只是圍繞在我世界中的平凡事物。在那之前，我會尊重其存在，並用來提醒自己，在恢復心理健康的路上，我還有很多事要做。

♈ 專業攻略

莎拉‧貝寧卡薩（Sara Benincasa）不只會講有趣的故事，這位脫口秀喜劇演員兼《真正藝術家白天都有工作》（*Real Artists Have Day Jobs*）一書的作者，也向聽眾講述如何克服創傷後的心理健康問題。在度過性騷擾方面，貝寧卡薩也給了以下建議：

▶ **發生在你身上的並不等於你**：你所忍受的或許已經成為一部

分的你。這沒關係。你還是你。對自己好一點，也多點耐心。

▸ **塑造自己的敘事**：你能決定該如何看待自己——戰勝者、倖存者或其他。你可以決定要如何治療自己（只要這不會自傷傷人）。這是你的個人敘事，由你來寫這個故事。

▸ **留意那些分心的舉動**：在創傷中掙扎時，有些人會試著透過讓自己分心來逃避感覺，例如把自己投入到工作、旅遊、約會、喝酒之中。有些分心舉動或許是健康的，有些則只是在彈孔上貼 OK 繃。

▸ **考慮去參加某些團體**：如果你還在掙扎中，可以參考一些像是戒酒無名會、共依附戒癮無名會（Codependents Anonymous）、暴食者無名會、戒毒無名會、債務人無名會、戒賭無名會這類團體。你不必獨自面對問題。

▸ **治療遊戲**：若你選擇接受治療，請去找具有專業執照，同時也是「創傷知情治療師」（trauma-informed therapist）的人，他能在尊重你的界線及挑戰你的假設之間維持良好平衡。

請再多準備一點：心理健康問題便是警鐘。如果你尋求治療或諮詢來解決這些問題，請做好準備。你可能會更加了解自己，並面對某些自己從未預料過的殘酷事實。一般來說，這要深入挖掘為什麼你會感受或回應那些生命中早已塵封或可能具破壞性、以某種特定方式出現的事物。回想早期工作經驗或童年記憶或許並不容易，卻也可能是你療傷之旅的一部分，往療癒及成為更好自我的方向前進。

舉例，在我的旅程中，我發覺自己處在自閉症光譜中，這為我的人生解釋了許多，也使我更加愛自己。了解這些訊息使我更

能欣賞自己的才能、理解自己的盲點，也活得更加充實。 # 加碼

制定完善的自我療癒計畫：根據瑪斯卡朵博士的說法，自我療癒計畫（Self-Care Plan，簡稱 SCP）可以提高你成功克服創傷的機會。自癒計畫是你根據個人需求，為了促進生理、心理、情緒及精神健康所詳細規劃的指南。以下舉例是自癒計畫可能包括的內容：

生理	心理
▶ 健康飲食	▶ 晨間冥想
▶ 健身方案	▶ 每天寫日記
▶ 規律睡眠	▶ 創意寫作課
▶ 晨間瑜伽伸展運動	▶ 週日將手機留在家中

情緒	精神
▶ 每天誇獎自己	▶ 參加聚會
▶ 每日一笑	▶ 聽靈性廣播
▶ 跟支持團體見面	▶ 思考經文／信仰
▶ 呼吸練習	▶ 祈禱／冥想

無論是每週一次的熱瑜伽課程，還是在地方大學報名參加創意寫作課程，都要抽出時間來照顧自己，這是治療過程中很重要的一環。理想的自癒計畫是在日常生活中，為自己所喜愛的事物及活動保留時間，以便使你恢復活力。制定出計畫並堅持下去，養成固定習慣會帶來很大的幫助。

　　　　　　　　　　我的美好，不該是你騷擾我的藉口

外界協助

從性騷擾的創傷中恢復不單靠個人努力，也不是一種單人運動，這需要團隊支持。要是想成功從創傷走向蛻變重生，不管從召集親友到挑選醫療服務提供者，你都需要強大的支持網路。在此提供一些有關尋求外界協助的技巧。

依靠親友：他們可能不在職場中，但親朋好友能幫忙減輕壓力，在你成功克服性騷擾心理影響方面發揮重要作用。例如，光是提供意見諮詢，就能讓那些處於騷擾環境中的人振作起來。事實上，儘管有很多人默不作聲或從不向管理階層舉報騷擾行為，但也有很多人真的會向親友吐露受到性騷擾的心聲。有三分之一的員工會向家人傾訴自己所發生的事，約 50% 至 70% 的員工會向朋友或知己尋求協助。²

此外，有了親友支持就能讓你感覺不那麼孤單。這點很重要，因為在面對性騷擾時，只要你認為自己得到了支持，就足以改善你的心理健康，尤其是遇到同事可能會孤立或欺負你的情況。在我最黑暗的日子裡，我的母親及一位長期導師便是我強大的支持來源。當我的雇主報復我時，我就會發簡訊給他們，請他們為我控制情勢或給我鼓勵的話。當我被有害環境壓得喘不過氣來時，他們便是我所能呼吸到的新鮮空氣。我在性騷擾溫床工作的最後一天，我的母親送了一打紅玫瑰到我的辦公桌上，並附上一張卡片，提醒我是多麼有才能，她是多麼為我驕傲，因為我為了對的事站出來，我是多麼受人疼愛。小小的支持，就能產生很

大的影響。

　為了要熬過每天的瘋狂不堪，你可以考慮召集一組夢幻親友團來支持自己──即特派支援網路（Designated Support Network，簡稱 DSN）。特援網是由你所熟悉的人所組成，他們具有同理心、可靠且尊重你。你的特援網應該要善於傾聽，為你提供意見諮詢，並站在你的立場支持你。他們尊重你的界線、感受和決定，不會強迫你去做那些讓你不舒服的事，也不會責怪你的行為。然而，你的特援網必須坦誠相待，即使可能會傷害到你的感受。即使你當下感覺會很好，但是聽一堆可能會自毀前程的謊言對你並沒有好處。有個能解讀出你需要的是盲目支持，還是殘酷真相的優秀特援網，是件非常重要的事。

> ♥ **專業攻略**
>
> 有個特援網是不錯，能幫你熬過日常生活，不過智囊團卻是幫你實現長期目標的理想選擇。瑪斯卡朵博士的工作對象便是那些正從創傷中恢復的人，以及單純想維持健全心理的人。她建議大家建立個人董事會（Personal Board of Directors）──即是能針對你想尋求指引的特定生活領域，給予你高水準建議的智囊團。以下便是她完成這項作業的步驟：
>
> 1. **鑑別**：劃分出三到五個你想得到相關智慧與知識的領域，比如生理、財務或精神健康；建立人際關係；創業或職涯變動。列出你想在未來三、六、12 個月內實現的具體目標。
> 2. **邀請**：對於你所劃分出來的領域，各自找出該領域的風雲人

物，邀請他們成為你的顧問。請解釋你選擇他們的原因、你想在特定時間內從他們身上學到什麼，以及你預計其建議會如何對你及具體目標產生正面影響（要是他們拒絕了，還是要大方感謝他們，並詢問他們是否能推薦其他專業人士給你）。

3. **開放態度**：請你的導師暢所欲言，不吝坦白分享其見解。讓他們知道，你不只是在尋求認同感，也是在找使自己變得更好的建設性批評。請他們幫你找出盲點，並教你如何改進。

4. **報到**：確認自己每月都會跟智囊團成員聯繫，報告你的進展，並提出你可能會有的重要問題。寫下他們如何處理自己及遇到的問題。記得要表達感激之情，讓他們知道你正向他們學習。在個人生活中，智囊團可能會大大改變你的心理健康。大膽去做吧！

在你的生活中，很少有人會符合特援網全部所需條件，可能要按照問題屬性、個人特長及是否有空來選擇向誰尋求協助。如果你的生活中還沒有這種能提供支援的親友團，請考慮加入你所在地的性騷擾或創傷支持社團。有很多好人會在那裡互相聯絡，因為他們是克服創傷的過來人。如果你習慣獨來獨往或總是想當「強者」，你可能會對尋求協助或依賴關心自己的人感到不舒服。但若你需要跟你的新老闆解釋，為什麼你會因為快遞靠過來要你簽收而失控發飆，你會更不舒服。總之，我們需要彼此。幫幫自己，在這些為你提供支持者的協助下，致力恢復心理健康吧！

面對同事的影響：一生中，美國人在工作上所花時間平均超過 9 萬小時。花這麼多的時間在辦公室，同事之間關係自然會比

朋友更親近，甚至比家人更親近。不過話又說回來，同事也可能成為操縱情感的豬隊友，或是滿口垃圾話的恐怖分子，讓你的日常工作生活變成徹底的人間地獄。

這或許很難接受，但你最好現在就知道：如果你遇到性騷擾，很可能你認為是「朋友」的同事反而會跟你保持距離，而非伸出援手。[3] 因為人天性就是如此糟糕。開玩笑的……大概吧。正如美國心理學協會（American Psychological Association）《職業健康心理學雜誌》（*Journal of Occupational Health Psychology*）中所解釋，同事會盡量避免捲入性騷擾風暴，因為他們也害怕受到欺負和報復。[4] 基本上，即使他們說自己是好人，說他們愛你，並知道發生在你身上的事在道德上是錯誤的，也絕對是違法的，多數人仍然不願意為此損及自己的薪水。你應該為這個殘酷現實做好準備。我以前並沒有。

看著同事與我保持距離，彷彿我為正確的事挺身而出是個錯誤，這是我在苦難經歷中遇過最可怕的事情之一。很多同事不再邀我參加活動，也在工作中孤立我，並在社交媒體上取消追蹤我。這種排擠——尤其是來自那些我所支持、也曾支持我的人的排擠——真是一個慘痛領悟，提醒我人可以多麼令人失望。不過，也有少數始終不曾離開我身邊的人。他們會當我的推薦人，關注我的狀況，並一直支持我，讓我在自身情況有所改善後也願意為他們提供資源。

只因為研究顯示同事會更傾向於背叛你，並不代表他們**都會**

睜隻眼閉隻眼，或是沉默以待。試著去找那些會提供協助的人，因為這對你的心理健全來說相當重要。相信自己在應對性騷擾的影響時具有社會方面的支持，會減輕憂鬱及焦慮症狀。在外還有堅強的人會支持你，並加入你的陣營，只不過是少與遠的差別。

留意心理戰：其中一項最常被用來對付那些反對性騷擾女性的心理戰，就是情感操縱術。這種操縱策略展現的形式是，有人會使你質疑自己的處境，不再相信自己的推論及情緒反應。處於權力關係不平等的關係之中，如僱傭或師徒關係之間，最容易發生情感操縱情況。

♈ 專業攻略

情感操縱會對你產生相當大的負面影響。耶魯大學情緒素養中心（Yale Center for Emotional Intelligence）副主任兼《我以為都是我的錯》（*The Gaslight Effect*）一書作者羅蘋·史騰（Robin Stern）博士，便提出可靠意見，協助你在情感操縱發生之際就能分辨出來。

根據史騰博士的說法，除了否認發生了某件事，並指責你記錯了，情感操縱狂很可能會透過說你是敏感、歇斯底里、沒安全感、瘋狂、偏執、捏造事實、憑空想像、反應過度、戲劇化、焦躁不安或不知感恩的方式，來回應衝突或觀察。情感操縱狂也可能會告訴你他們在開玩笑，或是責怪你讓他們失控。

史騰博士表示，若是對方在互動當中經常要你道歉、思索自己為什麼會不快樂、質疑自己是不是還不夠好、讓你為他們的行為找藉口、無法做出簡單決定、對自我認知撒謊以符合對方的陳述、每天自問好幾次「我是不是太敏感了？」等等，那麼你很可能是被人情感操縱了。

性騷擾場景中常見到情感操縱，不只是因為男性經常會對女性使用這種策略，更因為女性本來就是被社會化影響、會去懷疑自我的性別。反之，情感操縱狂在性騷擾場景中之所以常見，多半是因為這經常是情緒高亢、各說各話的情況，而騷擾狂幾乎全盤否認你對事件的說法，從一開始就不斷破壞你的真實性。上司和同事也可能會試著讓你懷疑自己，暗示你反應過度、誤會或記錯了。這也是善後女常用的技巧之一。

不要讓他們操縱你！你必須維持獨立思考並堅持自己的直覺。從他人那裡求證會使你更容易成為情感操縱的受害者。即使他們試著扭曲事實，你還是要保有自主及自信。你知道自己經歷了什麼。這是有問題的。請堅持你的直覺。

找清楚狀況的專業人士：要玩得一手好牌，必須要有好醫生隨時為你待命。無論他們是諮商師、治療師或心理醫生，你都要確實跟他們建立聯繫，別讓自己只是檔案中的某個名字。

好醫生懂得傾聽，他們會看著你的雙眼，「陪你」而非「為你」做出決定。他們會抽空回答問題，即使患者很多，還是能隨時聯絡得上，並在合理時間內給予回應。好醫生也會適時承認，雖然他們會在專業相關領域及你所需方面，不斷獲得相關知識，但某些事確實已超出他們的能力範圍，不是為你進一步研究相關議題，就是為你推薦其他能滿足你需求的專家。如果你碰巧很懂這個議題，或是個美國醫療健康訊息平台通，好醫生也不會被你的知識或針對其結論有禮提出的挑戰所威脅到。他們會樂見你如

此重視健康與保健，因為這也是他們對你的期望。

你或許已經知道，不是所有醫生都很棒。有人帶著偏見，對
患者態度很差，還有問題——很大的問題。在我從性騷擾創傷中
恢復的路上，我永遠不會忘記某位讓我恨不得趕快逃離的心理醫
生。當我到了他的辦公室，唯一能讓我坐的地方是一張色彩鮮
豔、兒童大小的沙發，周圍擺著絨毛玩具，面對著**青少年**精神疾
病學手冊全集。自然而然，這個房間的擺飾讓我產生了疑問。對
於我的詢問，男醫師試著說服我，他的專業是**成人護理**，也**只有**
他能幫助我。提醒一下，這只是他忙著吹噓的開始。這個騙子很

有技巧地俯視座位上的我，並提到我曾額外看過的兩份（在我前一週篩檢診斷時完成的）精神科書面測試根本就不存在。他不是說沒有這些測試的紀錄，也不是結果遺失了，而是說**根本就沒有什麼測試**。要不是我額頭上打了肉毒桿菌，我大概滿臉都是驚訝的痕跡。這個人一定有精神科大學學位及情感操縱學博士學位。我實在沒空再耗下去，所以很快又找了另一位醫生。

如果你和醫生的關係不合，或者感覺不對，你可以不要再去看那個醫生。你不該對心理醫生進行精神分析。可以請受人尊敬的醫療服務提供者，或是值得信賴的朋友推薦其他人，而且不要猶豫，快向當局舉報不當或不適任的醫療服務提供者。你或許無法收回掛號費，或是那 1000 美元的自付額，但你能幫其他人免去相同糟糕經歷之苦，使他們的心理健康恢復之旅變得更加輕鬆。

準備好你的法律團隊：若你選擇法律途徑（你可以在之後幾章中看到更多資訊），你會希望法律顧問考慮到你正在經歷的事。律師與當事人關係是一種重要又緊密的關係，如果溝通失敗，這種關係就會破裂。你應該向你的律師坦白說明自己的掙扎、限制，以及想從法律團隊身上得到什麼。

好律師會支持你，盡量為你減輕任何不必要的情緒和心理障礙，並試著保護你不去碰到那些沮喪事。但請記住，他們只是法律方面的醫生，並不是真的醫生。不要期待律師能分辨出在你遭遇性騷擾後可能遇到的心理健康問題，或是完全理解你的心理健

康恢復之旅。就跟所有其他重要關係一樣，耐心及溝通會有很大的幫助。

另眼看待社交媒體：本來就是要把你與世界聯繫在一起的網路平台，或許會讓你感覺自己很失敗，或是覺得其他人都過著更好的生活。跟你說個小祕密：大學生克蘿伊並沒有過得那麼美好、有秩序，即使她在 Instagram 上看起來是多麼地光鮮亮麗。

你不能讓自己在網路上所看到的影像，影響了你對自身的看法。為了讓自己趕快復原，要是某些即時消息會喚起憤怒或嫉妒，請關閉或取消追蹤其帳戶，停用自己的帳戶，或是完全刪除該應用程式。你的生活並不需要這些。為了長久的幸福，就要先弄清楚內心的想法。到底是什麼讓你無法真心為他人感到高興？某人擁有或不擁有些什麼，都不該會使你憤怒或影響你的自我價值。請好好做自己。

✅ **加分題**

通往心理健康的旅程會經過許多站。其中有站不太美好，卻會令人大開眼界，那就是在發現誰會選擇為你犧牲或犧牲你的那一刻，看到你周圍這些人真正的內心想法和優先考量。

例如，在我處於創傷後壓力症候群的高峰期，我一反常態地對兩位女性友人大喊大叫，然後在當晚選擇缺席某人的生日聚會。第二天，我向她們道歉，解釋自己必須抽身離開，以照顧好我的心理健康。她們各自的反應都很有說服力。其中一位用我的精神疾病來對付我，同時用一連串髒話侮辱我。另一位（壽星）則告訴我，她愛我，希望我能好起來，而且會在一旁等

我。猜猜看，到底至今哪位仍是我生活中的好友呢？

當你努力克服你的心理健康挑戰時，你需要大家給你空間和修養。有些人會因為你需要幫助，不能再以他們為優先而感到不安。這些人很可能跟你不在同一國。你無法寄望大家都能理解你的療傷之旅，畢竟他們從來沒有走過這條路，你該期待愛你的人會支持你，而不是加重創傷。

總之，好好珍惜願意付出的人，並讓只想索取的人知道該怎麼離開。

自我評估

心智遊戲很可能是處理性騷擾最糟糕的部分。你仔細想想，關於主導生活方面，大腦可是個大玩家。（看懂我在做什麼了嗎？）你要保持最佳心理健康狀態，考慮是否要每週（或每天）進行自我評估，誠實檢視你的感覺及與周圍世界的互動。建立一個能引起自我共鳴的檢討過程。例如，我所採取的方法，便是訴諸流行文化，以及使自己微笑。就是這樣！

有種理論認為，小熊維尼（Winnie-the-Pooh）中的每一個角色都代表著不同的心理健康問題〔儘管這可能不是作者艾倫‧亞歷山大‧米恩（A. A. Milne）在 1920 年代創作兒童讀物時的想法──即使當時他剛從第一次世界大戰歷劫歸來，正努力對抗創傷後壓力症候群[5]〕。醫學專家將每個虛構人物與以下病症連結在一起：

小熊維尼—衝動症

小豬—焦慮症

小荳—自閉症

跳跳虎—注意力不足過動症

屹耳—憂鬱症

瑞比—強迫症

袋鼠媽媽—社交焦慮症

貓頭鷹—閱讀障礙

米恩—創傷後壓力症候群

一想到這點，每週我都會大聲問自己，**我有維尼小熊的問題嗎？**在我停止像個白痴一樣傻笑之後，我會繼續去看每個人物特質，看看是否與我那週的感受與行為有任何重疊的地方。如果有重疊，我就會去思考引發這種感受或行為的情況，我的反應到底是單一事件，還是可能會持續下去，以及我是否應該聯繫心理健康服務提供者來進一步討論這個問題。在這個每週的自我評估中，我重新省思了克里斯多福羅賓（Christopher Robin）對維尼所說的話：

答應我，你會永遠記住：你比你相信的更勇敢，比你看起來更強壯，比你想像的更聰明。

👁 總結回顧

- ▶ 想戰勝性騷擾所帶來的心理影響，你需要一項「心智遊戲計畫」，這個計畫涉及你內心（內在祕密）和身邊的資源（外界協助）。

- ▶ 提早做好準備，就能使未來走向大不同，看你是要相對輕鬆地從創傷走向蛻變重生，或是下半輩子都得遮掩脖子上的貓名字紋身。

- ▶ 內在祕密的關鍵在於擁抱問題，為悲傷各階段做好準備，重視會引發創傷的觸媒，對可能會有更多問題出現做好準備，並制定完善的自我療癒計畫。

- ▶ 運用外界協助方面，你需要依靠親友的支持、準備好面對同事的影響、留意像是情感操縱的心理戰、具備理想醫療健康服務者作為強大後盾、準備好你的法律團隊，並考慮退出社交媒體，直到確保自己身心都健康無誤。

- ▶ 透過定期的自我評估來維持自己的心理健康。你能以流行文化作為參考資料，設計出有趣的問答（例如：我有維尼小熊的問題嗎？）或是列出一張符合你需求的自我評估問題清單。無論是哪種方式，請在每次面會醫療團隊之間，積極監控自己的心理健康，這樣你才能在這場心智遊戲之中保持優勢。

本章特別獻給
專科護理師朵娜・強森・德樂琴（Donna Johnson Delegeane）
以及金柏莉・派崔克醫師（Dr. Kimberly R. Petrick）

Chapter 11
法律主張與抗辯

性騷擾法概論

> 只因為某件事被明文禁止，
> 並不表示這件事就會停止發生。

——凱瑟琳‧麥金農（Catharine A. MacKinnon）／
女權主義法律學者

2018 年夏天，曼哈頓有個四男四女所組成的陪審團，聽到恩莉琪塔‧拉凡娜（Enrichetta Ravina）博士在擔任哥倫比亞商學院經濟學助理教授期間，所遇衝突的經歷。根據拉凡娜說法，比起監督她取得終身教職而須進行的研究，金融大師吉爾特‧貝克特（Geert Bekaert）花更多時間向她求歡。在他們於哥倫比亞大學共事這幾年間，貝克特會盯著她的胸部看，試著強吻她的嘴唇，吹噓自己的召妓經驗。礙於他的影響力，她試著去處理問題。他一撤退，拉凡娜便會送上一張貼心卡片，每當他催促要一起吃飯時，她就會提議要以團體方式見面。就在拉凡娜拒絕互惠要求多年後，他在 2016 年威脅要暫緩研究進度來危害她的終身教職申請──**除非**她願意對他「更好一點」。

根據貝克特的說法，這些全都是子虛烏有。他大致上是在告訴陪審團，這些都是拉凡娜編造的，或是過度解讀這些事情。不幸的是，拉凡娜並沒有保留其工作紀錄、施展暗地追蹤下文技巧或記下任何對話內容。她幾乎沒有任何證據，可以佐證自己對

我的美好，不該是你騷擾我的藉口

年長 11 歲、著名已婚男性的性騷擾指控。她的案子全是各說各話——除了一項來自貝克特的大禮：就在她向哥倫比亞大學提出申訴之後，他廣發電子郵件給同業，信中有一大堆試著抹黑拉凡娜的稱呼，從「邪惡賤人」到「精神分裂患者」都有。

審判經過將近三週，陪審團說沒有足夠證據支持拉凡娜的性騷擾主張，但有足夠證據表示貝克特的電子郵件是種報復行為。陪審團判給她 125 萬美元的損害賠償及超過 500 萬美元的法律費用與支出。[1]

所有的性騷擾或許都很可惡，但並不是所有的性騷擾都違法。正如我們在第二章中提過的，只有某些不當行為才能讓你告上法庭，因為法律對男性比較有利，適用標準不一，而且相當複雜。此外，其助益也不大，因為我們的社會遲遲不重視女性在職場上的貢獻。雖然我不能憑一己之力去修改法律或消除父權制度，但我可以告訴你，什麼是你還需要知道的性騷擾相關法律問題。

本章及下一章會讓複雜的法律知識變得較為清晰易懂。在此，你會了解聯邦性騷擾法（又名《民權法案》第七章，以下稱第七章）的精華所在、兩種主張類型、你雇主可能提出的辯護，以及關於分享同事經驗的見解。在第 12 章，我們會談論報復行為、你能採用的補救措施，以及如何找到好律師。在你深入閱讀之前，在此提醒一句：你不會因為僅僅讀了幾章有關性騷擾方面的法律，就能成為一位法律專家，即使你的 Google 大神有多麼

強大。這些章節並非著重在給予法律意見，也不能完全掌握可能涉及的法律範圍，因為其具體適用情況都依個案而有細微差別。請先找一兩位律師諮詢，以便好好了解你所遇到的騷擾，是否已經算是法律問題。若是騷擾狂或雇主有所行動，就先去取得可靠消息和精湛見解作為你的後盾，好好往下讀吧！

法律

聯邦法（第七章）和州法都禁止職場性騷擾。有些法律規範甚至比其他法律要廣，不過這取決於管轄權所在地。鑑於州法不同，同時效力僅限於該州範圍，我們在此先把焦點集中在聯邦法上，畢竟這是適用於美國全國的主要基準。

現行的聯邦法相關規範是 1964 年《民權法案》的第七章，規定雇主基於「性別」所為之歧視是為違法。該法適用於雇有少 15 名員工的美國雇主（也包括工會、政府和就業機構）。如果你在一家少於 15 名員工的小公司工作，其適用範圍可能就會在州性騷擾法規定之下。第七章保護對象為正兼職員工及求職者，但不適用於臨時兼職員工和獨立承包人員（independent contractor）。

> ⚠️ **注意！**
> 記住，根據法律規定，一切都具有其特定意義。即便雇主說你或那位騷擾狂是「員工」或「獨立承包人員」，並不代表在第七

章中也是這樣規範的。就業身分是依據諸多要件、由法律來判斷的，在定義誰是「主管」時也是如此。根據第七章規定，「主管」不一定要在你所處的管理組織之中，監督你的日常工作，或有正式職稱。只要他有權對你的就業狀態進行重大改變（例如僱用、解僱、升遷、重新分配職責或改變工作福利），或是你的老闆會聽從其建議，就算是你的主管。

若你不確定是否得適用第七章規定，請諮詢律師。即使不適用，或許還有州法能幫到你。

平等就業機會委員會是負責執行第七章的聯邦機構（多數州也有類似機構來執行其反性騷擾法）。平等就業機會委員會接受並監督申訴、制定規則及條例，並起訴僱主及進行罰款。一般而言，若你的情況得適用第七章規定，而你又想告上法庭，你很可能要在某時刻與平等就業機會委員會（或類似的州級機構）互動。

雖然自 1964 年《民權法案》第七章立法以來，以性別為就業歧視者已經受明文約束，但是禁止性騷擾行為仍然是相當新的概念。直到 1986 年才出現受到制裁的案例，即是我們在第二章曾提到的美馳儲蓄銀行訴文森案。在該案中，最高法院明確指出，性騷擾可能是一種職場性別歧視。從那時起，相關法律問題已經在法院意見及平等就業機會委員會指導的幫助下，出現緩慢但實質的進展了。雖然還有一些問題沒有解決，但我們現在已知道向法院提起性騷擾主張且**勝訴**的必要條件。這便要提到依第七

章規範及僱主常用抗辯理由下，兩種你得以採用的性騷擾主張。

性騷擾主張及抗辯

第七章使你得以基於對價關係（Quid Pro Quo，簡稱 QPQ）及敵意職場環境（Hostile Work Environment，簡稱 HWE）之性騷擾提起訴訟。兩種主張都反映了性騷擾得以合法方式發生的情形及可能重疊之處。

	對價關係	敵意職場環境
法律定義	對價關係之形成即「明示或暗示以提供（性）行為作為個人就業之交易條款」，或「以個人接受或拒絕提供該行為者作為足以影響該個人就業決定之依據（……）。」[2]	敵意職場環境之構成即「行為具有不合理干預個人工作績效之目的或作用，或製造恐嚇、具敵意或攻擊性的工作環境。」[3]
白話解釋	你必須以口交搏上位或避禍，或做其他事才能從中得到好處。	職場中充斥著令人反感的性或性別歧視相關言論、行為和謬論，使你難以勝任其工作。
重疊之處	依個別情形而定，對價關係及敵意職場環境之主張可能有部分重疊。例如，若職場中常見性徇私（sexual favoritism）風氣，就有「對價關係」或是「敵意職場環境」的情況。	

對價關係及敵意職場環境之主張，都是為了應對僱傭協議中不平等的變動。以對價關係而言，某些性相關事物變成你就業時必須接受的新條件。而就敵意職場環境方面，貶低或嘲笑是如此

我的美好，不該是你騷擾我的藉口

頻繁或嚴重，造就一種截然不同的就業經驗。無論如何，這都不是你簽約上班的初衷！

對價關係

對價關係以拉丁文直譯為「以物易物」，也是大家想到性騷擾時心中最容易浮現的情景。依第七章規定，對價關係之形成，即某人以其權勢地位承諾，若你進行性愛行為便給予好處，或在你拒絕之際以懲罰作為威脅。

▋對價關係之基本概念

對價關係並不特別複雜。基本上，這是種「一切所做都是為了薪水」的遊戲——即權力之濫用。有權勢者無須是主管或有好聽的職稱，只要是掌控你想擁有或想避免的事物，並以性相關事物作為交換的人都算在內。最好例子便是美馳儲蓄銀行訴文森案。這位正值青春期的銀行出納說，她的老闆威脅她，若是不和他上床，就毀了她的事業。據報導，名譽掃地的製作人哈維‧溫斯坦也是用這種明目張膽的「以性換工作」手段向女演員施壓，讓她們在性方面屈服於他。

懲罰威脅或受益承諾不必以明示方式為之，亦能透過言語和行為暗示。事實上，對價關係多半不易察覺，例如人資主管評論你的身材及其可能的性用途，也可能是一種暗示。據傳凱文辻原在 2019 年卸下華納兄弟董事長兼執行長職務時，這位已婚男性

已與一位年輕具前途的女演員維持長達三年的婚外情。就算他沒有公開承諾要以演出機會當作與她性交之交換條件，但根據兩人之間被指控的簡訊，他在承諾幫助這位年輕女性獲得角色演出的同時，也主動和她親密接觸，而這種關係充滿了「對價關係」的意味。[4]

並非所有職場環境中的性關係都有問題。比方說，兩位同事間的自主性關係在就業決定方面沒有任何影響，或是不涉及任何足以構成具性歧視對價關係主張之性交易。

> ⚠️ **注意！**
> 職場性徇私最糟糕了。雖然老闆抬高其情人地位的單一事件可能不足以構成主張對價關係之訴，但廣大的性徇私風氣一定可以。在這種風氣幾乎成為一種慣例時，就會向員工傳達出其為「性玩物」或「性徇私是獲得更好待遇的先決條件」的訊息。這是違法的。受此行為侵犯之女性及男性都得依第七章規定提出訴訟。

對價關係之風氣可能很難被鏟除。若是員工正不斷得到好處或害怕失去工作，多數員工都不會去舉報。儘管如此，要是你屈服並提供性愛服務，你還是能讓你的雇主承擔一定責任。換句話說，你的雇主並不會因為你的屈服而脫身。

敵意職場環境

當討人厭、令人反感的行為，嚴重或普遍程度達到足以改變

　　　　　　　　我的美好，不該是你騷擾我的藉口

你的工作狀況，並製造出一個有害的工作環境時，即是構成了敵意職場環境。

‖ 敵意職場環境之基本概念

敵意職場環境比對價關係更為複雜。敵意職場環境沒有明確的檢視標準，這也是提起該主張並獲判勝訴難度很大的原因。儘管如此，法院方面也已經有其基本概念的大致敘述，使你能更加了解提起敵意職場環境主張所應具備條件。我在之後幾頁會介紹其中許多概念，但要了解更多細微差異及法律細節，請諮詢你所在地的律師。

討人厭：首先，敵意職場環境必須具有被視為討人厭的行為，這代表你沒有誘使或煽動該行為發生。法院會透過觀察你的行為及反應來判斷你是否樂見這種行為。是不是你先問你的同事他的性生活如何？你有沒有告訴他這是種不當行為，或者有沒有拍掉她的鹹豬手？你如何表達反對意見？這些所有情況都與此議題相關。

◰ 題外話

在決定性騷擾是否「討人厭」，法院會確實考量到**所有**情況——但有其限制！

在過去，雇主會利用女性的性歷史、性偏好、穿著、教養程度，以及過去「不淑女」行為等證據，試著證明她樂見騷擾狂的示好，或是她不會被這種環境所侵害。換言之，雇主能在法

庭上把員工蕩婦羞辱（slut-shame）一頓。你猜，這對於那些正決定是否要告上法院的女性有什麼影響？沒錯，就像你想的那樣。值得慶幸的是，情況已經有所改變。

在現今規定下，你的性歷史、成熟度、穿著、言論、性病狀態、私人性癖好及所有其他無關緊要的問題，都不得在性騷擾案件中作為參考依據。因此，要成為此規定之例外情形，就會是雇主要面臨的重大門檻，因為例外情形根本少之又少。

所以，別擔心——發生在邁阿密沙灘上的事，只會留在邁阿密沙灘上！

不過，法院並不會把歡迎和自願混為一談。例如，只因為某位女性並未有違背其意願被迫留在會議室，聽同事講性別歧視笑話之情形，也不代表她「歡迎」這種行為。

幸運的是，法院也意識到，作為女性之發言並不容易。正如散文作家瑪格麗特·艾特伍（Margaret Atwood）的名言所說：「男人害怕女人會嘲笑他們。女人則害怕男人會殺了她們。」或許艾特伍的見解並非推動改變的原因，但法院確實認為，在某些情況下，女性的沉默**能**表達該行為是討人厭的，例如她對某些暗示性手勢始終不予回應。[5]

換言之，沒反應也能算是一種反應，若是老男孩沒接收到這訊息，也不一定是你的錯。這完全是依整體情況而定（一旦涉及到法院是如何做出決定，你就會經常聽到這句話）。

嚴重或普遍程度：除了討人厭之外，騷擾行為必須達到嚴重

或普遍程度，而不止是挪揄或隨意的評論。這種判斷會依個案而定，考量其全部情形，而不僅僅只有單一事件。這是一項事實歧異測驗（fact-intensive test），要考量到行為類型、頻率及嚴重性等因素、是否對你造成人身威脅或工作困擾。沒有哪個因素具有絕對決定性，也不是所有行為都會被一視同仁。

單就攻擊性言論必須達到嚴重且時常出現的程度，才能構成敵意職場環境之主張——換言之，**除非**該言論再加上其他行為，例如討人厭的觸碰或生理上具傷害性的威脅。舉例，一位聯邦快遞前任女性司機必須要指證其主管及同事用來騷擾她的言論，像是女性應該「赤腳及懷孕」、「看起來像色情明星」，以及他們試著透過破壞她卡車上的剎車五次來恐嚇她，才得以提出敵意職場環境之主張。有了這些企圖傷害你身體的例子，就能強化法律定義上的不經意、具攻擊性言論。很少藉由單一事件——例如主管摸員工胸部——就能構成敵意職場環境之主張（即使這能構成刑事訴訟），但若是該事件很嚴重的話，單一事件也可能會構成敵意職場環境。例如，某位空服員說她在國外停留期間被同事強姦，便**無須**再被強姦，即得以提出敵意職場環境之訴訟。[6] 強姦行為已算是相當嚴重了。

敵意職場環境之構成並沒有什麼具體行為列表——那全是在光譜範圍內。在光譜最不嚴重的一端是問題行為，而且其造成的職場環境必須更甚於不愉快。某位輔導女老師就失敗了，儘管有證據顯示，某位科學男老師經常到她的辦公室，總是在結束對話

時撫摸她的手臂，並且會打電話到她家，討論他失敗的感情生活及生活隱私細節，接著在每次電話結束時告訴她，他愛她，而且她很特別。法院卻認為他的行為是想交朋友，而非性侵犯者。[7] 因此，門檻可以說是相當高的。

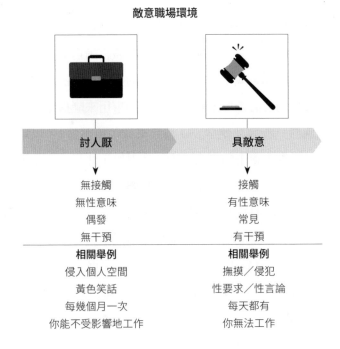

敵意職場環境

討人厭	具敵意
無接觸	接觸
無性意味	有性意味
偶發	常見
無干預	有干預
相關舉例	**相關舉例**
侵入個人空間	撫摸／侵犯
黃色笑話	性要求／性言論
每幾個月一次	每天都有
你能不受影響地工作	你無法工作

客觀及主觀上的敵意：最後，敵意職業環境必須在客觀**及**主觀上都具有敵意。客觀方面便是要問，在這種情況下一般正常女性（或男性）是否都覺得該環境令人反感。法院會透過檢視所有情況來確定此點。例如，瑪麗蓮·威廉斯（Marilyn Williams）在

她控告通用汽車（General Motors）的主張中表示，她在這家公司工作的 30 年期間，忍受了許多足以冒犯任何正常人的行為。

據威廉斯所說，她的上司色瞇瞇地盯著她的胸部看，接著說：「你隨時都能到我身上磨蹭」，看到她在文件上寫下「Handcock 傢俱公司」時，還告訴她：「你又沒把老二拿在手上」。在這男性主導的職場環境中，威廉斯是唯一一個不准休息、加班和擁有辦公室鑰匙的人。她的男同事會向她扔東西，並大喊著說「嘿，賤人！」以及「我真是受夠這些該死的女人」。他們還會把威廉斯鎖在儲藏室裡，把她的辦公用品黏在辦公桌上。這種行為確實會惹惱任何正常人。[8]

對於敵意職場環境的主觀方面，你必須證明**自己**確實被該行為所侵犯了，並認為該環境具敵意。這點透過檢視「所有」情況便能一目了然。（你猜對了！）例如，在某些職場上，我會開始戴婚戒，貼上自己和假伴侶的照片，從家裡帶午餐便當，改變我的工作時程以避免與騷擾狂互動，將問題困擾傳訊息給親友等等。我的行為證實了我的確有感受到職場中的敵意。

客觀測驗及主觀測驗

一般具理智的女性（或男性）會被這種行為所侵犯嗎？	你被這種行為侵犯了嗎？
正常人在你所遇情況下，必須能意識到環境具有敵意或侵害性。這項客觀因素能保證所在的職場環境不只是令人不快而已。	你必須確實被此行為所侵犯了。這是能區分調情、無禮與違法性騷擾的主觀要素。

當然，雇主可能會試著證明你過得很好，因為你在控訴受騷擾期間沒有錯過或搞砸任何工作，或是你一直都很享受騷擾狂待在你旁邊，沒有反對或抱怨。騷擾狂及雇主會不擇手段地傷害你。這不是在針對你個人，就別把這些放在心上了。

雇主責任及抗辯理由

若有的話，雇主很少會承認錯誤並為在他們眼皮底下發生的不當性行為承擔責任。他們通常會試著反擊，即使他們知道你說的是實話，他們應該要承擔責任。所以，就別放在心上了。另外，千萬不要認為雇主會自動承擔責任，而不幸的是，這一切都取決於你所在地管轄法院所設定的標準。

雖然對雇主的責任定義變化較多，但保守來說，對雇主的認知定義則相對清楚些。在多數情況下，必須有證據表示雇主知道或應該知道此騷擾行為。對某些管轄法院而言，只要是主管騷擾你就夠了，責任會歸咎於雇主。不過，還是有其他管轄法院並非如此認定。這就是你為什麼應該要諮詢律師，以檢視你所在地管轄法院的立場。

> **⚠ 注意！**
> 你不必等到被解僱、降職、停職或處於危險境地，才提出敵意職場環境或對價關係主張。如果騷擾非常嚴重，以至於你不得不辭職，這可能被認為是一種推定解僱，在法律上相當於被解僱。

若是考量到抗辯理由，雇主有許多選擇來抗辯對價關係及敵意職場環境之訴。通常，他們會主張你在撒謊，這也是你必須保留證據的原因。若你沒有舉報騷擾狂，他們可能會佯裝不知情。幸運的是，若是法院希望你舉報騷擾行為，給你的雇主一個解決問題的機會，那麼就有些限制性的例外情形，可以為你提供得不遵守公司協議的理由。這些並非萬無一失的例外情形，包括：第一，有正當理由相信雇主不會認真對待騷擾行為；其次，對遭到報復的恐懼具可信度（credible fear）；最後，舉報騷擾行為或遵守雇主協議確實有其障礙。

要是你被解僱、未被僱用、被停職或遭到報復（詳細內容請見第 12 章），雇主最常用的辯護理由便是主張，這是出於非歧視性原因的合法行為。這就是美馳儲蓄銀行在訴文森案中的企圖，即是主張她被解僱是因為請了太多未經批准的假，而不是因為有了認真交往的男朋友，進而拒絕老闆的性要求才造成的。你或許能反駁雇主的理由，證明這只是種掩護藉口。這些藉口陷阱老是發生，而且都跟攻擊你工作績效有關，這也是你為什麼必須保存我們在第七章中討論過的性騷擾及工作績效日記。

分享同事的經驗

若你提出訴訟，或許你最終不得不提及你同事的經驗，因為這可能是一項主張成立的必要條件，或許是你案件事實的一部分，或是在證據揭示過程（discovery process）中，你被迫要交

出所有你在職場上所遇性騷擾的證據。這可能很困難，不只是因為你會破壞同事對你的信任，也因為你的雇主可能會針對你同事與你分享資訊而施以報復。不幸的是，這種困境正是法院為那些依第七章規定追求正義者製造出來的副作用。

> **◔ 題外話**
>
> 請記住，發生在你同事身上的事，會對你所遇經歷起到一定作用，也就是造成你身處艱困環境、承受壓力，甚至可能是你不採用雇主舉報系統的理由。不管怎麼說，那個支持騷擾狂的雇主才是有錯的人——**而不是你。**

　　幸運的是，這樣做沒什麼損失。如果你不得不分享某位同事的經驗，而你的雇主剛好以報復著稱，你或許還是有方法能保護她。容我以假設方式來解釋：某位同事跟你分享她被騷擾的經驗，這些訊息會在揭示階段留下紀錄而被你們的雇主看到，她背上便有了個大標靶，這或許會使她被傷害、降職、解僱或列入黑名單，除了報復心強的雇主之外，她和其他人都不知道原因。你該怎麼做？請考慮把她的故事寫進你向法院提出的訴狀中。這是一份公開文件，所有人都能看到——包括媒體。現在**大家**都知道她發生了什麼事，這位報復心強的雇主便有兩個選擇：

　　（A）大家都還看著的時候，冒著被大家反彈的風險，以及她最終會說出真相或支持你案子的可能性，對她進行報復。

　　（B）善待她，讓她在職業上得到提拔機會，提出優渥的

離職方案或和解協商，或是以其他方式保證使她能繼續穩定就業、沒任何麻煩問題，以換取她的沉默或對雇主的支持。

雖然雇主的自負及同事的職等都會影響到他們的決定，但絕大多數有所隱瞞的雇主都會選擇 B 方案——這能有效將標靶從你同事的背上移開，把權力交到她的手中（即希望她會認同的方式）。同樣的情況也適用在任何被你說出故事的同事，或是那些因你所為而被雇主要求撒謊或湊巧不記得過程的同事。這種策略或許是有效的，因為這會引起你雇主的恐懼，沒想到除了你，還會有人願意把性騷擾溫床公諸於世。（有人提到「集體訴訟」嗎？）人多確實勢眾。

不過，這並非沒有缺點，比如你的同事會覺得被背叛，或是站在你雇主那邊幫著隱瞞不當行為。而我要告訴你一個小祕密：就像同事會在你遭遇性騷擾時跟你保持距離一樣，他們為了保護自己和前途，即使在宣誓下撒謊也是極為常見的事。當然，任何冒著為雇主做偽證風險的員工都已經很傻了——要是她沒有從中得到什麼好處，那就真的是個十足的傻子。就這點而言，無論妳同事有什麼籌碼，都無法持有太久，因為一旦為你雇主作證或你的訴訟結束，她便很容易會受到報復。

或許我們生活在一個不光彩的世界，但這並不代表我們也應該要撒謊，或是不該一起努力為後人留下更好的世界。

👁 總結回顧

▸ 1964 年《民權法案》第七章是禁止職場性騷擾的聯邦法律。該法適用於具有 15 名以上員工的美國雇主,並保護某些特定類型員工及申請人。各州法律規定都有所不同,範圍可能比第七章更廣。

▸ 第七章所規定的兩種性騷擾主張,為對價關係(QPQ)及敵意職場環境(HWE)。對價關係之形成,即是職業機會取決於你或他人如何回應明示或暗示的性示好。敵意職場環境則是指工作環境中,充斥著大量討人厭的觸碰、嘲諷、性行為或令人反感的圖像,導致你的工作發生了變化。

▸ 法律總是在不斷發展,每天都有新的法院判決出來,反映了我們社會的變化,及其如何看待某些特定行為。你所提出的性騷擾主張是否能成立,取決於與你案件相關的法院判決。若你有任何疑問,請諮詢律師。

▸ 在性騷擾訴訟中,你同事的性騷擾經歷或許也會被納入其中參考。若你的雇主以報復著稱,那麼你就能透過在訴訟中公開分享她的經歷,進而為她增加影響力。請記住,包庇騷擾狂行為的雇主才是有錯的人——而不是你!

我的美好,不該是你騷擾我的藉口

Chapter 12
法律棘輪與提出訴訟

報復行為、補救措施及
優質辯護律師

總部設於明尼蘇達州的 PMT 醫療設備製造商，其僱用的銷售代表全是 40 歲以下的男性。該公司總裁亞佛德·艾凡森（Alfred Iversen）顯然有項政策，即拒絕僱用女性及任何超過 40 歲者擔任銷售代表。當派翠西亞·雷本斯（Patricia Lebens）在人資部工作時，她並不知道這點。在她得知這項不成文的政策之後，便試著鼓勵總裁改變這項政策，不過努力卻沒什麼效果。於是，就像所有具道德感的必取女人一般，她匿名向平等就業機會委員會舉報。就在該機構來敲 PMT 的門之後，據傳該總裁以威脅口吻說出，要「追殺」舉報他的人。而雷本斯在此後不久便辭職了。

兩年後，據說該總裁發現是雷本斯向平等就業機會委員會舉報了他的歧視性政策。於是，如同所有心態扭曲的瘋子，他聯繫當地警長，聲稱雷本斯從公司偷了 2000 美元左右。經過調查，警長才意識到這位總裁根本是在惡作劇。平等就業機會委員會便以雷本斯的名義起訴該公司，而 PMT 也支付了超過 100 萬美元

作為部分和解。[1]

克萊兒·史塔普頓是數千名不滿公司如何處理（或不當處理）性騷擾投訴的 Google 員工之一。2018 年 11 月，這位在公司工作屆滿 12 年的女性是帶頭發起歷史性抗議活動的七位 Google 員工之一，最後導致 2 萬名員工出走。史塔普頓一行人蒐集了大約 350 個有關 Google 員工遭性騷擾的故事，把這些大聲說出來，並要求這家科技龍頭公司做出改變。Google 最終同意不再以強制仲裁處理歧視申訴，並解決其性騷擾問題。不過，史塔普頓卻無法沉浸在這場勝利中太久。

兩個月後，史塔普頓說她被降職了，她的案子被拿走，底下一半員工也都被帶走了。按照 Google 的行事規章，她將此事上報給人資部及某位高階主管，結果事情愈變愈糟。據稱，史塔普頓的上司試圖強迫她請病假，即使她根本沒有生病。她說，直到她聘請律師介入後，Google 才「調查」她對報復行為所提出的申訴，並收回降職命令。在 2019 年 4 月一封有關她罷工後經歷的公開信中，史塔普頓說：「雖然我的工作已經恢復，但環境仍然充滿敵意，我幾乎每天都考慮要辭職。」[2]

正如這些女性經歷所顯示的，報復行為及補救措施有多種形式，而有時公司就是無法採取正確行動，除非你有位辯護律師。本章將探討什麼是報復行為、你能為此做些什麼、有哪些賠償，以及如何在你身邊找到一位好律師。你可以的！

報復行為

當雇主或有權勢者因為你或其他人舉報或反對騷擾，必須進行調查或訴訟，抑或其他涉及依《民權法案》第七章規定所保護之活動，他們因此對你或其他人施以傷害，這就是報復行為。簡單來說，報復行為只是小小報仇——卻會造成真正的傷害。

還記得在哥倫比亞大學的拉凡娜博士嗎？在貝克特把那些關於她的惡劣電子郵件發給其同事後，她不得不離開紐約常春藤盟校的終身教職，搬到中西部接下臨時教職。還記得普羅維登斯消防局的法蘭琪娜隊長嗎？她不僅遭受多年駭人聽聞的傷害對待，而且在法蘭琪娜主張敵意職場環境訴訟上為她作證的女同事，也在作證三週後慘遭部門降職。[3]

報復是非常真實、違法，卻極其常見的事。正如之前所討論過的，大約有 75% 的員工，會在向平等就業機會委員會提出性別歧視申訴之後，主張自己遭到報復。[4] 除了常見之外，主張受報復之訴也恰好是性騷擾案件中成功率最高的主張，因為這比敵意職場環境或對價關係更容易證明。試想：性騷擾通常會涉及到各說各話的情形，而報復通常會與無預警解僱、降職，或無法解釋的職業變動有關。前一刻，你是前途光明的新人；下一刻，你就變成表現不佳的冤大頭。陪審團會更容易相信，你的職業生涯之所以突然轉彎，是因為你舉報騷擾狂、提出申訴，尤其是你的雇主又辯解得很爛的話。重點：報復行為是個極強大的主張。

我的美好，不該是你騷擾我的藉口

||| 報復行為之基本概念

首先，報復行為只在你進入第七章所規定之程序時才會現身，這可能包括舉報騷擾事件、向平等就業機會委員會提出申訴，或是參與有關主張騷擾的調查或法律程序。只要你是出於合理及善意，認為你向雇主、平等就業機會委員會、法院或其他機構所提出之內容是真實的，你的雇主便不能依法對你進行懲處。這種合理及善意信念相當重要，因為即使（依據法律標準）最後證明你沒有受到性騷擾，雇主對你進行懲罰**仍然**是違法的，就像拉凡娜博士的案例一樣。

> ### 💬 題外話
>
> 在你仍然為雇主積極工作期間，你便可以向平等就業機會委員會申訴，並針對你的雇主違反《民權法案》第七章規定提起訴訟——你依然有權利主張，任何你所進行與案件相關之事，都不能使你受到懲罰。
>
> 還在為雇主工作時就告他，確實是很大膽的舉動。不過，嘿，為什麼你要因為自己的雇主違法，而放棄自己的薪水呢？

其次，報復行為可以有很多形式。但無論形式如何，這種行為必須具有「實質不利性」（materially adverse）。根據最高法院的說法，這代表該報復行為的有害程度，必須達到足以阻止一位正常員工提起或支持性騷擾訴訟之地步。雖然這聽起來很合理，但法院對此解釋卻不總是如此。在此提供一些概略來看已被聯邦法院認定具實質不利性的行為，足以構成報復行為之主張：

幾乎無法成立	有可能成立	幾乎都能成立
迴避 排擠 孤立	訓誡 懲戒 負面評價 工作時程改變 留薪停職 行政差假	解僱 降職 駁回升職 藉口裁員

這對你來說或許很瘋狂。哦，確實如此。要是你知道自己會被處分、得到負面評價，或者因此被迫休假，你難道不會就此罷手，不去舉報性騷擾？你並不孤單！研究證實，如果最後要留薪停職一週，超過 50% 受過大學教育的人就不會站出來為自己辯護。[5] 顯然，法院對於能阻止一個正常人舉報性騷擾的報復行為理解不深。

> **⚠ 注意！**
> 平等就業機會委員會提供過一張很長的清單，詳列雇主的報復行為，更反映了什麼事會阻擾一個活生生、有理智的正常人去舉報性騷擾。不幸的是，法院並沒有百分之百被平等就業機會委員會給說服。

最後，報復行為主張會要求你證明，在你所保護的活動（例如舉報騷擾狂）和雇主對你所採取的行動（例如終止你的工作）之間具關聯性。很少有雇主在把你解僱或降職時會承認，這是因為他們想懲罰你站出來對抗性騷擾。99% 的雇主都會撒謊，提

我的美好，不該是你騷擾我的藉口

供一些看似無害的藉口，讓你的職業生涯突然脫軌，比如說以裁員為由，或者說你的表現很差。如果沒有那封眾所皆知「火冒三丈的電子郵件」副本，要求你停止申訴無恥之徒，或許你會想用間接證據來對抗雇主的謊言，拆穿他們的藉口，以表示要是你沒舉報的話，他們就不會對你採取這些行動。回答以下這些問題，或許你就能做得到：

▶ **時機**：在你提出性騷擾申訴之後，你的雇主多久才開始採取行動？例如，一等到大規模裁員潮出現，雇主是否立即抓住機會在第一時間將你辭退？

▶ **程序**：在你的雇主讓你的職業生涯走下坡之前，有沒有遵循適當協定？例如，你是在無預警情況下被解僱，但公司政策要求員工必須先收到警告，這就代表有些事不對勁了。

▶ **績效**：你是否在提出性騷擾申訴之後，突然得到第一個負面評價，或是開始不斷被老闆批評？

▶ **不當對待**：你的老闆或同事是否不再邀請你參加會議或社交聚會，是否打亂了你的時程安排，是否把你排除在機會之外，或是在你舉報騷擾狂之後，以其他不同方式對待你？

▶ **壞人**：騷擾狂是否就是控制你命運的人？他是管理階層的好朋友嗎？

▶ **爛藉口**：採取不利行動的理由是否封閉（公司倒閉）、方便（裁員），還是可悲（不給理由）？儘管你的客戶對你讚

不絕口，但你的雇主是否突然表示你的工作表現很糟糕？

　▶ **同事**：類似於你的處境或職位較低的同事受到怎樣待遇？他們是否被升遷，或是得到了他們根本沒申請、而你申請了卻沒得到的機會？他們是否得到獎金，或是儘管有業績或缺乏經驗方面的問題，他們的工作合約還是能夠續約？

　▶ **類似情況**：公司是如何對待其他舉報性騷擾或歧視事件的員工？他們是否也被降職或被迫離職？他們的合約是否被終止？當員工舉報性騷擾時，公司是否曾經採取行動？

||| 雇主抗辯

　面對明顯的報復行為主張時，雇主就會透過我們剛才討論那些要素來為自己辯護。一般來說，雇主會認為他們對你所採取的行動具有合法、非歧視性的原因。例如，若你被解僱的原因是公司要倒閉了、所有人都被解僱了，那麼雇主在法庭上就有了立足之地。不過，若你是公司營業擴張且持續招聘期間，唯一被「裁員」的員工，那麼或許你雇主的抗辯理由就不夠強大。一如既往，這要依整體情況下判斷。

補救措施

　讓我們來談談補救措施──這是對你打擊性騷擾的補償。雖然我們在此討論的只有聯邦法範圍，但你要記住，你所在地州法規定下，可能還有更多的補救措施。以下便是《民權法案》第七

章規定下的補救措施：

- ▶ **補償性損害賠償**：補償你的疼痛及苦難、求職費用、名譽損失、治療費用等金錢賠償。

- ▶ **懲罰性損害賠償（又稱懲戒性損害賠償）**：你會收到為了懲罰雇主、以儆效尤的金錢賠償，因為他們違反了第七章規定。

- ▶ **強制救濟**：法院會命令你的雇主停止其所從事任何歧視行為或採取新做法。

- ▶ **復職**：復職代表著你會拿回工作（如果職缺還在，而且你還想要的話）。但是，若是法院下令復職，你將無法獲得預期薪資。

- ▶ **預支工資（Front Pay）**：即是從法院做出對你有利判決之日起至未來某個特定時間為止，你所承受損失的金錢補償。預期薪資金額通常會以你的年齡、你的工作年資、你原先可能留在該職位多久時間等因素為判斷基準。

- ▶ **積欠工資（Back Pay）**：即是在法院做出對你有利判決之前，你在工作受苦期間原本應賺得的金錢補償。這包括你所預期損失的薪資、加薪、獎金、小費、佣金、假期和病假薪資、福利、股票選擇權等等。聯邦法可能會把補發薪資期限設定自你提起訴訟之日起兩年為限。若你從新工作賺到任何薪資，或是你並沒有認真找其他工作以盡量減少損失，那麼

你的補發薪資也可能會被減少。

▸ **律師費用及相關成本**：若你獲得勝訴，雇主就必須支付你的律師費用及訴訟所產生的行政費用。

💬 題外話

根據聯邦法規定所成立的性騷擾之訴，不太可能會讓你成為銀行界的傳奇。正如我們在第六章中所提及，國會已經根據你雇主的員工人數，對你在依據《民權法案》第七章規定得以主張的補償性和懲罰性損害賠償總金額設下了限制。

員工人數	賠償限制（美元）
15-100	$50,000
101-200	$100,000
201-500	$200,000
500+	$300,000

超瞎！記著：若是這些數字對你來說很小，或許你也能根據各州反性騷擾法規定去蒐集其他我們討論過的補救措施，尋求更高額的賠償金。從積極面來看，＃我也是運動可能會使陪審團依各州法律，對懲罰性賠償做出更慷慨的決定。以麻薩諸塞州為例，在 2017 年 10 月＃我也是運動出現之前，陪審團每年只會做出一個超過 60 萬美元懲罰性賠償金的決定。到了 2018 年 10 月，麻州陪審團已經做出六個這樣的賠償金決定，其中包括一個 2500 萬美元的懲罰性損害賠償。如果這能當作透露事情發展走向的訊號，未來也許會有更多性騷擾原告發大財。[6]

提出訴訟入門

如果你想動心臟手術，你不大可能會在沒有專業人員的情況下試著去做手術，對嗎？同樣原則也適用於處理法律問題。在你踏進法庭之前，你應該找個律師幫你檢視性騷擾案件。

在你跳出來對律師做出任何結論之前，請先考慮幾件事。首先，我是一位律師。所以，請客氣一點。第二，公民權利可說是幾個世紀以來，勤奮律師們努力工作而生的產物，其中許多人是為了更平等的未來而奮鬥，其所得報酬比他們能要求的更少（如露絲‧拜德‧金斯伯格大法官）。第三，沒有第三了。列三項只是看起來比較整齊。在這方面，本節重點有三：了解性騷擾案件的典型法律途徑、知道何時該請律師，以及明白如何找到好的辯護律師。我們一起加油吧！

典型法律程序

在多數性騷擾案件中，法律程序是得以預見的。當然，總是會有例外。你的案子或許會有些能改變程序的特定事項，例如強制性仲裁。你也可以在任何程序階段，選擇自願調解或和解。除了任何例外情況或具約束力的仲裁之外，以下便是性騷擾案件八個典型階段的簡單描述。

階段一：私下調解。在你向平等就業機會委員會申訴或法院提出訴訟之前，你可以跟你的雇主一同參與私下調解。調解是一種非正式糾紛解決方式，而且通常是出於自願而為，會由一位中

立第三方（可能是退休法官或專業調解人員）來幫助你及雇主達成一項協議解決方案。這是種以低成本方式大致了解你整個案件情形的選項，也是在進入法律系統之前，得以快速解決紛爭的一種方式。若你的雇主並沒有誠意解決，不過是狡詐地想看看你所握有的證據，那麼這根本也只是在浪費時間而已。（相信我，我懂！）

　　階段二：向平等就業機會委員會申訴。歧視發生後，你會有一定的期間向平等就業機會委員會或其他類似州立機構提出申訴（又稱「告訴」），州立機構可能也會把你的申訴同步交給平等就業機會委員會。基本上，你的申訴會大致提出告訴內容，作為提供平等就業機會委員會調查的事實。一旦你提出申訴，平等就業機會委員會就會對其進行審查，以確認你所提供的事實是否構成歧視主張。之後，平等就業機會委員會就會通知雇主。

> **✅ 加分題**
> 在某些州，你可以在提出申訴之後，以提出「告訴權利通知」（Notice of Right to Sue）申請來跳過調查階段，如此你便能直接向聯邦法院提起訴訟！

　　階段三：平等就業機會委員會著手調查。在調查開始時，平等就業機會委員會將告訴你和雇主該案件是否符合調解條件，如果你想進行第一次調解，或是已經調解過，便能透過該委員會進行自願調解。之後，雇主便會被要求對你的申訴及該委員會任何

　　　　　　　　　我的美好，不該是你騷擾我的藉口

要求做出回應——例如，補充資料、面談或現場訪談。你或許有機會對雇主所提說法做出回應。

階段四：平等就業機會委員會調查結果及告訴權利通知。在提出所有必要資料之後，該委員會便會審查文件，並做出以下三種決定之一：

1. 如果該委員會無法確認你受到歧視，就會向你發出「駁回及告訴權利通知」，通知你在 90 天內向法院提起訴訟。

2. 如果該委員會認為你受到了歧視，就會向你和雇主發出一封「決定書」（Letter of Determination），邀請雙方透過平等就業機會委員會非正式調停（conciliation）程序來解決申訴紛爭。

3. 要是調停不成功，該委員會便有權代表你向法院對你的雇主提出告訴。若是該委員會沒有選擇告訴，就會向你發出「告訴權利通知」，通知你在 90 天內向法院提起訴訟。

階段五：提出訴訟。如果你選擇繼續訴訟，你必須在 90 天內向適當法院提出訴訟。律師能幫助你完成這項工作，並確保向你的雇主送達正確的文件。請記住，告訴本身是一份公開文件，因此任何人都看得到。

⚠ 注意！

仲裁是一種解決紛爭之替代性方式。其過程有點類似法庭訴訟，但沒有法官或陪審團；相反地，你和雇主能選擇最多三名仲裁人來審查證據並做出決定。儘管仲裁通常具有約束力，而當事人是否受仲裁人之仲裁決定約束，則以雙方協議為定。

比起在法庭上打官司，仲裁的好處是更快、更便宜。但這對員工來說有太多不利因素。例如，仲裁人所做決定幾乎不可能被推翻，跟法院上訴程序不同。仲裁決定通常也會低於你在法庭上所得判決。美國仲裁協會（AAA）處理全國一半就業案件，在 2013 年至 2017 年期間所提出的 8,209 起申訴中，僅有1.8% 案件會判給員工金錢賠償。[7]

仲裁協議一直是性騷擾案件中的熱門話題，因為這些都是屬於私人、政府監督視線之外範圍，而且騷擾漏洞往往會受到遮掩，不受曝光和公開問責。但由於員工抗議及大眾壓力，某些公司已經停止強迫員工簽訂仲裁協議，包括網路龍頭公司Google。此外，某些州現在正在立法，禁止雇主強制執行仲裁協議。即便如此，還是有超過半數美國公司，即將近 60 萬名美國員工仍被迫透過私人仲裁來解決糾紛，因此要制止不當行為之發生，員工實際上也能無能為力。

階段六：終結訴訟請求／動議（Dispositive Motions）。 在你提出訴訟之後，雇主或許會試著透過提出各種終結訴訟請求使案件被駁回，最有可能的便是提出駁回動議，法院將會對該動議進行裁決，並決定你的案件是否得以繼續審理。

階段七：證據揭示過程。 在揭示過程中，你和雇主就會各自攤牌。你們必須交換文件、證據、證物，以及幾乎所有得以

支持你案件的東西，包括任何醫療紀錄。你或許要進行口供證詞（deposition），被要求在宣誓下回答與你訴訟案件相關的問題，同時可能會進行心理測試。在揭示階段結束之後，就會出現第二回終結訴訟請求／動議〔也就是即決判決動議（motion for summary judgment）〕，以決定案件是否進入庭審，以及若是進入庭審，會有哪些爭端問題。

階段八：法庭審判。在審判階段，證人及證據都是事先決定好的，所以不會有什麼意外〔沒錯，這一點也不像《金法尤物》（*Legally Blonde*）或《法網遊龍》（*Law & Order*）〕。除非你已經決定讓法官做出最終決定（法官席審判），否則還會選出一個陪審團來。雙方都會提出各自觀點，傳喚證人並進行辯論。陪審團會對你每一項主張做出決定（判決），以及你應該從每項主張獲判多少賠償金（判決一旦做出，下個階段便是上訴，而這可能會再持續幾年）。

性騷擾案件，幾乎就如同法律系統中所有案件一樣，可能需要好幾年的時間來解決。平均來說，平等就業機會委員會處理你的申訴大約需要 295 天，甚至這是在你能進入法庭之前。[8] 事實上，法律程序並不適合膽小或沒有耐心的人，而且你也不該獨自經歷這些。

提出訴訟

儘管你已經對反性騷擾法有了新的認識，但有個優質辯護律

相關程序

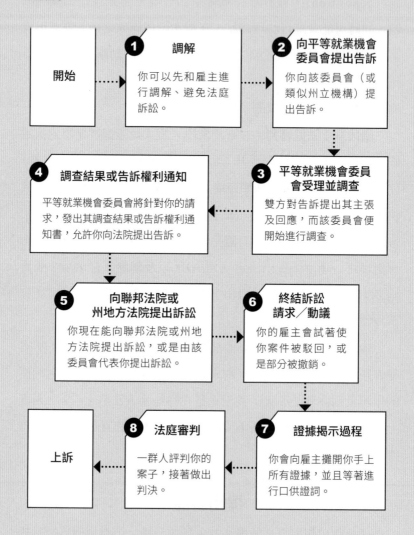

開始

1 調解

你可以先和雇主進行調解、避免法庭訴訟。

2 向平等就業機會委員會提出告訴

你向該委員會（或類似州立機構）提出告訴。

4 調查結果或告訴權利通知

平等就業機會委員會將針對你的請求，發出其調查結果或告訴權利通知書，允許你向法院提出告訴。

3 平等就業機會委員會受理並調查

雙方對告訴提出其主張及回應，而該委員會便開始進行調查。

5 向聯邦法院或州地方法院提出訴訟

你現在能向聯邦法院或州地方法院提出訴訟，或是由該委員會代表你提出訴訟。

6 終結訴訟請求／動議

你的雇主會試著使你案件被駁回，或是部分被撤銷。

8 法庭審判

一群人評判你的案子，接著做出判決。

7 證據揭示過程

你會向雇主攤開你手上所有證據，並且等著進行口供證詞。

上訴

我的美好，不該是你騷擾我的藉口

師可是千金不換，你也該找一個！

我們多半無法負擔得起讓律師隨傳隨到的費用，這也是為什麼知道**何時**該請律師出馬很重要。要是你不能確定，就利用你所學到性騷擾及報復行為主張相關知識，看看 282 頁上幾個漂亮的流程圖，或許能幫上忙。請注意，這些圖表並非萬能，也不代表一切。請你務必依直覺行事！

如何找到優良辯護律師

不管你喜不喜歡，請個律師都是必要的。好律師懂法律，懂得如何做出正確的論證，也懂得如何駕馭法律體系；至於壞律師，則是知道如何讓你討厭律師。我們的目標是找一位好律師。你應該不想隨便跟一位你看過他照片貼在高速公路旁，或是你表親的姑嫂的造型師所介紹的律師一起上法庭。律師與客戶間關係是神聖的。這就跟結婚——以及離婚一樣，代價甚高且勞心傷神。作為一位曾僱用並解僱專攻性騷擾案件律師，以及曾親自處理這些案件的律師，我知道該怎麼選才對。以下這些專業技巧能幫你找到合適的辯護律師。

性騷擾議題專家：你該找專門處理性騷擾案件的律師，因為他比其他律師更了解一切所需知識。從學理研究到實務判例，他都非常熟悉你所面臨的問題及得以採取的措施。你最不希望看到的，便是一位專利律師埋首在幾十年性騷擾判例中重新摸索、白費力氣，荒謬地累積龐大法律費用。

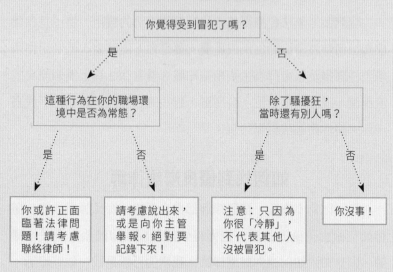

性方面及貶低性的言論或行為

你覺得受到冒犯了嗎？

是 → 這種行為在你的職場環境中是否為常態？

否 → 除了騷擾狂，當時還有別人嗎？

是 → 你或許正面臨著法律問題！請考慮聯絡律師！

否 → 請考慮說出來，或是向你主管舉報。絕對要記錄下來！

是 → 注意：只因為你很「冷靜」，不代表其他人沒被冒犯。

否 → 你沒事！

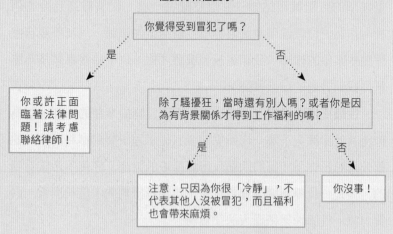

性要脅和性要求

你覺得受到冒犯了嗎？

是 → 你或許正面臨著法律問題！請考慮聯絡律師！

否 → 除了騷擾狂，當時還有別人嗎？或者你是因為有背景關係才得到工作福利的嗎？

是 → 注意：只因為你很「冷靜」，不代表其他人沒被冒犯，而且福利也會帶來麻煩。

否 → 你沒事！

我的美好，不該是你騷擾我的藉口

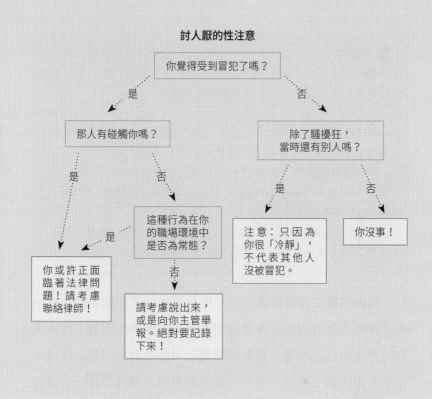

討人厭的性注意

你覺得受到冒犯了嗎？

是 → 那人有碰觸你嗎？

否 → 除了騷擾狂，當時還有別人嗎？

那人有碰觸你嗎？
- 是 → 你或許正面臨著法律問題！請考慮聯絡律師！
- 否 → 這種行為在你的職場環境中是否為常態？
  - 是 → 你或許正面臨著法律問題！請考慮聯絡律師！
  - 否 → 請考慮說出來，或是向你主管舉報。絕對要記錄下來！

除了騷擾狂，當時還有別人嗎？
- 是 → 注意：只因為你很「冷靜」，不代表其他人沒被冒犯。
- 否 → 你沒事！

與雇主對簿公堂的經驗：你會想找一位曾代表你雇主其他前員工的律師，因為他們會再次占有優勢。他們會知道你雇主如何進行訴訟，也可能知道某些你雇主私底下對別人做過的事。如果你的雇主是家大公司，這個因素尤其重要，因為大公司的權力很大，很少有律師願意及有能力與他們對抗。你不會希望發生你的律師實際上是在幫對方打官司的情況吧！

　　與你的雇主沒有關係:小心那些與你雇主有關係的律師。法律界與商業界可說是非常親密,但真正的原告律師不應該與你的雇主有直接聯繫。最好律師從未與你的雇主一起工作過、打過高爾夫或上過床,因為這可能會模糊忠誠度界線——即使道德規則要求律師要全心全意為**你**辯護。我所聘請的某位律師原來與我前公司執行長曾經關係密切,而我是在律師開始行事不對勁時才發現的。只能說,在那之後不久,我們的律師與當事人關係就破局了。

　　一致做法及個性:你需要是一位適合**你**的辯護律師。請確保律師採取的做法與你一致。也許他喜歡利用新聞記者會來發揮槓桿作用,比如葛洛莉亞・歐瑞德?他是否喜歡跟知名律師麥克・艾維納提(Michael Avenatti)一般唯恐天下不亂?或者他就跟那

個你從未聽說過的律師一樣保持沉默？無論他們的方法是什麼，都要確保這適合你。你的律師便是你個人的延伸，代表你的方式也應該與你所認同的一致。另外，你也希望在你的辯護律師手中感到安全。那些對你大喊大叫，或者在你提問時發飆暴走的律師，很可能就不適合你。請找一位適合你的律師。

以電話及書面形式進行良好溝通：溝通是關鍵！有些律師在這方面有困難，但這不是藉口。律師具有跟你溝通的道德義務，他們應該即時回覆你的電子郵件或電話，或是至少要告知你何時可以得到回覆。這是基本的職業道德。你也應該得到專業的溝通方式。意思是，在信件及法庭訴狀中，每個字的寫法及用法都正確，而且沒有明顯的文法問題、表情符號或標籤。他應該要能好好代表你，並採取嚴謹態度。你的律師必須具備這些基本技能。

準備好時間及資源：你的案件大小也是關鍵。你不會想讓一個資源有限的小律師事務所去處理一個有數百位證人的大型集體訴訟吧！無論採取什麼方式，你的律師應該要有資源，能成功了結你的案件。你會想要你的律師因為待處理案件太多、時間太少，而不得不多次延期，在在考驗法官的耐心嗎？不會！因此，在聘請辯護律師之前，別客氣，你可以要求他提供訴訟計畫大綱。你也應該要以書面形式確認負責你案件的工作人員有誰。有些律師為了減少成本，會在你的案件中加入一些沒經驗的律師或你不喜歡的人，這都會引發之後的大問題。（ #別輕易放行 ）

地緣相關：儘管並非必要，但聘請一位你案件審理所在地

的執業律師，會非常有幫助。他很可能與當地法官關係融洽、熟悉法院規則，並知道陪審團大致會是什麼樣的組成等等。另外，你也不會因為想要有「主場優勢」，去請一個在法官或陪審團看來是「外人」的律師吧？我曾見過某位客戶輸掉一個價值數十億美元的案子，只因為他把一個穿著像愛國洋基傻小子（Yankee Doodle），說起話來像演員馬修・麥康納（Matthew McConaughey）的德州律師送到巴爾的摩陪審團面前。我們只能說他不太對、對、對！*

💬 **題外話**

如果你是一位遺產繼承人，沒有金錢問題需要考慮，在此提供的訊息便不適合你。對其他人來說，要掏出每小時 500 美元的法律費用根本是天方夜譚。不過，還是有其他方式能請到優質辯護律師，無須去打你個人退休帳戶的主意，或是當代理孕母出賣你的子宮。省錢方法如下：

▶ **勝訴抽成協議（Contingency Fee Agreement，簡稱 CFA）**：這是一種支付律師費用的常見方式。在勝訴協議中，你同意讓你的律師在案件結束時，從你雇主可能給你的金錢賠償中抽取一定比例。如果你什麼都沒拿到，你的律師就拿不到錢。律師的勝訴抽成標準比例是 33% 左右，但這個數字可以根據你的情況調整。只要記住：凡事好商量！

▶ **公益法律扶助**：一旦律師以公益法扶名義接手你的案件，便

---

* 「all right, all right, all right」為馬修・麥康納的口頭禪。

是免費的。正如你所想，公益法扶案件比勝訴抽成協議案件還要少見，大多是因為被騷擾者沒有資源、案件知名度高、或是律師屬於大學或非營利組織一部分。另外，由於律師費是根據第七章規定而來，所以要是你的案子勝訴，律師仍然能得到雇主的報酬。耶！

當你的律師變成一個大問題

不信任律師是很正常的。但你應該相信你的律師。他們是你的知己，代表你行事。不幸的是，有時候，你的律師會變成問題所在。在此有三個你可能會遇到的常見問題及實在的解決方案：

關係破裂：就像任何關係，律師與當事人的關係也會破裂。可能是因為某個不同觀點或風格所致，無論如何，都沒關係，人總要往前看。你們任何一方都有可能喊停。若是你們關係破局，你的律師應該把你的案卷還給你，並退還你預付費用中尚未使用的部分。請檢查你的委任協議，因為你的律師很可能有權在你案件結束時，從你所獲賠償中得到部分好處。為了避免讓你的前律師來分一杯羹，在結束委任關係時，你或許要請他放棄行使對你案件之留置權，也就是說，請律師簽署一項聲明，說他不會去主張你在案件中可能取得任何金錢賠償的權利。如果你是因為他違反了道德規定才導致破局，他之後便很可能會這樣做，所以他到底會不會同意放棄留置權，你就得要他先做出決定。

倫理問題：所有律師都會受道德規則的約束。雖然每個州的

律師協會規則可能略有不同，但在要求你的律師成為一個值得信賴的顧問、發聲者、談判者及評估者方面，都是一致的。你的律師應該要非常認真看待這些規則，並遵守這些——包括不分享機密訊息、不向你隱瞞花費，或以違反道德規則或法律的方式行事。如果你的律師違反道德規則或從事犯罪活動，他們便有可能會受到制裁、暫停執業，甚至被取消律師資格。如果你跟律師有任何問題或擔心其行為，請考慮聯繫適當的執法機關，並搜尋美國律師協會（American Bar Association，簡稱 ABA）的網站，你能看到州律師協會的規則、律師行為守則，以及如何提出申訴之相關資訊。你還能選擇以媒體對他們進行抨擊，這點我們會在第 13 章中談到。你有權要求一位訓練有素、守法的法律代言人，提供高品質的代理訴訟及專業服務。絕對別將就。

小心「買斷律師」（Bought-Out Attorney，簡稱 BOA）：身為你的代理律師，應該專心致力於你的案件且一本初衷，也就是終結不當性行為。很多反性騷擾最佳律師一直在幫弱勢者對抗雇主，或是擔任原告的律師好幾十年。不過，話又說回來，無論哪位律師如何吹捧 # 我也是運動，他還是有可能成為一名叛徒。請小心「買斷律師」——良心被買斷律師。

基本上，買斷律師會為兩支隊伍效力，既不為你，也不致力於理想。大多數的買斷律師只為了錢。他們或許表面上代表你，卻從你的雇主或騷擾狂那裡拿錢來搞砸你的案子，不必要地把你推向和解，或使出其他破壞你案子及事業的陰暗手段。在你開口

問之前……沒錯，買斷律師的所作所為**或許**會違反約束執業律師的道德規則；但他們也可能在這些規則內行事，只是對你展現了他們的真實本色，而且恰好是美鈔的花色。

自 2017 年揭發製作人哈維·溫斯坦惡行以來，從女演員變成了社運人士兼作家的蘿絲·麥高文已經算是看遍、看透買斷律師們了。例如，在聘請辯護律師荷西·貝茲（Jose Baez）和羅納·小蘇利文（Ronald S. Sullivan Jr.）之前，麥高文便曾告訴他們，她擔心他們在作為她的辯護律師期間會被溫斯坦給「收買」。據麥高文說，貝茲的回應是：「我不喜歡輸。」大約一年後，貝茲及小蘇利文和她所控訴的強姦犯溫斯坦簽下合約，聲稱利益衝突並不存在，並且祝麥高文好運。[9] 沒錯，這位《勇氣》一書作者感到被背叛了。貝茲和小蘇利文決定替這位聲名狼藉的電影人辯護，或許沒有違反道德準則，但是也不光明磊落。當然，或許是因果報應吧，小蘇利文一公開宣布他會代表溫斯坦進行辯護，哈佛大學就迫使小蘇利文辭去了系主任的職務，而六個月後，貝茲和小蘇利文都退出了這個案子，顯然是因為跟溫斯坦合作實在是太難了。（事實證明，一位被公開控訴曾對 100 多位女性進行言語或性虐待的男人並不容易相處。#驚訝吧）

就在貝茲及小蘇利文對麥高文口出狂言的幾個月前，一位知名的女權律師被爆料要透過號召其好萊塢資源、提供能傷害麥高文及其他挺身對抗溫斯頓女性的資訊，藉此抹黑麥高文。這位律師就是麗莎·布倫（Lisa Bloom）——她才剛因為扳倒福斯新聞

的比爾‧歐萊利而受到讚揚，並且站在已定罪為性侵犯「美國老爹」比爾‧柯斯比（Bill Cosby）的控訴者身旁。這位知名律師葛洛莉亞‧歐瑞德的女兒及長期宣揚女權的女律師，顯然已經走向人性的黑暗面，並同意為溫斯頓停下腳步，這代表其控訴者都不能聘請布倫，因為這會產生利益衝突——而她心知肚明。在公開場合，布倫為溫斯坦辯解，認為溫斯坦很尊重人。在私底下，溫斯坦影業公司已經取得她出版書籍的版權，並承諾會開發成一套迷你影集。耶！如果這還不算壞的話，布倫還同意代表亞馬遜影業負責人羅伊‧普萊斯（Roy Price），他於 2017 年 10 月辭職，就在記者金‧馬斯特斯發表一篇關於他性騷擾同事的報導後不久。據傳，布倫試著透過散布馬斯特斯的謠言來扼殺這篇報導。雖然布倫之後為此道歉，但正如《洛杉磯時報》所說，「她不僅是個偽君子，還是個叛徒。」[10]

要是雇主或騷擾狂的口袋恰好比你還要深，別找會引人懷疑的隊友。要注意那些玩兩面手法的律師，因為他們可能會變成買斷律師，暗中支持出價最高的人，即使他們應該要當你背後或理想的支持力量。

👁 總結回顧

▸ 報復行為是性騷擾訴訟中經常會提出的主張，包括因為你提出性騷擾申訴、參與調查、訴訟或其他《民權法案》第七章規定保護下的相關活動，而導致你雇主對你行使任何懲罰、公開或私下的影響力。

▸ 如果你依第七章規定所提出的主張得到勝訴，便會有許多補救措施，但你的補償性及懲罰性損害賠償可能會因為雇主的員工數量而受到限制。

▸ 大多數性騷擾案件的法律程序包括八個階段：調解、平等就業機會委員會立案、該委員會進行調查、該委員會提出調查結果及告訴權利通知、提出訴訟、提出終結訴訟請求／動議、證據揭示過程及審判。如果你簽了仲裁協議，接下來的程序便不會走上法庭，但有部分類似之處——儘管仲裁結果往往比在法庭上訴訟對員工更為不利。

▸ 明智選擇你的辯護律師，就像你慎重選擇某個重要的人一樣。這是很重要的一段關係，可能會讓你輸掉官司及失去理智。

▸ 選擇一位專門處理性騷擾案件的律師，他有對抗雇主的經驗，跟你的雇主也沒有關係，跟你的想法及行事一致，能透過電話及書面形式與你良好溝通，有時間及資源來處理你的案件，（如果有需要的話）願意跟你商量勝訴抽成協議，而且與法院（或仲裁小組）及地方團體有良好聯繫。

▸ 如果律師與當事人的關係破裂，你的律師很可能就會變成一個大問題，要是律師違反法律或道德規則，或是律師對你的訴訟原因沒有理念可言，請考慮去找新的律師，如有必要，也請聯繫相關部門。

▸ 小心買斷律師！買斷律師對你的案件或訴訟原因並不忠心。雖然這些背叛徵兆可能很難發現，但請相信你的直覺。

Chapter 13
維持存在感

管理你的公共形象
並善用媒體資源

> 你不會想讓這件事變成你或你的烙印⋯⋯某種程度上，
> 你控訴的人知名度愈高，就愈有可能會發生。
>
> ──安妮塔・希爾／反性騷擾元老、律師兼法學教授

曾 說過「所有宣傳都是好宣傳」的那個人，絕對從沒被媒體攻擊過。安妮塔・希爾倒是對如何在媒體攻擊下生存略知一二。1991年秋天，她的國會證詞成為全美報紙的頭條新聞，引領著每天夜間新聞風向。在她說出被當時最高法官大法官候選人克拉倫斯・湯瑪士性騷擾的經歷後，希爾不僅被許多人鄙視，也被媒體製造的謊言所傷。幸運的是，那是1991年，在這位不好惹的女人公開爆料的當下，網路媒體還沒有像今天這樣活躍，而且社交媒體也還不存在。希爾不必蒙受數位時代所帶來的苦難。

在她作證之後幾十年期間，媒體及大眾對女性挺身面對性騷擾的反應也產生了很大變化。不過，挺身而出對女性來說，幾乎都是一種折磨，一定會改變其生活。而且，正如希爾所表示，當你與一位強大男性對抗時，站出來很可能會變成你的烙印。無論騷擾狂的社會地位如何，公開揭露其不當性行為都不適合膽小的人。至今我還是很驚訝自己能從苦難中活下來。

2017 年 12 月 14 日，當《波士頓環球報》（*Boston Globe*）的珍‧亞貝森（Jenn Abelson）發表某篇報導，其中包括我對前雇主——娛樂與體育節目電視網（ESPN）的性騷擾控訴，我以為自己已經做好準備。[1] 我提醒親友及較親近的同事，並通知我當時的雇主，把所有可能在社群媒體上被斷章取義的照片存檔。我已經準備好迎接一場新聞循環大亂鬥戲碼——至少我是這麼想的。不過，對於接下來所發生的事，我還是沒做好任何準備。

它根本就沒有深入挖掘什麼勁爆細節，只能說這個體育界國際級龍頭對於《環球報》報導的回應，根本像在寫一部科幻小說。在它法律團隊以外全體男性極具創意的努力下，ESPN 向全世界發布了一連串經過策略性修改的簡訊，其中有一個是不良前輩發給我的簡訊，但刪去他的噁心言論及半裸照片，只為了陳述一個與《環球報》報導不同的故事。[2] ESPN 所製造的故事，把我說成是我所申訴的那個年長、知名廣播公司的挑釁者。[3] 它把我說成是一個騙子、無恥惡毒的女人。之後，若說我的社交媒體整個「大爆炸」，那還算輕描淡寫了。

世界各地的體育迷開始謾罵、威脅、攻擊我；談話性電臺節目也抨擊我的名字；福斯新聞及其他主要媒體四處播放我的臉；體育界的公眾人物也在他們的帳號上煽風點火，後來我才知道 ESPN 給媒體及知名人士提供製造話題的素材。還會有什麼比這更好的辦法能阻止其他女性站出來，並分散大家對《環球報》報導其餘部分的注意力——也就是我的前同事提到她未經同意被觸

　　　　　　　　　　我的美好，不該是你騷擾我的藉口

碰，以及因為懷孕而受不當對待之類的事情？

可以說，ESPN 有很多東西要隱瞞。那是當然，這種模糊焦點策略讓我無處可藏。Twitter、Instagram、Reddit 和 Facebook 上的發言都將我貼上騙子的標籤，責怪我破壞了 # 我也是運動，根本只是想搶錢等等。我在 Twitter 上所發布的簡短聲明並沒有阻止這場風暴。[4]「朋友」開始疏遠我，同事也在社交媒體上取消追蹤我。那些說要支持我的好友則站在遠處，保持沉默。少數試圖在網路上為我辯解的人，則幾乎被攻擊聲浪所滅頂，其中還有人找到我的電話號碼，不斷亂打電話。這些傷害持續了幾個月；而創傷則影響我超過一年。

訊息能以閃電般的速度傳播，媒體及網路暴民也可能是無情的。因此，結果或許也會大大改變生活。公開指控性騷擾所帶來的傷害，往往遠比騷擾所受的傷害還要大。這是否代表你該保持沉默，選擇不為自己出頭？靠，才不呢！在我們這個充斥過多八卦新聞網站、幾乎不存在祕密的世界中，你會有一套殺手級的遊戲計畫，一股能控制媒體的力量。幸運的是，我已經為你準備好遊戲計畫了！

若是你的性騷擾經歷即將成為新聞，在本章中，我會給你改變遊戲規則的建議，即如何利用新聞媒體及應對社交媒體。除了以我自身經驗為例，我還會提供各領域專家對現實世界經驗的看法。在此所提及的，都是在網上大逃殺發生在我身上之前、期間及之後，我希望能早點知道的事。真心希望發生在我身上的事，

永遠不會發生在你身上。不過,若是媒體大亂鬥衝著你來,你會知道該怎麼做,而且你不是孤軍奮戰。

> **❓ 題外話**
>
> 如果你想講自己的故事,你可以選擇在法院或公開輿論上訴說,兩者都選也行。希望你保持沉默或是隻身在法庭上單打獨鬥的人,都會試著發揚沉默文化,因為他們知道保持沉默能容許不當行為,促使法律系統對你不利。請忽視這些人,去做能幫你完成目標之事。此外,如果「改變」是你所想要的,那麼利用媒體進行抗爭很可能就是你最佳選擇,因為我們都明白,除非大眾知道有不當行為發生,否則雇主是不會採取行動的。說到行動……由於門檻實在太高,若你又在過程中犯了程序上的錯誤,你可能會無法採取法律行動。
>
> 總之,他們想搶走你的尊嚴,千萬別讓他們把你的聲音也奪走。

媒體策略

若是提到如何從公開場合的性騷擾故事中存活下來,成功的遊戲計畫一定始於制定策略。你的策略應該是你本人的投射——即反映你的目標、個性及情況。即使你永遠不可能為媒體轟炸做好完全準備,但你也不希望完全沒有準備吧。在制定策略時,你需要考量到以下幾點:

你是誰?你是個有風度的必取女人、優雅的專業人士、充滿活力的天后——又或者,你不確定你是誰?畢竟從性騷擾中倖存下來會改變你。請你盡最大努力弄清楚遭受性騷擾後的你

是誰，以及持續往前行的你想成為誰。如果你本人與你所呈現的自我形象之間沒有差異的話，在公開場合中活動就會更加容易。相信我！

你的社會認同是什麼？你是白人、亞洲人、黑人、混血兒？你是苗條、瘦、矮、高？你來自富裕、小康、中產階級？你所受過的教育是來自街頭，還是書本？衡量一下你的社會認同、其附加刻板印象，以及世界會如何與你這樣的人互動。例如，如果妳是一位黑人女性，要去指控優秀白人男性對妳性騷擾，就會出現像在第三章討論過的種族刻板印象，要在媒體上面臨更多的艱難抗爭，媒體很可能會操作這些刻板印象，就像 ESPN 對我做的那樣。這不該成為你挺身站出來的阻礙，但你仍應牢記於心。

你希望誰為你說話？大家應該直接聽你、發言人、你的律師說話，還是誰都不聽？如果你處於危機狀態，你可能沒有心力以不帶髒字、能言善道的方式來表達自己。沒關係。這也是你保持沉默，或是讓發言人或律師代表你說話的好理由。讓別人為你說話，也能降低你說過的話在法庭上或輿論中被拿來對付你的機會。請明智選擇你的發言人。

✅ **加分題**
誹謗是個大問題。一旦有人在重要事情上，發出貶損你的錯誤陳述，就是種誹謗。儘管真相始終是最佳辯護，然而，就如同作為公正言論的聲明可能被視為意義不大的意見發表，而不重

要的廢話也可能被無限上綱。同時，向執法部門、法院、平等就業機會委員會及其他政府機構所陳述的聲明也將受到保護。你不會想讓他人意見變成你生活中的焦點，也不會想讓強勢媒體毀了你的好名聲。要小心誹謗，同時對於你無法在媒體上有所證實的言論，也要修飾所使用的語言。雖然真相始終是最佳辯護，你還是不會想讓自己因為某些在脫口秀節目或媒體上評論騷擾狂的炒作言論而被告。

你想如何出現在大眾面前？你想以社運人士、倖存者、遊戲規則改革者、神祕人士的面貌現身嗎？你或許不想讓自己看起來很投機、貪婪、無情或不可信任。即使雇主行事低級，也要像蜜雪兒・歐巴馬（Michelle Obama）所建議那樣，保持高尚態度。請務必留意大眾意見，特別是斟酌你在社交媒體發文和公開聲明中的語氣。要確保其符合你的整體策略，並且不會限制了你未來的機會。

⚠ 注意！

某些媒體（及酸民）會緊抓任何讓你看起來很糟糕的事，把這些加以扭曲來看圖說故事。別為他們提供素材！那張在 2019 年春天拍的比基尼辣照，很可能就是你最不想在 CNN 上流傳的東西。你是該做自己，沒錯。但外在觀感影響力甚大，社會汙名更是難以洗淨。以下是你可能要考慮在醜聞發生之前，先從社交媒體上刪除的一些東西：

▶ **問題照片**：重新檢視自己在網路上看來相當性感或迷茫微醺

的照片，包括那些你半瞇著眼或裸露肌膚，拿著酒或派對小紅杯的照片。若你從事比基尼模特兒、酒類經銷商或相關行業，那就沒有那麼多顧慮了，因為大家看到你這種照片不會感到太意外。但如果你是會計師或學者，這些照片就很可能被騷擾狂或雇主拿來對付你。

▸ **仇恨言論**：如果你曾發表過任何帶有種族歧視、性別歧視、恐同、恐跨（transphobic）、種族中心主義等評論或「笑話」，而且你對這些言論感到很自在舒服，儘管把這些留在社交媒體上，因為大家應該知道你是誰。但如果這些無法反映出今日的你，就把它們拿下來，**立刻拿出誠意道歉**。我們都會成長。你有可能成為媒體的話題或是獲得同情，端看你是否願意坦承自己的錯誤。

一旦涉及到遮蔽有問題貼文時，把你的帳戶設定成「私人瀏覽」還是不夠。最好還是直接刪除，並避免再次發布類似貼文。畢竟這世界無聊事何其多，無聊的酸民更多。

什麼媒體管道最適合你？ 你或許會受邀去上脫口秀、晨間節目、電臺節目，你可以在社交媒體上發布一段影片，或是跟記者坐在一起，也可以在社交媒體上發布消息。好好運用給你機會發布消息的管道，以最適合你個性及情況的方式去分享。舉例，我在社交媒體上受到攻擊後，我拒絕了談話節目的邀請，部分原因是我當時精神狀態不好，不想說一些會讓自己後悔的話。畢竟，當時我若公開露面，便是弊大於利。請選擇最適合自己的決定。

你有哪些資源可以運用？全面盤算一下自己的資源，比如社交媒體頁面、個人網站、媒體窗口及朋友。你能運用的資源比你所知道的還要多。別害怕走出去，尋求協助。當我被圍攻的時候，我最強大的盟友便是一位認識不過六個月、只出去過兩次的女性。米可‧格萊姆斯（Miko Grimes）不只在社交媒體上有很多粉絲，還有一顆善良的心。一時之間，這位嗆辣體育評論員兼國家美式足球聯盟角衛布倫特‧格萊姆斯（Brent Grimes）的妻子，便用她的網路形象為我發聲策劃。她變成了我態度強硬的非官方發言人，在不影響我未來案子的前提下，為我做了所有我無法做的事，而且在大家面前又很鎮定。在我最脆弱的時候，格萊姆斯太太是支持我的最大力量。好人是很棒的資源。快去找你的資源！

　　你需要專業人士的協助嗎？如果你身陷在困境之中，公共關係專家可以說是救星——就像是《醜聞風暴》（*Scandal*）中的危機處理專家奧莉薇亞‧波普（Olivia Pope）。他們會有一套完整媒體策略、經驗及豐富知識。你知道有些公司能在網路上刪除有關你的負面新聞，不至於影響你的就業前途嗎？公關專業人士知道這些東西。他們或許會花掉你一些錢，但能為你在重要時刻發揮作用。如果你有能力的話，不妨考慮聘請一位。

把媒體看清楚

　　媒體不是敵人。自由媒體對於自由民主來說，是至關重

要的角色。這也是新聞自由權利在美國憲法第一修正案（First Amendment to the U.S. Constitution）中，具有紀念性意義的原因。媒體存在目的是為了獨立審查政府清廉程度，維護人民知情權利。當時詹姆士・麥迪遜（James Madison）總統及其老男孩俱樂部可能從來沒有想過，媒體在揭露性騷擾方面能發揮多少重要作用。然而，幾百年後，我們都看到了！

‖ 媒體與性騷擾

說到揭發性騷擾，以往媒體對待舉報者，尤其是女性，都極為惡劣。以安妮塔・希爾一案為例，她便被媒體捲入受人誹謗的處境。暢銷書作者大衛・布羅克（David Brock）在書中給希爾貼上了「腦袋有點瘋癲、個性有點淫蕩」的標籤，之後他更是竭盡全力在媒體上「毀掉希爾的可信度」，並用上「幾乎所有帶有貶抑性、反駁性的責備字眼」來攻擊她。[5] 2001 年，布羅克承認自己參與了這支謊言團隊，目的是要能大範圍封殺希爾，讓克拉倫斯・湯瑪士順利進入最高法院。[6] 這招最後得逞了。

在希爾出庭作證超過 15 年以來，這招還是有用──即是透過謊言團隊使不當性行為歸於沉默。2017 年 12 月，我所經歷的那些事能證實此點，其他勇敢站出來的女性，以及羅南・法羅與瑞奇・麥克休（Rich McHugh）這樣大膽揭發惡行的記者曾經歷的也是。事實上，那些勇於報導性騷擾問題的記者，往往會被某些媒體人冠上惡名。

據傳，記者也是製作人哈維・溫斯坦的間諜大軍一員，是他特別請來監視爆料人的。他們會去採訪那些女性，取得相關指控證詞，並且向這位媒體界大咖報告。[7] 你還記得嗎？即使法羅當時仍是 NBC 記者，也是一位經驗豐富、藉爆料贏得普立茲獎的記者，NBC 還是試著告訴大家，之所以壓下羅南・法羅揭發溫斯坦的消息，是因為這不符合網路的「編輯標準」。[8] 就更別提，《國家詢問報》（*National Enquirer*）終於在 2018 年承認，曾封殺了唐納・川普在 2016 年競選總統期間不當性行為的消息。[9] 你懂的。

> **題外話**
>
> 捕殺（Catch and kill，簡稱 C&K）是媒體勢力用來阻止你把故事公開的一種策略，因為這可能會造成某位權貴的損失。以下是其操作方法：某家媒體會付錢給你，買下出版你遭遇的獨家專屬權利，並且讓你簽下保密協議，你會告訴該媒體你的遭遇，但是它根本不會出版你的故事，而且受到保密協議的約束，你也不能告訴其他媒體。很陰險，對吧？
>
> 捕殺並不是什麼新鮮事。據說，多年來，很多知名人士都是此策略的受益者——從演員阿諾・史瓦辛格（Arnold Schwarzenegger）到高爾夫球手老虎・伍茲（Tiger Woods）皆是。
>
> 捕殺是一種需要被封殺的垃圾策略，這也表示為什麼你不能完全相信記者。事實上，最佳策略便是避開任何提供現金向你換取獨家權利的媒體。

雖然還是有很多值得信賴的記者，不過一旦牽涉到保護那些被指控有不當性行為的權貴人士，媒體就很可能變成同謀共犯。為什麼？原因可能有很多，不過主要有三項。首先，都是為了錢。很多被揭發犯行的騷擾狂都是搖錢樹，雇主並不想失去他們，即使留下他們需要花費數百萬美元，而且得封殺女性職業生涯。別忘了，大型廣播新聞機構——如 ABC、CBS 及 NBC，都不是完全獨立於其他強大組織的機構。事實上，它們都是大型、具有影響力公司的母公司、子公司及兄弟公司，跟其他大公司有大筆交易，其中有些恰好是性騷擾的溫床。以迪士尼公司為例，底下不只有 ABC 和 ESPN，更擁有溫斯坦現職公司米拉麥克斯影業（Miramax）十多年。迪士尼和米拉麥克斯影業都在 2018 年被起訴，因為其涉嫌包庇溫斯坦的不當性行為（這根本是一項公開的祕密）。[10] 你認為 ABC 會把溫斯坦的醜事公諸於世嗎？當然不會。若是會減少收入或揭發家醜的話，關係複雜的媒體及大企業的確會阻礙真相被報導出來。

其次，媒體傾向於譴責女性控訴者及保護騷擾狂，因為新聞依然是男性主導的遊戲。2018 年，皮尤研究中心表示，美國新聞編輯室中有 61% 為男性及 77% 為白人，這代表在新聞編輯室工作的白人男性比例高於美國整體勞動力比例。[11] 這種缺乏性別及種族多樣性的情況，會影響到故事該由誰來說及如何來說。婦女媒體中心，即是以性別為主的媒體監察機構，便提出了這些令人不安的事實：[12]

▶ 63% 電視黃金時段新聞由男性主播和記者播報；37% 由女性播報。

▶ 69% 新聞通訊社（美聯社及路透社）撰稿人為男性，31% 為女性──這是新聞媒體業迄今存在最大的性別差距。

▶ 60% 網路新聞是由男性撰寫；40% 由女性撰寫。

▶ 59% 平面新聞是由男性撰寫；41% 由女性撰寫。

　　根據婦女媒體中心調查，在美國四大新聞網路中，男性報導晚間新聞的比例為女性的兩倍。[13]

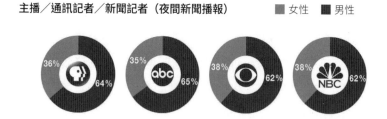

主播／通訊記者／新聞記者（夜間新聞播報）　■女性　■男性

PBS 36% 64%　ABC 35% 65%　CBS 38% 62%　NBC 38% 62%

資料來源：婦女媒體中心

　　這些數字出現在＃我也是運動之後。2017 年，在女性開始推動改革之前，ABC 晚間新聞的女性比例只有少得可憐的12%，而其他媒體的女性比例至少有 32%。[14] 是的，即使進入21 世紀，女性仍然被排斥在媒體之外。這是個很大的問題，尤其是在報導性騷擾方面。女性記者會比男性記者更常去採訪女

　　　　我的美好，不該是你騷擾我的藉口

性，並寫出不當行為對她們的影響，而男性記者則更傾向於注意**女性**的行為，好像她們才是該為騷擾或侵犯負責任的人。[15] 正如我們所討論的那樣，如果男性是主要陳述性騷擾的人，男性不太可能會把某些行為認定為騷擾，很有可能會去責備受害者，也可能比女性從現狀中受益更多，而在這項大幅傷害女性的重大社會病態議題上，美國人民很可能只會看到不平衡報導。

幸運的是，隨著這些類似婦女媒體中心組織，向媒體、新聞版面呼籲要在不當性行為議題上強調性別平等，這問題也開始緩慢但確實持續改進中。自 2017 年 10 月 # 我也是運動開始以來，有更多的不當性行為遭遇會在主流刊物中被提及，把這些問題推向大眾良知的前線。

這讓我們想到第三，也是最後一項原因，即性騷擾很可能所占媒體版面不大，畢竟性騷擾在媒體新聞業很是猖獗。在 # 我也是運動讓性騷擾更容易被說出口之前，有將近三分之二的女性記者在 2013 年告訴國際女性媒體基金會，其在工作中曾經歷某種形式的性騷擾、恐嚇、性暴力或肢體暴力。[16] 自從 # 我也是運動展開以來，許多曾報導或傳遞相關新聞的熟悉臉孔，也在隨後被指控有不當性行為：查理・羅斯、湯姆・布洛考（Tom Brokaw）、萊恩・西克雷斯特（Ryan Seacrest）、格倫・斯洛許、麥特・勞爾、艾力克斯・瓊斯（Alex Jones）、塔維斯・史邁利（Tavis Smiley）、麥克・奧瑞斯克（Michael Oreskes）、約翰・布克格羅斯（John Buccigross）、詹恩・溫納（Jann Wenner）、

丹尼爾·茲沃德林（Daniel Zwerdling）、詹姆士·羅森（James Rosen）、安德里·卡拉斯奎羅（Adrian Carrasquillo）、馬克·哈爾普林、麥克·羅森伯格（Mike Rosenberg）、喬治·「泰勒斯」·梅鐸（George "Tyrus" Murdoch）、戴倫·霍華德（Dylan Howard）、凱文·布朗（Kevin Braun）等等。只要在媒體業工作的女性依然受苦，關於不當性行為的新聞篇幅就會持續遭殃。

> **⚠ 注意！**
> 如果有記者聯繫你並開始提問，可能會讓你措手不及。暫停，深呼吸，記住這四個技巧：
>
> ▸ **千萬別說「無可奉告」**：「無可奉告」會讓你看起來很可疑。如果你不準備發言，可以考慮說些這種話：「謝謝你的來電。如果你方便的話，請再次來電並留下你的聯絡方式、問題，以及回覆期限。保重。」然後掛斷電話。要有禮貌又堅定。
> ▸ **千萬別拖延**：如果你打算對媒體發言，就要及時進行。新聞週期變化很快，如果你沒事拖延，可能就會錯失發言機會。
> ▸ **千萬別攻擊**：請維持高尚態度行事，注意避免看起來很憤怒、無情或情緒化的樣子。即使你有充分理由被激起這些情緒，也要保持冷靜及理智，而不是表現憤慨或去誹謗他人。
> ▸ **千萬別說謊**：你沒有義務回答每個問題，但千萬別撒謊。謊言所製造的問題會比它能解決的問題更多。另外，有 30 多個州允許單方面電話錄音，所以記者未必會告訴你他是否正在錄音。別找自己麻煩！

我的美好，不該是你騷擾我的藉口

跟記者合作

儘管有影響性騷擾報導版面的因素，以及助長捕殺文化的風氣，還是有很多記者對新聞工作充滿熱情，也致力於讓社會大眾了解情況。若你要跟記者合作的話，在此為你提供相關實用資訊。

||| 找個好記者

跟律師一樣，並非所有記者都生來能力一致。有些人就是比其他人更有經驗、更敬業。隨著選擇範圍的擴大，在此有些建議能幫你找個好記者：

報導性騷擾的經驗：理想中的記者在報導性騷擾方面的經驗要豐富。他會對你的情況表示同情，但也不會刻意避免問到棘手問題並說實話。你最不想看到的，就是記者再次加強具有傷害性的刻板印象，像是聚焦在你受到性騷擾期間的穿著，或是在描述你的說法上，採用「據傳」這種偏頗的詞彙。你會想要、也需要一位能理解你的人。

強大的溝通能力：理想中的記者在與你或其他人交流時，會有很強大的溝通能力。他對你會很有耐心，因為經歷過性騷擾的你會有很多情緒。他也了解你的故事很敏感，所以他願意採用加密方式溝通，比如 Signal 私密通訊軟體和 ProtonMail。

有選擇也有準備：你的記者對報導是有所選擇的。他在接收任何資訊時，都會先衡量自己的優勢及限制。他也有時間專門調

查你的遭遇，並且公正地報導內容。例如你的遭遇涉及種族議題，好記者就會諮詢專家，或跟相關專長的記者合作，以適當方式與觀眾分享。你也不想看到社會大眾忽視你所碰到的事，只因為記者撰寫你遭遇的筆鋒不夠敏銳。

獨立又保持聯繫：好記者能自力更生，並具有充足後援。他恪守新聞職業道德，不出賣個人清白，不會屈服於賄賂或捕殺的機會，即使這些能讓他荷包滿滿。這問題可大有關係，因為記者很少能荷包滿滿，所以拒絕現金可說是艱難考驗，不過好記者絕對會把這種事推掉。說到聯繫，優秀記者手上都有一份有力的刊物編輯聯繫名單，他們可以向這些編輯投稿。雖然不是每個編輯都擅長處理這類故事，但是好記者有好名聲能敲開大門。

檢視和平衡：好記者會小心檢視你的報導，並確保一切平衡。他不會把你所說的話全都當作福音聖旨，而是要求你提供有力證據及證人。他會確保所有事件說法都沒有漏洞，因為他重視以公正精確的方式來呈現真相。

♥ **專業攻略**

調查記者麗莎・格雷羅（Lisa Guerrero）除了是第一位在 # 我也是運動中，說出自己對演員史帝芬・席格（Steven Seagal）看法的女人之外，她也在《新聞內幕》（*Inside Edition*）的鏡頭下，分享有關不當性行為的故事，該節目是排名第一的影音化聯合新聞雜誌，大約每晚都會吸引將近 500 萬名觀眾。如果你想在鏡頭下說出你的遭遇，格雷羅提供以下建議：

　　　　　　　　　　我的美好，不該是你騷擾我的藉口

- **瞄準國內媒體**：在鏡頭下分享你的故事可能是件傷神勞心的事，大多數人都不希望多來一次。在選擇媒體時，要考慮觀眾最多、平台最大的媒體，這樣就不需要一再地分享你的故事了。

- **多方位平台**：留意記者是否會使用多個平台來說你的故事，因為電視上的故事往往會受到時段及觀眾範圍的限制。同時使用 YouTube、Instagram 和 podcast 等網路平台的電視記者，會接觸到更大量及更多元的人群。例如，《新聞內幕》在過去 35 年來建立起忠實的電視觀眾群，而且也在 YouTube 上接觸到新的人群，像是 2018 年格雷羅的調查故事就獲得了超過 1.2 億次的觀看數。

- **回顧記者過去工作紀錄**：記者是否給了當事人訴說遭遇的時間？是否斷章取義？是否正面迎擊被告？是否使用了不專業的圖片？有鑑於法律制度的限制，有時在媒體上分享你的故事，很可能是你唯一能好好算帳的機會了。幫你的記者應該以你認同的方式來處理性騷擾敘事，並還你個公道。請明智選擇你的記者吧！

向記者投稿

一般來說，記者是群聰明人。不過，他們往往也非常忙碌，不能指望他們會讀心術或能拼湊出小細節來。在聯繫記者的時候，只要使用正確方法就能使你的故事被報導出來，而不是被消失。以下是有關如何撰寫故事的技巧：

從「為什麼」開始：問問自己：「為什麼我的故事會引起觀

眾注意？」在這個重視點擊率的世界中，新聞週期不斷變化，所有故事受關注的程度不一。名人能炒熱收養一隻新倉鼠的故事，因為大家對名人及其日常生活很著迷。然而，如果你是平凡老百姓，你的名字可能就沒有這種分量。因此，在接觸記者時，你應該要知道你的影響力到何種程度：你的故事有什麼獨特之處嗎？你的騷擾狂是否夠知名？騷擾行為是否特別惡劣？你的雇主回應是否很可怕？一旦牽涉到吸引觀眾注意力，就要弄清楚你故事本身所具有的力量。

簡單扼要但詳細：在你確認好為什麼觀眾會注意到你的故事，繼續往下在事件中的誰、什麼事、什麼時間、什麼地點上下功夫──並持續追蹤。沒有人，尤其是忙碌的記者，會有時間去讀一篇論文，或自行去蕪存菁。有些事實對你來說可能很有意義，但對讀者來說卻無關緊要。別太過介意，這不過是時間的問題。

保持「調整」空間：該如何敘述你的故事，本身就是個協商重點。這是你和記者應該討論好的事。你可能更希望你的故事出現在《美麗佳人》（Marie Claire）雜誌，而非《美信》（Maxim）雜誌上。好記者會在向某些刊物投稿之前跟你先討論各種選項。不過，你要明白，記者並不能控制某些刊物編輯是否決定收錄你的報導。

提供獨家消息：如果其他人都有相同的採訪機會，記者就不會願意花時間來採訪你。請確保記者知道他能有獨家報導，他會

　　　　　　　　我的美好，不該是你騷擾我的藉口

很感謝你，因為這能讓他在向出版社推薦你這篇報導時有更多的籌碼。這跟「捕殺」要求你簽署一份保密協議，以換取保密性和現金的情況不同。一位好記者不會要求你簽署任何東西，他會相信你所說的話。

別成為麻煩：記者也是人。沒有人願意被人追問、侮辱或推來推去。你正身處於一段艱難時期，沒錯。但態度暴躁或咄咄逼人並不能改善你的處境，也無法讓你的故事能更好地被述說。這只會讓你看起來像個混蛋，而記者很可能也會把你描繪成如此。

‖ 溯源分級（Level of Attributions）

溯源分級是指記者該如何使用你所提供的資料。這點很重要，因為你或許想把資料公開，但你可能不希望大眾知道你是資料來源。以下是四種分級程度及其共同定義：[17]

1. **可記錄在案（On the Record）**：你全都有份！你所說的一切都可以、也或許會被採用，並以你的名字為引述來源。除非你和記者另有約定，否則這不用另經同意。

2. **幕後消息（On Background）**：依個人情況而定！這代表只有在你和記者達成一致約定的情形下，才能把資料發布出版。一般情況下，消息來源都不希望標註他們的名字，但也不介意以通稱標明其身分（例如「職業運動員」或「前員工」）。

3. **深度幕後消息（Deep Background）**：你會匿名！這代表

這些資料可以作為背景資料，幫記者找到另一個消息來源，但即使是在匿名的條件下，這些資料也不能歸因於你。

4. 不得發表或記錄（Off the Record）：你從來就沒說過！你所提供的資料不能發表。

在你和記者說話之前，你應該明確說明來源歸因的分級，並確保你們雙方對這個分級定義達成一致意見。另外，請記住，這一切都是基於道德原則。沒有任何法律能約束記者將資料來源分級，這也是你在決定是否向記者提供資料時，要善用判斷力的原因。另外，無論分級如何，記者都能自由地與其他來源查核資訊虛實，並決定要不要發布出版。最好的辦法是，別拿出任何你無法忍受看到其出版的東西。

> ✅ **加分題**
> 如果你想在不透露個人姓名的情況下向媒體傳遞資訊，可利用一些匿名及無法追蹤的方式來透露訊息——即採用完全加密服務，如 Signal、ProtonMail 和洋蔥瀏覽器（Tor Browser）等等。詳情請見第 14 章。 **# 你知道更多**

▌記者特權

法律上保障記者享有得以不透露其匿名消息來源或機密資料的特權。美國聯邦法院、50 個州中 39 個州，以及哥倫比亞特區都有一些保護記者的特權。每項法律規定之範圍及細節，都會因

爲司法管轄區域不同而有差異。[18]

　　保障記者特權的目的是為了維持新聞獨立性，使人民能放心以匿名方式與記者交談。想想，若是執法單位能強迫記者透露其消息來源及機密資料，就沒有人願意和媒體交談了。記者特權就像是窮人版的律師與當事人關係特權。我為何這樣說？那是因為即使某些司法管轄區域規定不能強迫記者透露資訊或消息來源，並不代表記者在受到起訴威脅、實際迫害或看到高額支票時不會這樣做（就像那些為溫斯坦工作的記者）。雖然這些例外情形很是少見，但這也強調了跟好記者相處的重要性。

👁 總結回顧

▸ 若是提到如何從公開場合的性騷擾故事中存活下來，成功的遊戲計畫一定要先考慮到你是誰、你的社會認同、你希望誰為你說話、你想如何出現在大眾面前、什麼媒體管道最適合你、你有哪些資源可以運用，以及你是否應該得到專業公關的協助。當你待在媒體的顯微鏡下，外在就是一切。

▸ 雖然媒體向來在報導性騷擾方面聲名狼藉，但媒體不是敵人。隨著愈來愈多的女性、有色人種及不同聲音在媒體上成為講故事的人，情況正在改善。但仍有許多地方要努力。

▸ 還是有很多記者努力使社會大眾了解真相。跟媒體保持良好合作關係，就能讓我們在民眾眼中的形象呈現出被誹謗崩壞或含冤昭雪之別。

▸ 請尋找一位具有訴說性騷擾故事經驗、有強大溝通能力、有選擇又有準備、獨立又保持聯繫、客觀的記者。

▸ 向記者述說故事時，你要說明為什麼這對大眾來說很重要，

要簡單扼要又詳細，對你的故事將被如何描述須保持開放心態，要提供獨家報導，但不要成為一個麻煩人物。

▸ 當意並採用溯源分級：可記錄在案、幕後消息、深度幕後消息及不得發表或記錄。記住，這些都算是道德原則，不能阻止記者發布出版。

▸ 記者特權能保障記者不受壓力、自主決定是否透露匿名消息來源或機密資料，請盡可能利用這點。

我的美好，不該是你騷擾我的藉口

Chapter 14

倖存於網路醜聞

如何克服網路騷擾與數位戰爭

> 數位革命帶來了你所遇到的醜聞。

——莫妮卡・陸文斯基（Monica Lewinsky）／
反霸凌倡導者兼醜聞倖存者

什麼東西可以超有趣，但同時又他媽的可怕？當然是社交媒體！網路騷擾最常發生在此處。[1] 將近一半的美國人有網路不安全感，大約 90% 美國人認為網路攻擊者是因為匿名才敢如此。[2] 加上訊息在網路傳播的速度及數位暴徒的威脅，社交媒體可以說是一種全方位噩夢——尤其是對那些自己獨立發聲的女性而言。問問安娜・卡斯帕里安（Ana Kasparian）就知道了，她是《土耳其青年人》（*The Young Turks*）的節目主持人，這是個進步的政治新聞節目，每月網路瀏覽量都會超過 5000 萬人次。[3]

2008 年，某次直播中，卡斯帕里安譴責社交媒體上那些嘲笑仇恨犯罪（hate crime）受害者的網民。對於她呼籲善意的舉動，4Chan——即某個充斥仇恨言論而惡名昭著的匿名線上論壇——的酸民以下列行動作為回應。幾小時內，酸民黑粉就開始策劃對這位當時只有 21 歲的主持人進行攻擊，並散布她父母的住址和電話號碼——這是種被稱為「肉搜」（doxing）的策略。

酸民湧入卡斯帕里安的社交媒體，並惡意灌爆她的家用電話。他們還發動了實體攻擊，訂購了價值數千美元的外送及中國菜外賣，這些會在每天晚上送到她家，而且**沒人**付錢（正如你所想的，外送人員及餐館不會接受退貨）。人身攻擊及網上謾罵也很無情，包括強姦威脅及種族誹謗。卡斯帕里安，這位驕傲且致力於倡導社會正義的亞美尼亞裔美國人，她盡了最大努力保護自身及親人安全。而為了個人安全，她一度遠離社交媒體。但是網路恐怖分子卻沒有放過她太久。

卡斯帕里安對抗不法分子時沒有退縮。她持續在社交媒體及各大媒體平台上用自己的聲音為全球女性爭取權利。2019年春天，儘管有來自網路上的威脅，她仍在聯合國發言，談論網路上努力讓女記者閉嘴的勢力，這是她相當積極想解決的議題。

儘管有網路騷擾，你也該像卡斯帕里安一樣，用個人名義在網路上為重要議題發聲。另外，如果你的性騷擾經歷被媒體曝光，你應該做好準備，在這個虛擬空間裡，那些卑鄙的雇主和騷擾狂會煽動暴徒，利用酸民來修飾對他們有利的說法，此外，他們還會利用其資源來駭進你的電子郵件、硬碟及其他網路帳號。

為了幫你保住話語權及數據資料，在本章中，我會與你分享從網路攻擊及數位戰爭中生存下來的主動策略及反應技巧。你會得到奠基於研究及個人經驗的意見，以及來自社運團體、網路安全專家沙特南・辛格・納然及數位反肉搜倡導者布里安娜・吳（Brianna Wu）的建議。準備好迎接我所說的「反網軍豪

華版攻略」吧！

「數位空間」的生存之道

社交媒體是多數人職業及生活中不可缺少的一部分，但如果覺得生活被過度侵占，請為自己做最好的安排。你並不是過分敏感，即使是超級名模克莉絲‧泰根（Chrissy Teigen）也會在排山倒海的負面聲浪下，封鎖自己的 Twitter 帳戶。你不孤單，也不會沒人幫你。以下便是一些在網路混戰中生存的關鍵字。

||| 酸民

網路酸民最糟糕了。我們說的便是網路上的低等生物，他們會從胡亂批評他人和製造仇恨中獲得樂趣。跟男性相比，女性更有可能成為酸民的目標，受到嚴重的網路施暴，如性騷擾和人身威脅。[4] 而網路施暴也會造成實際傷亡。皮尤研究中心一項調查發現，女性比男性更有可能因網路騷擾產生情緒壓力，若網路平台管理者沒有搶先制止，女性更會將其視為重大問題。[5] 不幸的是，在社會變革和社交媒體平台不斷維護其遊戲規則之前，酸民還是會繼續酸下去，而且他們會利用匿名擋箭牌來躲避責任。所以，讓我們來談談你得以有效面對這些問題的方法。

別參與其中：酸民認為他們能從你身上得到好處並以此維生。請用沉默餓死他們。速速離開，這樣他們就知道你什麼意思了。如果你覺得你一定得回應酸民，請表現出優雅及善意。你不

我的美好，不該是你騷擾我的藉口

會想看到自己的留言被斷章取義，或是被用來指責你吧。

關閉／過濾／刪除留言：除了下方「注意！」中所提到的例外之外，請考慮關閉、過濾或刪除負面留言。即使你很好奇，也不要踩進網路垃圾堆中。負能量不值得你多花時間。請好好維護你的平靜吧。

> ⚠ **注意！**
>
> 要是你的故事登上媒體，你就很有可能牽扯進官司訴訟之中，請**不要**關閉、過濾或刪除來自酸民的社交媒體言論。根據你的情況，你或許會希望在案件中使用這些留言評論來展示大眾是如何回應控訴，以及這些如何影響你。不去刪除言論可能有點難，因為這些多半具有傷害性，而且酸民黑粉有時也很殘酷。但你一定能做到！
>
> 一旦事情平息下來（通常是在新聞發布後 48 小時左右），請一個你值得信賴的親友在你的社交媒體上把評論都截圖下來——包括網址，來保障你未來的利益及心理健康。在評論都記錄下來之後，再考慮舉報那些違反平台服務條款的評論，並封鎖留言人。
>
> 保存證據並維持你的心理健康，才是霸氣大神該做的事！

快舉報別猶豫：如果酸民威脅你或讓你感到不安全，請考慮依照社交媒體平台的協議舉報酸民，並聯繫執法單位。即使社交媒體平台和執法機構都存在缺點，但是暴力威脅就是非法行為，你不該自己面對他們。

||| 肉搜者

正如卡斯帕里安所經歷的那樣，肉搜行為根本惡劣至極。肉搜就是有人在網路上分享你的個人資料（比如你的住址、電話號碼或社會安全號碼），目的是要提供瘋子素材去騷擾你，讓你的生活難過不已。

肉搜是種不道德，也被大家所鄙視的行為。遺憾的是，這並不違法，也不難做到。肉搜者可以透過搜尋公開資料庫及社交媒體平台，輕易找到你的相關資訊。這也曾發生在克莉絲汀‧布拉西‧福特博士身上，當時她的身分被公開，人人都知道她就是控訴最高法院大法官候選人布雷特‧卡瓦納性侵的女人。她被騷擾得十分嚴重，福特博士及家人不得不聘請私人保全並且搬家，在她接近出席國會作證幾個月內至少搬家了四次。福特博士甚至要在公開現身前，刪掉自己的社交媒體資料，但這都還不夠。

雖然要清除你過去所有的數位資料幾乎是不可能的事，但你仍然可以關閉你網路上的個人資料。要完成這件事有兩種方法：第一，開啟專門保護用戶資訊的搜索引擎（例如 www.duckduckgo.com），搜尋你的名字，查看有哪些個人資訊是公開的，會被肉搜者取用，並分別到每個網站選擇不出現與你相關的內容。第二，在眾多資訊清理公司中，選擇一家來為你執行任務，如 DeleteMe 或 PrivacyDuck 公司。不管你選擇如何，記得要保護好自己。

　　　　　　　　　我的美好，不該是你騷擾我的藉口

最後，你要知道，就算肉搜並不違法，也不代表你沒有法律追究權利。在州法或聯邦法規定下，那些利用肉搜資訊騷擾你或跟蹤你的人還是有可能被追究責任。你並不孤單，也不會毫無選擇。

面對數位戰爭

你還是能採取某些措施來防止或減少被肉搜或駭客攻擊的傷害。以下是遭受攻擊前後你該做些什麼的參考指南，儘管你很可能會想把某些受到攻擊後的建議，先拿來作為受到攻擊前的安全補強。畢竟，增加安全感從來就不是件壞事，尤其是這些根本不用花錢。[6] 沒錯，這些建議有將近 85% 都是免費的！ #加分

||| 受到攻擊前

虛擬私人網路（Virtual Private Network，簡稱 VPN）： 為自己買個虛擬私人網路吧。這會是你十分容易取得，也是最好的投資之一。除了允許你匿名瀏覽，虛擬私人網路能屏障你的網際網路通訊協定（IP）位址，並保護你免受竊聽、數據監控、非必要曝光等麻煩。其中強烈推薦 Private Internet Access 和 VyprVPN。

金融和信貸通知功能（Financial and Credit Solicitations）： 請選擇取消接收金融和信貸通知功能。針對網上大規模取消資訊之相關訊息，網路廣告聯盟（Network Advertising Initiative）網

站上有完善建議，所以你不必一個個去處理每個通知。此外，www.optoutprescreen.com 讓你能以寄出電子郵件、電話及郵件方式選擇取消通知。

郵件和包裹投遞提醒：為了防止郵件遺失，可以考慮註冊美國郵政服務的「通知投遞」（Informed Delivery）、優比速（UPS）的「我的選擇」（UPS My Choice）提醒及其他投遞管道的通知功能，以便在信件和包裹寄到你手中時收到免費的電子郵件、簡訊、書面通知。這樣你就不會在不知情的情況下遺失任何東西！

網上監控提醒：利用免費資源監控你名字在網上的使用情況，這樣你就可以追蹤有關你的言論，讓你能夠隨時了解網路上的狀況。Talkwalker 和 Google 快訊提醒（Google Alerts）都是不錯的資源。

完全加密電子郵件：因為許多知名的電子郵件提供商，如 Gmail，都有其限制，而且能被滲透，所以最好使用完全加密的電子郵件提供商，如 Tutanota 或免費的 ProtonMail。至於群組對話，可以考慮 Zoom 軟體，並開啟加密功能。

別名和虛擬帳戶：使用別名來簽署線上協議、簽到紀錄及其他不重要事項。也可以開一個虛擬電子郵件帳戶，用來應付你所有非主要的網路有趣事物，像是列表服務及免費服務。

虛擬電話號碼：使用一個虛擬電話號碼，用在那些生活中並不固定的對象及公司，如送貨員、網上約會對象等等。這種額外的屏障能帶來一定程度的保護，並讓你在事情開始失控時拋棄這

個號碼。把 Google 語音號碼連接到虛擬的 Gmail 帳戶便是個安全舉動。

實施數位健檢：就像你關心個人健康一樣，你也應該注意數位安全。在此說的是定期更換密碼及定期為硬體備份，這樣你就可以在系統被駭客攻擊時，保有所有備份及副本資料。

獨特密碼及雙重驗證：密碼就像 20 幾歲後的約會：複雜。請確保你所有的密碼都是獨特的，而且跟你所有個人資訊都無相關性，例如你的出生日期或寵物名字。可以買個密碼管理系統，例如 1Password 或 LastPass。另外，可以的話，就啟用雙重驗證，但盡量避免使用內文／簡訊作為驗證來源，因為內文很可能會被攔截。Google 身分驗證器（Google Authenticator）或 Authy 應用軟體都是好選擇。

▌▌受到攻擊後

通知金融機構和公用事業服務商：請致電你的信用卡公司、行動電話供應商、公用事業公司及銀行，讓它們知道你成為網民攻擊目標。它們可能會為你的帳戶加上額外安全保障。另外，你能考慮凍結自己的信用額度，這樣就沒有人能用你的名義開立任何信用額度。這個操作步驟很簡單，你可以直接在網路上進行，要求聯絡國內信用報告機構（美國如 Equifax、Experian 和 TransUnion），它們會在一個工作天內凍結你的信用額度。

加密訊息：正如我們所討論過，使用完全加密、不可追蹤的訊息應用程式，比如 Signal，你能用這個發送免費電話和簡訊，同時能設定為完全消失。WhatsApp 和 Telegram 也是不錯的替代品。不過，無論你使用哪款應用程式，都要確保你的數據資料沒有儲存在雲端，請關閉應用程式的雲端備份功能。〔川普前競選主席保羅・馬納福特（Paul Manafort）在使用 WhatsApp 之前，就是忘記更改這項設定，因此聯邦調查局（FBI）才能抓到他。[7]嘖嘖！〕

　　使用匿名瀏覽器：使用匿名瀏覽器上網，如洋蔥瀏覽器，以防止任何人追蹤你，蒐集你的數據及線上搜尋。匿名瀏覽器再加上虛擬私人網路一起使用，能助你不被追蹤，在你需要透露消息給媒體的時候也有幫助。

　　記錄事件：儲存一份整理好的攻擊日記，詳細記錄攻擊來源、性質、日期和任何其他相關訊息。日記能為你找出攻擊模式，並在執法單位介入時，有助於發現騷擾來源。請把日記儲存在加密之處。

　　加油，你沒問題的：你的世界似乎正在崩塌，同時孤立無援，但事實並非如此。你會度過這個難關，也會比以前更堅強。在困難時期，你要多給自己一點時間。

在網路以外保重自己

　　想在網路騷擾和數位戰爭中倖存下來，支援一定是不可

　　　　　　　　　　　　　　　　　　我的美好，不該是你騷擾我的藉口

缺少的。布里安娜・吳十分強調這點，因為她經歷過。2014
年10月，這位網路遊戲開發者變成國會候選人，被 # 玩家門
（Gamergate）的擁護者肉搜，這是一場數位社會運動，其訴求是
要讓在遊戲領域工作中直言不諱的女性閉嘴。該網路組織散播
了吳的手機號碼和住址，並慫恿幾名成員，包括一名受歡迎的
YouTube 名人，做出詳細的死亡威脅，迫使吳及其丈夫逃離他們
位在新英格蘭的家。她要面對駭客沒完沒了的襲擊。正在自慰的
厭女者會在一天內多次打電話給她，發送狗被宰殺的照片給她，
並發布聯想到她死亡的相關文章。FBI 多次逮捕其中幾名男子，
其中一人承認他至少給吳打了40、50次電話威脅她，並且在聽
到她不高興時，故意加重騷擾程度。但有關當局卻選擇不起訴他
們，讓吳得不到補償。

　　雖然吳在網路發聲時仍常收到暴力威脅，但這位性別平等倡
導者除了私下輔導那些努力克服肉搜所帶來創傷性影響的人之
外，也持續倡導要為女性提供更安全的數位空間。吳主要建議大
家要在心理及情緒上保護自己，因為肉搜行為會對你的整個生活
造成傷害。除了尋求治療，吳也建議向真正同理你、支持你的親
友公開談論你的遭遇。她為那些在數位世界工作、生活或僅是擁
有虛擬身分的女性提供了以下至理名言：

　　沒什麼神奇的方法能讓你不成為目標。你能遠離爭議、
遠離政治並謹慎發言，但你仍然有可能成為目標。別讓這些

數位暴徒嚇得你無法做自己。有支女性大軍早就已經受夠這些狗屁，而且我們會與你同在。

👁 總結回顧

▶ 女性比男性更容易成為網路騷擾和施暴的目標。執法單位尚未將起訴虛擬威脅及騷擾作為優先事項，社交媒體平台也沒有確實執行其規則。

▶ 酸民和肉搜者都非常惡劣。前者會在網路上跟蹤、批評並騷擾你，後者則會散布你的個人資訊，希望別人利用這些資訊來騷擾你。大致上，酸民和肉搜者都沒有做什麼違法的事，但他們還是會對你的公共及私人生活造成相當大的損害。對於這些主動攻擊及結構性防禦，都要做好心理準備。

▶ 為了抵抗網路攻擊，你可能需要使用虛擬私人網路；選擇取消金融和信貸通知功能；註冊郵件和包裹投遞提醒；監控網路上提及你名字的活動；對你的電子郵件進行全面加密；使用別名、虛擬電子郵件帳戶及虛擬電話號碼來處理不重要事物；注意數位安全；並使用獨特密碼及雙重認證。

▶ 在被肉搜或遭受網路攻擊之後，請通知你的金融機構和公用事業服務提供商，使用加密訊息平台和匿名網路瀏覽器，把事件記錄下來，並記得為自己加油。你隨時都可以在受到攻擊之前，就採用這些網路安全功能來提升你的安全感。

▶ 你的世界看似正在崩塌，同時孤立無援。請告訴自己，事實並非如此。在這段困難時期，請多抽出點時間來好好照顧自己，並充分運用親友團及心理健康服務提供者的協助。你會度過難關的，也會比以前更堅強。

我的美好，不該是你騷擾我的藉口

Chapter 15

讓自己更好

擁抱新自我、始終做自己，
並找回強悍的自己

> 我才剛做了一個 DNA 測試，
> 結果發現我是那百分之百必取之人。

——莉佐（Lizzo）／膽大自我藝術家兼狠角色提倡者

在我放棄既有生活及相當賺錢的法律事業，去追求體育廣播的夢想兩年之後，這個夢想便已粉碎，被性騷擾給摧毀了，也有人告訴我，我再也無法在媒體業工作了。據傳，我所離開的圈子本來就有黑歷史，會去毀滅敢於挑戰有害文化的女性。那些人手握著權力，隨意創造及破壞名聲；而我，在另一方面，則抱持著幻想般的美夢及理所當然的決心。把我列入黑名單對他們來說很容易，但他們不知道我百分之百就是那個必取之人。

我曾經、現在且永遠都會是愛德麗安·勞倫斯——溫暖又聰慧的女人，即使經歷了一堆狗屁倒灶的事，仍然真心相信人性本善，仍然熱衷於鼓舞他人，並相信有志者事竟成。我從來沒有、也不會成為他們所期待，或是希望世界認為我該是怎樣的人。即使是在風暴中，當我的名聲在媒體上崩壞，我的社交媒體充斥著許多嗤之以鼻的聲音，很多所謂的朋友也都消失得無影無蹤，我還是知道自己是誰，而且永遠不會忘記。這個必取之人一心想著

我的美好，不該是你騷擾我的藉口

要捲土重來。

在被踢出 ESPN，以及好名聲被搞得一塌糊塗的九個月內，我又透過第三方開始轉播體育節目而回到同個圈子中，這個第三方在與我簽約之後，恰好也跟 ESPN 簽了協議。那真是個難忘的時刻，沒錯。但那不算是我的復出第一步。我的正式回歸日應該出現在幾個月後——那天一早，我醒來，意識到自己不再為任何事所困擾、憤怒或屈辱，我已經放下他們那些鬼扯廢話，重新找回我的明亮人生，不但比以往都還要光亮，而且也深深愛上了自己的生活，以至於任何想汙衊冤枉我的人都成了可笑、荒謬、遙遠的記憶。[1]

在本章中，我會給你一些工具，讓你在度過性騷擾不幸之後，能夠提升個人高度，計劃好自己的回歸之路，並付諸行動。你會學到如何從經驗中成長，並開創另一個夢想之旅，得到創造及開始新職業的實用技巧，以及重新打造職業形象與保持正確心態的意見。正如我們所肯定的，你是個具有自我主宰的人；現在我們也要確認，你同時也是那個必取之人。

成長與發光

成長是克服創傷經歷的關鍵所在。這需要自我反省及展現成熟。成長使你不再責怪別人，不再留戀傷痛，並帶領你走向平靜，擁有自己的力量。成長不僅僅是改變，還需要懂得去適應，但同時保有自我。

儘管我還是**我**，但對於性騷擾所帶來的一切後果，我必須去適應，而且我也已經完全改變了。我從困難中吸取並學到了教訓，找到了新方式去挖掘我最真實一面，同時反映出今日的我，以及我所渴望成為的女強人。這是第一次，我為自己的生活及生活中的人承擔全部與完整的責任——我明明白白、全心全意地愛著生活。就像莉佐擦上 MAC 古銅色一般，我容光煥發！

　　當然，這種狀態並不是一夜之間就會出現，而且，你也知道，我並不是沒有經歷某些錯誤，至少頸部刺青就是。但我確實開始成長——從我把自己放在第一位，無視所有人期望，並著手投資自己開始。從我終於承認並接受一切都不美好，而且我不必獨自經歷這一切的那天起，我整整花了一年多的時間。

　　你也不是一個人。你現在或許正處在困難處境中，或者你已經遠離創傷，只是仍在努力尋找平靜。無論你身在何處，在此有些智慧結晶，能陪你度過困境、成長並蛻變發光。

　　調整你的外在：性騷擾會讓你的生活失序，奪走你的尊嚴、自信和事業。但你有兩個選擇：你可以接受這段已發生的經歷，或是不斷堅持事情原本該有的發展。這分別代表你是屬於向前看還是向後看的類型。生命的意義便在於你如何去看待。

⚠ 注意！

如果你被性騷擾溫床給灼傷了，請放過自己，你並不是唯一有傷口的人。在同個圈子中，很可能還有人逃過有害雇主的毒

　　　　　　　　　　　我的美好，不該是你騷擾我的藉口

手。四處打聽一下，到網路上查查。看看能不能找到其他帶著不滿離開雇主的人。在領英上找到這個人，主動聯繫並建立關係。這也是種淨化、發洩管道。另外，如果不去試你就永遠不知道：在了解你自我封閉背後所承受的痛苦之後，他們也許就會對你敞開大門。

找出課題教訓：你可能已經離開學校一段時間了，但人生課題永遠不會結束。發生在你身上的每件事都有其背後課題。當你和創傷之間具有足夠距離時，要敞開心胸，想想你可以從這經歷中學到什麼教訓。在不責怪任何人的情形下，問問自己，你能從事件發生及後續影響中得到什麼。也許你在途中找到了自己的聲音，也許你會發現自己的直覺早就想引起你的注意。對我來說，就是這樣：我學會相信自己的直覺，也學會為了自己的幸福，而專注在內在力量上，並意識到自己比想像中的更強大。在未來人生中，我必然會把這些課題銘記在心，並妥善運用。請找出這些課題教訓，好好記住，並善用這些使自己的未來發光發熱，更甚以往。

挖掘出新的你：你是誰？你又代表什麼？你為什麼而感動？請忘掉他人看法，或父母把你養成的那個人。**你到底是誰？**這個問題的答案需要誠實、面對脆弱及自省。靜下心來。放下所有人的期望，在定義你之所以是你的問題上，追隨你的直覺。若是有必要，上路就能見真章。容許自己去挖掘自身轉變的每一個細

節，以及你想成為的女強人。

擁有全新的你：擁抱自己。要為自己的美感到理直氣壯。釋放你內心那位跨性別女性拉維恩‧考克斯（Laverne Cox），培養你內在的眾議員新星亞歷珊卓‧歐加修‧寇蒂茲（Alexandria Ocasio-Cortez），開發你內在的歐普拉‧溫芙蕾。做自己！愛自己！珍惜自己的每一寸及美好。玩得開心、笑得開心、活得開心！你就是主宰大神兼那個必取之人。

找出一條新方向

你可能正處於某個糟糕環境中，或者才剛剛離開。無論是哪種情況，都不要讓騷擾狂、有害雇主或恐懼把你嚇得逃出自己所夢想的專業領域，或是因此認定自己的職業生涯在該行業已經告終。你都已經該死地付出太多的努力，即使是剛剛進入某行業，就像我一樣，你仍然有權去過最好的生活。在走入另一個夢想之前，請考慮用另一種方式讓自己的夢想成真吧！

關於找到你所喜愛的職業、一位值得你為其工作的雇主，以下是我的五大建議：

保持頭腦清醒：如果你正處於因為有害職場經歷而願意放棄夢想、只追求小確幸的階段，你可以考慮和專業人士談談。有一些職涯／生命教練具有認知行為學背景，以及能幫助女性從創傷經歷中重回職場的經驗。他們會幫你清理創傷，讓你在選擇下一條職業道路時，保有健康的心態。

說，還是不說：你是否應該告訴潛在或未來雇主及同事，你因為性騷擾而離開上一份工作？

簡單回答：這是個人決定。不過，你可能要先考慮以下幾件事：

▸ **什麼定義了你？** 性騷擾並不能定義你。你是個有工作能力的人，而你的前雇主無法欣賞你。這不是你的問題——只要你沒有讓這些問題成為你的精神或情緒負擔。

▸ **這還是禁忌嗎？** 有些行業及公司比其他行業更進步。另一方面，有些小心眼的人可能不願意聘請不怕把性騷擾說出口的女人，因為他們擔心要是自己也騷擾她，她就不會保持沉默。你可能已經猜到了——那些人並非是你同類。

▸ **目的是什麼？** 是否有正當理由說明這些人必須知道你過去就業經歷的原因（例如他們正考慮要僱用騷擾你的那個混蛋）？如果沒有正當理由，也許就該等到你更了解他們，並且有正當理由來談到你的過去再說吧。

請找獵頭公司：獵頭公司對於開放的工作機會及理想工作環境瞭如指掌。要是必須從過去糟糕工作經歷中尋找推薦人（或缺乏推薦人）時，它們也十分能隨機應變。請跟你所信任的獵頭建立良好關係。若是你能對他感到放心，就向他解釋你的情況和需求，讓他能盡情施展其功力吧！

善用你的推薦人：超過三分之一的人要透過專業推薦人，才能得到目前的職位。[2]該是時候去問那些你信任的人，他們知道哪些不錯的機會。看看他們是否能為你牽線介紹。一個好的推薦

來源，就能發揮很大作用。

充分運用你的時間及人脈：如果你還在有害雇主那裡工作，而且又剛好有提供教育津貼或培訓計畫，那就全盤接受吧！同時你也能善用你的空閒時間，遠離你的工作崗位，去報名參加各種會議、業餘表演、工作論壇、職業工會及組織等等，藉此擴大你的人脈網路，或是提高自我市場價值。確保潛在的雇主可以在網路上找到你，你的個人資料是最新的，而且設定狀態也表明了你正等待機會上門。

請考慮創業或自由業：如果你已受夠追逐的遊戲，不妨考慮自己出去闖一闖吧！也許你可以成為顧問，開始創業，依本身的條件開拓自己的道路。對於女性企業主來說，還有很多大把機會。自由地規劃時間表，按自己的規則行事，可能這正是你所需要的呢！正面積極，保持冷靜。你有很多選擇。

♈ 專業攻略

在經歷職業變化或性騷擾醜聞之後，要你重新定義你的大眾或職業形象可能會是一件苦差事。但你總能控制自己吧。從律師轉為品牌專家的布塔妮·霍夫曼（Brittany Hoffman），便藉由領英及其他社交媒體管道，利用以下五點在混亂之後重新建立線上大眾形象：

▸ **明確性**：搞清楚你是誰，你想做什麼。對於你該如何定義自己，先進行個人盤點分析。你想為誰工作？為什麼？你有哪些技能和經驗使你具有獨特性？當大家聽到你的名字，你希

望他們會說什麼？

▶ **一致性**：運用可靠訊息在網路上展現個人風格的一致性，會在現實生活產生非常真實的效果。影響力建立在信任基礎上，而一致性便是建立可信度的最佳方式之一。你建立的線上簡介、平台及內容，全都應該要反映出你所決定的立場和你想傳達的訊息。

▶ **群組**：別等群組來找你。快走出去，去找它！最簡單的方法，便是把那些你想在線上與之交往的人加入你個人世界中。請提升價值並參與相關話題吧！

▶ **坦率**：真實性是關鍵！你的形象應該要能反映你現實生活中的身分、說話口氣及意見。大家會因為喜歡你而相信你，以及你所表達的訊息。

▶ **易變性**：你的形象從來就不會固定不變。即使是最大的醜聞與最出名的名字，都不會在一個新聞週期中活得太久。大家日子照過，但你必須要用最適合自己的方式好好過日子。

編織另一個夢想

你可能正處於職業生涯在該行業告一段落的階段。也許你受到啟發，想做一些不同的事情，或者你根本就不愛這場遊戲，而那個騷擾狂幫你發現了這點。不管是哪種情況，你選擇編織另一個夢想，就是個大膽之舉。你值得一個富有挑戰性、能發揮許多專業才華的職業。作為一個在生活中擁有無數職業的人，包括從大型律師事務所到國際主播臺，再到成為作家及演說家，我能告訴你，做自己喜歡的事是多麼有成就感。以下便是我對轉行的五

大建議：

丟掉你的時間及限制：如果金錢、時間和管道都不是重點，你會做什麼？什麼能讓你發揮出最好的一面？你小時候喜歡做什麼？敞開你的心胸，看看自己能做些什麼了不起的事。不要急著跳到另一個位置，花點時間探索自我及所有選擇。畢竟，你正從創傷經歷中走出來。如果你感到不知所措，那就召集一下親友團，幫你整理思緒，慢慢找到適合自己的路。此外，別懷疑，利用第四章的建議，好好檢視未來的雇主，這樣你就不會急著投入錯誤雇主的懷抱，最終又回到你現在的處境。

♡ 專業攻略

許多挺過創傷的人都可能在傳達意見時透露出自身的混亂。我也曾如此。如果你決定走公開演講之路，有無做好準備便可能帶來受尊敬或被詆毀兩種截然不同的結果。以下便是專業演講教練兼《會說話的女人來發聲》（*The Well-Spoken Woman Speaks Out*）作者克里斯汀・楊克（Christine K. Jahnke）的建議：

▸ **選擇好你的訊息**：決定好你想說什麼、想被如何看待，以及如何去說。提前準備好，就能避免你在記者或觀眾面前顯得漫不經心或過於情緒化。

▸ **把你的話寫出來**：好故事看起來不費吹灰之力，但這背後需要下相當多的功夫。在這個過程中，先要把你想說的話完整地寫出來。僅列出重點無法幫助你決定該如何分享較敏感或痛苦的訊息；不過，書面文字能幫你釐清為什麼是你在說

　　　　　　　　我的美好，不該是你騷擾我的藉口

話，為什麼觀眾應該關心。

▸ **透過錄製說話聲來練習**：一旦你有了草稿，就大聲練習並錄下自己的聲音，然後重播錄音並傾聽。紙上文字在大聲說出來的時候，往往跟聽起來感覺不一樣，所以你可能需要編輯。你或許能找誠實的親友或同事，讓他們提供建設性意見。練習能為你建立信心，故事也會隨著每次敘述而說得更好。

▸ **做好接受回饋意見的準備**：在你分享你的故事之後，就要做好準備，迎接那些會為你鼓掌，或是因為你而感到威脅的人的回饋意見。專注於那些接受你的訊息並想幫你帶來積極改變的人。

不要害怕跨出去：當我從事法律工作時，就曾想要探索新聞業，我報名參加了加州大學洛杉磯分校（UCLA）為期十週的課程。重回學校讓我興奮不已，我涉獵了各種科目，直到發現能與我有所共鳴的東西。你可以從地區或網路上類似課程規畫中獲得意見及靈感，也能考慮參加社區大學的課程，或是給大學教授發郵件，說明你的來意，並詢問是否能旁聽他的課，若是可能的話，或許還能在課後聊聊天。

建立關係並提出問題：人脈網路是種深入了解你潛在職業生涯的理想方式。去找個待在你感興趣專業領域的人，看看是否能請他們吃午餐，了解他們的看法，去詢問孰優孰劣並聽取意見。從該領域不同人身上取得意見，這樣你就能全面了解該行業的生活。

免費義工取得經驗：是的，就是我說的。我非常認同要付出時間來取得經驗。這會為你打開一扇門，否則你可能不得其門而入，這也會讓你得以出現在從前沒機會遇見的人面前。例如，當我進入媒體業時，我需要廣播經驗及能夠做成一支影片的畫面素材。一家小型數位媒體便允許我到它的工作室裡製作並主持一週節目。我沒有得到報酬，但我確實得到了製作影片的素材！只要你沒有被利用或占便宜，在進入某個領域之前，可以先去獲得你所需要的經驗。

致力於展現你最好一面的事物上：現在不是 1940 年，現在的美國人不會花一輩子待在同個行業、同個雇主底下。這是 21 世紀：命運掌握在你手裡！如果今天你想從事市場行銷，明天想從事科技業，就聽從自己的心去行動吧。藉由這個能讓你展現最好的自己、持續養成完美自我的工作，好好去過你美好的職業生活。記住，你就是那個必取之人。

👁 **總結回顧**

▸ 性騷擾是拖累了你，但這不代表重回職場就無法讓你重新振作。你會好起來的。當你捲土重來，你能決定自己「回歸」的模樣、對你有什麼意義，以及在經歷這些之後的你又是誰。

▸ 性騷擾會改變你。在蛻變過程中，透過保持正面積極的態度、找出課題教訓、挖掘新的自己，並擁抱新自我，你就能成長並發光發熱。

▸ 永遠別讓騷擾狂或有害雇主迫使你離開你所熱衷的行業。藉由

保持頭腦清醒、去找獵頭公司、善用你的推薦人、充分運用你的時間及人脈,並考慮選擇創業或自由業,用另一種方式留在你原來的專業領域。

▶ 如果你已經準備好轉行,想脫離那些有害經歷,並經過慎重考慮,要去編織另一個夢想,請花點時間探索可能的新職業,排除對自己的限制。不要害怕跨足那些可以讓你更了解自身興趣的計畫,跟那些已經在該領域的人建立關係並向他們提問,也能當義工以獲取經驗,並致力於展現你最好一面的事物上。

結語

拿回主導權

> 我們需要塑造對自己的看法。
> 我們必須以女性的身分站出來並帶領大家。

—— 碧昂斯（Beyoncé）／女王

你 成功了。恭喜你！你現在已經具備戰勝性騷擾的能力！你不僅做到心裡有數，也有搶先騷擾狂及性騷擾溫床一步的優勢。無論騷擾狂多麼可怕，雇主多麼惡劣，你都能克服一切，在人生下一個篇章中理直氣壯地茁壯成長。對你的職業生涯和個人幸福來說，這是十分重要的事。同時，這也只是一個開始……

雖然在過去半個世紀中，大家為了提升女性職場地位已經付出了很多努力，但還是有相當多有待改善的地方。在組織方面，你可以挑戰你的雇主，讓他變得更好，也做得更好。推動真正有效的性騷擾教育及員工培訓，促進更有力的問責制度，並支持具影響力的變革。也許倡導性別平等的演講者能到你公司舉辦研討會，或者去要求雇主提高大家對性騷擾形式的認識。把你的建議意見包裝成一種主動預防損失的努力，目的在於維護雇主的底線。

在社會方面，你能透過提升職場及整個行業中女性及邊緣化

族群的地位來促進平等。即使我們有多麼不同，但再多去區分就真的沒意思。例如，2019 年 7 月，記者亞沙·阿里（Yashar Ali）在《赫芬頓郵報》（*HuffPost*）上爆料福斯新聞主持人喬治·「泰勒斯」·梅鐸對當時的共同主持人布莉特·麥克亨利（Britt McHenry）發送猥褻簡訊，對於公開支持麥克亨利及其挑戰福斯公司處理性騷擾的方式上，我可以說是完全沒問題。麥克亨利是一位與我沒什麼共同點的保守派女性，可能在政治立場上會與我相反——但性騷擾並非政治議題，如果我們繼續分裂，這問題就**永遠**不會終結。學著去同理他人，展現團結力量。

在個人方面，請你言行一致。扔掉「能在這裡工作是我的榮幸」這種廢話，多認識自己的價值。對自己、其他女性及易受騷擾的邊緣化族群講點人生意義。請注意那些壓迫你有色人種同事的限制及跨性別種族刻板印象，在聽到有人抨擊那些勇敢駁斥騷擾狂的人時，請你要立刻出聲支援，並跟那些因爲行使其權利而被排斥的非異性戀族群同事做朋友。當一個好的旁觀者。在你看到性騷擾事件發生時，請使用我們在第八章中所討論的四大介入方法。同樣地，衡量到女性對可接受行為的標準比男性高，你能鼓勵男性變得更好，並讓他們對自己的不當行為負責。大聲說出來。男性必須明白，他們的身分認同並非建立在壓迫女性之上，而職場也並非是個零和遊戲。

最後，請記住，你有能力在辦公室或行業之外做出改變。想想你該如何在更大範圍內協助打擊性騷擾。可能開始一個草根

運動，例如《像母親一樣戰鬥》（*Fight Like a Mother*）的作者夏儂·瓦茲（Shannon Watts）就在 2012 年，創立了「媽媽要求管制槍枝行動」（Moms Demand Action）民間團體，或者透過像是 Coworker.org 這種組織在網路上號召支援，讓你得以建立起數位陣營，以提高大眾意識並蒐集聯名簽署。你有沒有考慮過自己成立競選辦公室，像國會議員亞歷珊卓·歐加修·寇蒂茲去改變法律或提出立法草案？我們都知道性騷擾防制法有問題。事實上，在此就有兩個問題，能讓你的改革陣營開始動起來：

首先，依《民權法案》第七章規定，補償性及懲罰性的損害賠償上限為 30 萬美元，這真的太低了。這個上限規定是在 1991 年實施，距今都快 30 年了，當時新房子的平均價格是 14.7 萬美元，一加侖汽油是 1.14 美元。時至今日，維持這個損害賠償上限，對於停止騷擾行為根本毫無作用。員工爭取自己的權利不應該受到阻止，而大公司也必須在包庇或忽視騷擾狂方面受到制止。

其次，你可以提倡改變主張敵意職場環境訴訟中「討人厭之構成要件」。你或許已經注意到，法律規定你必須證明騷擾是「討人厭的」。用另一種角度來說，也就是法律已經假設女性會歡迎其職場上的性騷擾，除非她能充分證明並非如此。這到底在搞什麼鬼？這種扭曲的法律假設直接否決掉個人「同意」部分，把反對性愛或有辱人格訊息的責任放在你身上，法律才能藉此考量去做點什麼。為何不這樣假設：你在做預算報告的

時候，對於帶有性別或侮辱性的言論不感興趣，所以在工作場合做這種和工作無關的行為之前，先徵求你的同意是騷擾狂的責任，這樣不是更合理嗎？的確，在一個強調男女平等的平等主義社會中，後者會顯得更有道理。但這不是我們的社會現況——除非我們做出改變。

事實上，法律拒絕因為騷擾行為而給予女性充分補償，並強迫女性要證明她們並不歡迎這種行為，簡直就是在用力提醒我們社會中的男女地位並不平等——而這種不平等狀態必須終結。

加入我吧！請就坐入列，帶領大家做出改變。

我的美好，不該是你騷擾我的藉口

謝辭

我的家人

Adnan Virk

Alexis Rios

Alyssa Mannis

Amy Trask

Ana Kasparian

Andrea Kaufman

Andrew Echenique

Andrew W. Schilling

Anita Kabaei

Anna Marie Davidson

Ari Luxenberg

Ashlee Buchanan

Barbara Travis

B.r. Williams

BlogHer

Bob Hunter

Bobbie L. King Jr.

Britni de la Cretaz

Carmen Rios

Cary Greenberg

Chief Judge Eric T. Washington

Kalinca Escamilla

Kara Flanagan

Kate McCarthy

Kathy & Rick Cooke

Katessa Davis

Kayla Ward

Kelsey Miller

Kristin Marguerite Doidge

Larry Lawson

Linda Makings

Lindsay Gibbs
Lindsay Spadoni
Linh Le
Maya Raghu
Megan Alsop
Megan Newman
Chisa Tolbertson
Chris "Dubby" McFarland
Christine Jahnke
Christine Kan
Cora Brumley
Cpt. Abigail Sutton
Cristal Williams Chancellor
Craig Engle
Danielle Turner
Dave Grunfeld
David S. Jonas
David W. Satterfield
Debbie Spander
Dr. Brenda Russell
Dr. Debra Oswald
Dr. Heather McLaughlin
Dr. Shard. Davis
Dress for Success of
Hartford, CT
Eric V. Rowen
Ernest Tuckett III
Frantz M. Paul
Ian Ballon

Merle Vaughn
Michelle Lipkowitz Stevens
Mike Burks
Mya G
Mike Yam
Miko Grimes
Mona Leung
Nadia Kachwaha
Nathan Ikon Crumpton
Nelb. Marquez-Greene
Nicole Lawrence
Nicole Watson
Nina Hernandez Farmer
Nuria Santamaria Wolfe
Princell O' Hare
Rev. Joseph Bryant
Jade McCarthy
James Conolly
Jamie Stein
Jay Hulme
Jay Scott Smith
Jayar Jackson
Jen Rottenberg
Jenilee Borek
Jennifer & Edgar
Montesdeoca
Jennifer Herrera
Joanna Hewitt
Joanna Ng

我的美好，不該是你騷擾我的藉口

John Duke   Ryan Cook
Joseph Lynch   Saeed Jones
Josh Goldman   Sara Avatapalli
Juanita Figueroa   Satnam Naram Sarang
Juanita Wallace   Scott Bertzyk
Judith Benezra   Scotty Riggs
Julie Burton   Shannon Watts
Julissa Garcia Zambrano   Soraya Chemaly
Justin Barton   Stephane Ariot
Justin McWhirter   Talia Levin
Rico Williams   Dr. Therese Mascardo
Rosalind Jones   Thomas Chow
Ryan Alvarez   Women's Media Center

以及那些一旦具名就會招致敵意報復、因此未能列出的人士。
我永遠感謝你們。

注釋

引言

1. "Ending Sexual Assault and Harassment in the Workplace," National Sexual Violence Resource Center, 2018, https://nsvrc.org/sites/default/files/publications/2018-03/Publications_NSVRC_Tip-sheet_Ending_Sexual_Assault_Harassment_in_Workplace.pdf.

2. Carly McCann, Donald Tomaskovic-Devey, and M. V. Lee Badgett, "Employer's Responses to Sexual Harassment," Center for Employment Equity, University of Massachusetts Amherst, December 2018, https://www.umass.edu/employmentequity/employers-responses-sexual-harassment.

3. Louise F. Fitzgerald and Lilia M. Cortina, "Sexual Harassment in Work Organizations: A View from the 21st Century," in *APA Handbook of the Psychology of Women: Perspectives on Women's Private and Public Lives*, eds. Cheryl B. Travis et al. (Washington, DC: American Psychological Association, 2018), 215–234, http://dx.doi.org/10.1037/0000060-012.

第一章：了解分數

1. Sundance Institute, "Cinema Café with Ruth Bader Ginsburg and Nina Totenberg," streamed live on January 21, 2018, at the Sundance Film Festival

我的美好，不該是你騷擾我的藉口

(Park City, UT), YouTube 1:07:16, https://youtu.be/pDXxsRB4s7Y?t=1045.

第二章：我們寧願不看的真相

Talia Jane, "Creepy Men Slide into Women's DMs All the Time, but They Can Be Shut Down," *The Guardian*, May 7, 2019, https://www.theguardian.com/commentisfree/2019/may/07/creepy-men-dm-online-harassment.

2. Elena Dall'Ara and Anne Maass, "Studying Sexual Harassment in the Laboratory: Are Egalitarian Women at Higher Risk?," *Sex Roles* 41, no. 9–10 (November 1999): 681–704, https://doi.org/10.1023/A:1018816025988.

3. Schultz, Vicki, "Reconceptualizing Sexual Harassment, Again," Yale Law School, Public Law Research Paper No. 647 (April 19, 2018), http://dx.doi.org/10.2139/ssrn.3165561.

4. Heather McLaughlin, Christopher Uggen, and Amy Blackstone, "Sexual Harassment, Workplace Authority, and the Paradox of Power," *American Sociological Review* 77, no. 4 (July 2012): 625–647, https://doi.org/10.1177/0003122412451728.

5. Brenda L. Russell and Debra Oswald, "When Sexism Cuts Both Ways: Predictors of Tolerance of Sexual Harassment of Men," *Men and Masculinities* 19, no. 5 (December 2016): 524–544, http://doi.org/10.1177/1097184X15602745.

6. Fitzgerald and Cortina, "Sexual Harassment in Work Organizations," 2018.

7. Lilia M. Cortina and Jennifer L. Berdahl, "Sexual Harassment in Organizations: A Decade of Research in Review," in *The SAGE Handbook of Organizational Behavior, Volume 1: Micro Approaches*, eds. Julian Barling and Cary L. Cooper (Newbury Park, CA: SAGE Publications, 2008): 469–496, http://dx.doi.org/10.4135/9781849200448.n26.

8. Jennifer L. Berdahl, "Harassment Based on Sex: Protecting Social Status in the Context of Gender Hierarchy," *The Academy of Management Review* 32, no. 2 (April 2007): 641–658, http://www.jstor.org/stable/20159319.

9. Russell and Oswald, "When Sexism Cuts Both Ways," 2016.

10. Christopher F. Karpowitz et al., "The American Family Survey 2018 Summary Report: Identities, Opportunities and Challenges," Utah: *Deseret News* and the Center for the Study of Elections and Democracy at Brigham Young University, 2018, http://deseretnews.com/american-family-survey.

11. Frank J. Till, "Sexual Harassment: A Report on the Sexual Harassment of Students," National Advisory Council on Women's Educational Programs, 1980.

12. Louise F. Fitzgerald et al., "The Incidence and Dimensions of Sexual Harassment in Academia and the Workplace," *Journal of Vocational Behavior* 32, no. 2 (April 1988), 152–175, https://doi.org/10.1016/0001-8791(88)90012-7.

13. Fitzgerald and Cortina, "Sexual Harassment in Work Organizations," 2018.

14. Emily Longeretta, "Harvey Weinstein's Ex Assistant Opens Up About Working for'Repulsive Monster,' " *Us Weekly*, December 20, 2017, https://www.usmagazine.com/celebrity-news/news/harvey-weinsteins-ex-assistant-talks-working-for-repulsive-monster.

15. James Campbell Quick and M. Ann McFadyen, "*Sexual Harassment: Have We Made Any Progress?*," *Journal of Occupational Health Psychology* 22, no. 3 (July 2017): 286–298, http://dx.doi.org/10.1037/ocp0000054.

16. Fitzgerald and Cortina, "Sexual Harassment in Work Organizations," 2018.

17. Chadwick v. Wellpoint, Inc., 561 F.3d 38 (1st Cir. 2009).

18. Price Waterhouse v. Hopkins, 490 U.S. 228 (1989).

19. Fitzgerald and Cortina, "Sexual Harassment in Work Organizations," 2018.

20. Russell and Oswald, "When Sexism Cuts Both Ways," 2016.

21. Fitzgerald and Cortina, "Sexual Harassment in Work Organizations," 2018.

22. Oncale v. Sundowner Offshore Services, 523 U.S. 75 (1998).

23. Fitzgerald and Cortina, "Sexual Harassment in Work Organizations," 2018.

24. Ashley Judd v. Harvey Weinstein, 2:18-cv-05724 (C.D. Cal. filed June 28, 2018).

25. Meritor Savings Bank v. Vinson, 477 U.S. 57 (1986).

26. McLaughlin, Uggen, and Blackstone, "Sexual Harassment, Workplace Authority, and the Paradox of Power," 2012.

27. Fitzgerald and Cortina, "Sexual Harassment in Work Organizations," 2018.

第三章：性騷擾狂與目標

1. Franchina v. City of Providence, 881 F.3d 32, 43-44 (1st Cir. 2018); transcript of Jury Trial Volumes I and II in *Franchina v. City of Providence*, No. 12-517M (D.R.I. Nov. 7, 2016).

2. Fitzgerald and Cortina, "Sexual Harassment in Work Organizations," 2018.

3. McLaughlin, Uggen, and Blackstone, "Sexual Harassment, Workplace Authority, and the Paradox of Power," 2012.

4. Heather McLaughlin, phone interview with author, February 15, 2019.

5. Russell and Oswald, "When Sexism Cuts Both Ways," 2016.

6. Berdahl, "Harassment Based on Sex," 2007.

7. Jin X. Goh and Judith A. Hall, "Nonverbal and Verbal Expressions" of Men's Sexism in Mixed-Gender Interactions." Sex Roles 72, no. 5–6 (March 2015), 252–261, doi:10.1007/s11199-015-0451-7.

8. Goh and Hall, "Nonverbal and Verbal Expressions," 2015.

9. Goh and Hall, "Nonverbal and Verbal Expressions," 2015.

10. Russell and Oswald, "When Sexism Cuts Both Ways," 2016.

11. Russell and Oswald, "When Sexism Cuts Both Ways," 2016.

12. Heather McLaughlin, Christopher Uggen, and Amy Blackstone, "The Economic and Career Effects of Sexual Harassment on Working Women,"

Gender & Society 31, no. 3 (June 2017): 333–358, doi:10.1177/ 0891243217704631; Heather McLaughlin, email exchange with author, February 21, 2019.

13. Amy Blackstone, Heather McLaughlin, and Christopher Uggen, "State of the Union 2018: Workplace Sexual Harassment," Stanford Center on Poverty and Inequality, March 2018, https://inequality.stanford.edu/sites/default/files/ Pathways_SOTU_2018_ harassment.pdf.

14. Blackstone, McLaughlin, and Uggen, "State of the Union," 2018.

15. Jason N. Houle et al., "The Impact of Sexual Harassment on Depressive Symptoms During the Early Occupational Career," Society and Mental Health 1, no. 2 (July 2011): 89–105, doi:10.1177/2156869311416827.

16. Berdahl, "Harassment Based on Sex," 2007.

17. Berdahl, "Harassment Based on Sex," 2007.

18. Berdahl, "Harassment Based on Sex," 2007.

19. McLaughlin, Uggen, and Blackstone, "Sexual Harassment, Workplace Authority, and the Paradox of Power," 2012.

20. Nikki Graf, "Sexual Harassment at Work in the Era of #MeToo," Pew Research Center, April 4, 2018, https://www.pewsocialtrends.org/2018/04/04/ sexual-harassment-at-work-in-the-era-of-metoo.

21. McLaughlin, Uggen, and Blackstone, "Sexual Harassment, Workplace Authority, and the Paradox of Power," 2012.

22. McLaughlin, Uggen, and Blackstone, "Sexual Harassment, Workplace Authority, and the Paradox of Power," 2012.

23. Blackstone, McLaughlin, and Uggen, "State of the Union," 2018.

24. Russell and Oswald, "When Sexism Cuts Both Ways," 2016.

25. Karpowitz et al., "The American Family Survey 2018 Summary Report."

26. Angela M. Dionisi and Julian Barling, "It Hurts Me Too: Examining the Relationship Between Male Gender Harassment and Observers' Well-Being,

Attitudes, and Behaviors," Journal of Occupational Health Psychology 23, no. 3 (July 2018): 303– 319, doi:10.1037/ocp0000124.

27. Blackstone, McLaughlin, and Uggen, "State of the Union," 2018.

28. Hively v. Ivy Tech Cmty. Coll. of Ind., 830 F.3d 698, 706 (7th Cir. 2016), rev'd en banc, 853 F.3d 339 (7th Cir. 2017).

29. Rosalind Jones, email exchange with author, July 14, 2019.

30. Dían Juarez, in-person interview with author, December 14, 2018.

31. Saeed Jones, phone interview with author, March 21, 2019.

32. Dían Juarez, in-person interview with author, December 14, 2018.

33. Blackstone, McLaughlin, and Uggen, "State of the Union," 2018.

34. McLaughlin, Uggen, and Blackstone, "Sexual Harassment, Workplace Authority, and the Paradox of Power," 2012.

35. Amanda Rossie, Jasmine Tucker, and Kayla Patrick, "Out of the Shadows: An Analysis of Sexual Harassment Charges Filed by Working Women," National Women's Law Center, 2018, https://nwlc-ciw49tixgw5lbab.stackpathdns.com/ wp-content/uploads/2018/08/SexualHarassmentReport.pdf.

36. Rossie, Tucker, and Patrick, "Out of the Shadows," 2018.

37. NiCole T. Buchanan, Isis H. Settles, Ivan H. C. Wu, and Diane S. Hayashino, "Sexual Harassment, Racial Harassment, and Well-Being Among Asian American Women: An Intersectional Approach," Women & Therapy 41, no. 3–4 (2018): 261–280, https://doi.org/10.1080/02703149.2018.1425030.

38. Buck Gee, Denise Peck, and Janet Wong, "Hidden in Plain Sight: Asian American Leaders in Silicon Valley," Ascend Foundation, May 2015, http:// cdn.ymaws.com/www.ascendleadership.org/resource/resmgr/Research/ HiddenInPlainSight_OnePager_.pdf.

39. "What #MeToo Means for Corporate America: Key Findings," Center for Talent Innovation, 2018, https://www.talentinnovation.org/_private/assets/

WhatMeTooMeans_KeyFindings-CTI.pdf.

40. Mary Annette Pember, "#MeToo in Indian Country; 'We Don't Talk About This Enough,' " *Indian Country Today*, May 28, 2019, https://newsmaven.io/indiancountrytoday/news/metoo-in-indian-country-we-don-t-talk-about-this-enough-oXkstdPmDk2-zSXoDXZSZQ.

41. Waleska Suero, " 'We Don't Think of It as Sexual Harassment' : The Intersection of Gender and Ethnicity on Latinas' Workplace Sexual Harassment Claims," *Chicana/o Latina/o Law Review* 33, no. 1 (2015), https://escholarship.org/uc/item/0x57d7tc.

42. Elise Gould and Adriana Kugler, "Latina Workers Have to Work 10 Months into 2017 to Be Paid the Same as White Non-Hispanic Men in 2016," Economic Policy Institute, November 1, 2017.

43. Dr. Maytha Alhassen, in-person conversation with author, March 19, 2019.

44. Suero, " 'We Don't Think of It as Sexual Harassment,' " 2015.

45. NiCole T. Buchanan and Alayne J. Ormerod, "Racialized Sexual Harassment in the Lives of African American Women," *Women & Therapy* 25, no. 3–4 (2002): 107–124, https://doi.org/10.1300/J015v25n03_08.

46. Blackstone, McLaughlin, and Uggen, "State of the Union," 2018.

47. Buchanan and Ormerod, "Racialized Sexual Harassment in the Lives of African American Women," 2002.

48. Vicki Schultz, "Open Statement on Sexual Harassment from Employment Discrimination Law Scholars," *Stanford Law Review* 71, no. 17 (June 19, 2018), http://dx.doi.org/10.2139/ssrn.3198727.

49. Rossie, Tucker, and Patrick, "Out of the Shadows," 2018.

50. Isis H. Settles, NiCole T. Buchanan, and Brian K. Colar, "The Impact of Race and Rank on the Sexual Harassment of Black and White Men in the U.S. Military," *Psychology of Men & Masculinity* 13, no. 3 (July 2012): 256–263, doi: 10.1037/a0024606.

51. "What #MeToo Means for Corporate America," 2018.

52. Settles, Buchanan, and Colar, "The Impact of Race and Rank," 2012.

53. Pennsylvania State University professor Brenda L. Russell, phone interview with author, July 29, 2019.

54. Marquette University professor Debra L. Oswald, email exchange with author, July 29, 2019.

第四章：像羅南一樣偵察

1. Graf, "Sexual Harassment at Work in the Era of #MeToo," 2018.

2. "The Corporate Pipeline" in "Women in the Workplace 2018," Lean In and McKinsey & Co., 2018, https:// womenintheworkplace.com.

3. Fitzgerald and Cortina, "Sexual Harassment in Work Organizations," 2018.

4. Jocelyn Frye, "Not Just the Rich and Famous: The Pervasiveness of Sexual Harassment Across Industries Affects All Workers," Center for American Progress, November 20, 2017, https://www.americanprogress.org/issues/women/news/2017/11/20/443139/not-just-rich-famous.

5. Chai R. Feldblum and Victoria A. Lipnic, "Report of the Co-Chairs of the EEOC Select Task Force on the Study of Harassment in the Workplace," U.S. Equal Employment Opportunity Commission, June 2016, https://www.eeoc.gov/eeoc/task_force/harassment/report.cfm.

6. Jason Whitely, "Sexual Harassment from Surgeons Has Gone Unchecked for Too Long, Saleswoman Says," WFAA (Dallas, Texas), June 19, 2019, https://www.wfaa.com/article/news/sexual-harassment-in-medical-sales-has-gone-unchecked-for-too-long-victim-said/287-ed989008-8c9f-46b2-bae0-261a51624791; Boston v. Orthofix Medical, Inc., et al., 4:19-cv-00438 (E.D. Tex. Filed June 14, 2019).

7. Frye, "Not Just the Rich and Famous," 2017.

8. Feldblum and Lipnic, "Report of the Co-Chairs of the EEOC," 2016.

9. James Campbell Quick and M. Ann McFadyen. "Sexual Harassment: Have We Made Any Progress?," *Journal of Occupational Health Psychology* 22, no. 3 (July 2017): 286–298, http://dx.doi.org/10.1037/ocp0000054.

10. Chelsea R. Willness, Piers Steel, and Kibeom Lee, "A Meta-Analysis of the Antecedents and Consequences of Workplace Sexual Harassment," *Personnel Psychology* 60, no. 1 (Spring 2007): 127–162, http://dx.doi.org/10.1111/j.1744-6570.2007.00067.x.

11. Feldblum and Lipnic, "Report of the Co-Chairs of the EEOC," 2016.

12. Susan Fowler, "Reflecting on One Very, Very Strange Year at Uber," February 19, 2017, https://perma.cc/T4KM-HQGZ.

13. Schultz, "Open Statement on Sexual Harassment from Employment Discrimination Law Scholars," 2018.

14. Schultz, "Open Statement on Sexual Harassment from Employment Discrimination Law Scholars," 2018.

15. Feldblum and Lipnic, "Report of the Co-Chairs of the EEOC," 2016.

16. Feldblum and Lipnic, "Report of the Co-Chairs of the EEOC," 2016.

17. Elyse Shaw, Ariane Hegewisch, and Cynthia Hess, "Sexual Harassment and Assault at Work: Understanding the Costs," *Institute for Women's Policy Research*, IWPR#B376, October 2018.

18. Feldblum and Lipnic, "Report of the Co-Chairs of the EEOC," 2016.

19. Feldblum and Lipnic, "Report of the Co-Chairs of the EEOC," 2016.

20. Feldblum and Lipnic, "Report of the Co-Chairs of the EEOC," 2016.

21. Amy Blackstone, Christopher Uggen, and Heather McLaughlin, "Legal Consciousness and Responses to Sexual Harassment," *Law & Society Review* 43, no. 3 (September 2009): 631– 668, https://doi.org/10.1111/j.1540-5893.2009.00384.x.

22. Sunyoung Lee, Marko Pitesa, Madan Pillutla, and Stefan Thau, "When Beauty Helps and When It Hurts: An Organizational Context Model of Attractiveness Discrimination in Selection Decisions," *Organizational Behavior and Human Decision Processes* 128 (May 2015): 15–28, https://doi.org/10.1016/j.obhdp.2015.02.003.

23. Paul Farhi, " 'I Don' t Want to Sit on Your Lap,' She Thought. But, She Alleges, Mark Halperin Insisted," *Washington Post*, October 26, 2017, https://www.washingtonpost.com/lifestyle/style/i-don't-want-to-sit-on-your-lap-she-said-but-mark-halperin-insisted/2017/10/26/0baa883c-ba64-11e7-9e58-e6288544af98_story.html.

24. Justine Tinkler, Skylar Gremillion, and Kira Arthurs, "Perceptions of Legitimacy: The Sex of the Legal Messenger and Reactions to Sexual Harassment Training," *Law & Social Inquiry* 40, no. 1 (Winter 2015): 152–174, https://doi.org/10.1111/lsi.12065.

25. Frank Dobbin and Alexandra Kalev, "Why Diversity Programs Fail," *Harvard Business Review*, July–August 2016, https://hbr.org/2016/07/why-diversity-programs-fail.

26. Dobbin and Kalev, "Why Diversity Programs Fail," 2016.

27. Elena Greguletz, Marjo-Riitta Diehl, and Karin Kreutzer, "Why Women Build Less Effective Networks Than Men: The Role of Structural Exclusion and Personal Hesitation," *Human Relations* 72, no. 7 (July 2019): 1234–1261, https://doi.org/10.1177/0018726718804303.

28. "The Corporate Pipeline," 2018.

29. Drew DeSilver, "Women Scarce at Top of US Business—and in the Jobs That Lead There," Pew Resource Center, April 30, 2018, https://www.pewresearch.org/fact-tank/2018/04/30/women-scarce-at-top-of-u-s-business-and-in-the-jobs-that-lead-there.

30. DeSilver, "Women Scarce at Top of US Business," 2018.

31. "The Corporate Pipeline," 2018.

32. Oliver Staley, "Read It and Weep: There Are 624 Public Companies with No Women on Their Boards. Here's the List," *Quartz at Work*, December 15, 2017, https://qz.com/work/1130589/there-are-624-public-companies-with-no-women-on-their-boards-heres-the-list/.

33. McLaughlin, Uggen, and Blackstone, "Sexual Harassment, Workplace Authority, and the Paradox of Power," 2012.

34. Frank Dobbin and Alexandra Kalev, "Training Programs and Reporting Systems Won't End Sexual Harassment. Promoting More Women Will," *Harvard Business Review*, November 15, 2017, https://hbr.org/2017/11/training-programs-and-reporting-systems-wont-end-sexual-harassment-promoting-more-women-will.

35. Dobbin and Kalev, "Training Programs and Reporting Systems Won't End Sexual Harassment," 2017.

36. NiCole T. Buchanan, Isis H. Settles, Angela T. Hall, and Rachel C. O'Connor, "A Review of Organizational Strategies for Reducing Sexual Harassment: Insights from the U.S. Military," *Journal of Social Issues* 70, no. 4 (December 2014): 687–702, https://doi.org/10.1111/josi.12086.

37. Lynn Parramore, "$MeToo: The Economic Cost of Sexual Harassment," Institute for New Economic Thinking, January 2018, https://www.ineteconomics.org/research/research-papers/metoo-the-economic-cost-of-sexual-harassment.

第五章：危險的職場同僚

1. Laura McGann, "Exclusive: NYT White House Correspondent Glenn Thrush's History of Bad Judgment Around Young Women Journalists," *Vox*, November 20, 2017, https://www.vox.com/policy-and-politics/2017/11/20/16678094/glenn-thrush-new-york-times.

2. Mark DeWolf, "12 Stats About Working Women," U.S. Department of Labor Blog, March 1, 2017, https://blog.dol.gov/2017/03/01/12-stats-about-working-women.

我的美好，不該是你騷擾我的藉口

3. Sylvia Ann Hewlett, "How Sex Hurts the Workplace, Especially Women," *Harvard Business Review*, August 24, 2010, https://hbr.org/2010/08/how-sex-hurts-the-workplace-es.

4. Hewlett, "How Sex Hurts the Workplace, Especially Women," 2010.

第六章：付出代價

1. A. Theodore Rizzo et al., "The Costs of Sex-Based Harassment to Businesses: An In-Depth Look at the Workplace," International Center for Research on Women, 2018, https://www.icrw.org/wp-content/uploads/2018/08/ICRW_SBHDonorBrief_v5_WebReady.pdf. (Amount from 2007 updated for inflation to 2018 dollars.)

2. Shaw, Hegewisch, and Hess, "Sexual Harassment and Assault at Work," 2018.

3. Rizzo et al., "The Costs of Sex-Based Harassment to Businesses," 2018.

4. Michael Housman and Dylan Minor, "Toxic Workers," Harvard Business School Working Paper 16-057, 2015, https://www.hbs.edu/faculty/Publication%20Files/16-057_d45c0b4f-fa19-49de-8f1b-4b12fe054fea.pdf. (Amount from 2015 updated for inflation to 2018 dollars.)

5. Serena Does, Seval Gundemir, and Margaret Shih, "Research: How Sexual Harassment Affects a Company's Public Image," *Harvard Business Review*, June 11, 2018, https://hbr.org/2018/06/research-how-sexual-harassment-affects-a-companys-public-image.

6. Shaw, Hegewisch, and Hess, "Sexual Harassment and Assault at Work," 2018.

7. "Even Good Employers Get Sued: The Cost of Not Having EPLI Insurance," Trusted Choice, accessed July 29, 2019, https://www.trustedchoice.com/business-insurance/liability/epli.

8. Feldblum and Lipnic, "Report of the Co-Chairs of the EEOC," 2016.

9. "Even Good Employers Get Sued," Trusted Choice.

10. "Even Good Employers Get Sued," Trusted Choice.

11. "Even Good Employers Get Sued," Trusted Choice.

12. Claire Zillman, "The Fortune 500 Has More Female CEOs Than Ever Before," Fortune.com, May 16, 2019, https://fortune.com/2019/05/16/fortune-500-female-ceos.

13. Dionisi and Barling, "It Hurts Me Too," 2018.

14. McLaughlin, Uggen, and Blackstone, "The Economic and Career Effects of Sexual Harassment on Working Women," 2017.

第七章：留存證據

1. Ben Guarino and Neel V. Patel, "An Academic Reported Sexual Harassment. Her University Allegedly Retaliated," *The Verge*, November 12, 2018, https://www.theverge.com/2018/11/12/18080876/une-university-new-england-sexual-harassment-retaliation-paul-visich; Carlson v. Univ. of New England, No. 17-1792, 899 F.3d 36 (1st Cir. Aug. 10, 2018).

2. McGann, "Exclusive: NYT White House Correspondent Glenn Thrush's History of Bad Judgment Around Young Women Journalists," 2017.

第八章：反應並回報

1. Santana v. Marsh & McLennan Cos., et al., 1:17-cv-05755 (S.D.N.Y. filed July 28, 2017).

2. Alford v. Aaron's Rents, Inc., Southern District of Illinois, 3:08-cv-00683.

3. Lauren B. Edelman, "How HR and Judges Made It Almost Impossible for Victims of Sexual Harassment to Win in Court," *Harvard Business Review*, August 22, 2018, https://hbr.org/2018/08/how-hr-and-judges-made-it-almost-impossible-for-victims-of-sexual-harassment-to-win-in-court.

4. Cortina and Berdahl, "Sexual Harassment in Organizations," 2008.

我的美好，不該是你騷擾我的藉口

5. Feldblum and Lipnic, "Report of the Co-Chairs of the EEOC," 2016.

6. Jocelyn Gecker, "AP: Women Accuse Opera Legend Domingo of Sexual Harassment," Associated Press, August 13, 2019, https://apnews.com/c2d51d690 d004992b8cfba3bad827ae9.

7. Ann Arbor, MI: Inter University Consortium for Political and Social Research, December 18, 2015.

8. Marita P. McCabe and Lisa Hardman, "Attitudes and Perceptions of Workers to Sexual Harassment," *The Journal of Social Psychology* 145, no. 6 (January 2006): 719–40, doi:10.3200/SOCP.145.6.719-740.

9. Russell and Oswald, "When Sexism Cuts Both Ways," 2016.

10. Feldblum and Lipnic, "Report of the Co-Chairs of the EEOC," 2016.

11. Alieza Durana et al., "#NowWhat: The Sexual Harassment Solutions Toolkit," New America, September 26, 2018, https://www.newamerica.org/ better-life-lab/reports/nowwhat-sexual-harassment-solutions-toolkit.

12. Feldblum and Lipnic, "Report of the Co-Chairs of the EEOC," 2016.

13. Dobbin and Kalev, "Training Programs and Reporting Systems Won't End Sexual Harassment," 2017.

14. Lilia M. Cortina and Vicki J. Magley, "Raising Voice, Risking Retaliation: Events Following Interpersonal Mistreatment in the Workplace," *Journal of Occupational Health Psychology* 8, no. 4 (October 2003): 247–265, https://doi. org/10.1037/1076-8998.8.4.247.

15. Cortina and Berdahl, "Sexual Harassment in Organizations," 2008.

16. Mike Fleming Jr., " 'Beautiful Girls' Scribe Scott Rosenberg on a Complicated Legacy with Harvey Weinstein," October 16, 2017, https://deadline. com/2017/10/scott-rosenberg-harvey-weinstein-miramax-beautiful-girls-guilt-over-sexual-assault-allegations-1202189525.

17. Candace Bertotti and David Maxfield, "Most People Are Supportive of #MeToo. But Will Workplaces Actually Change?," *Harvard Business Review*,

July 10, 2018, https://hbr.org/2018/07/most-people-are-supportive-of-metoo-but-will-workplaces-actually-change.

18. Adam B. Vary, "Actor Anthony Rapp: Kevin Spacey Made a Sexual Advance Toward Me When I Was 14," *BuzzFeed News*, October 29, 2017, https://www.buzzfeednews.com/article/adambvary/anthony-rapp-kevin-spacey-made-sexual-advance-when-i-was-14.

19. Kim Masters, "John Lasseter's Pattern of Alleged Misconduct Detailed by Disney/Pixar Insiders," *Hollywood Reporter*, November 21, 2017, https://www.hollywoodreporter.com/news/john-lasseters-pattern-alleged-misconduct-detailed-by-disney-pixar-insiders-1059594.

20. Gene Maddaus, "John Lasseter Will Exit Disney at the End of the Year," *Variety*, June 8, 2018, https://variety.com/2018/film/news/disney-john-lasseter-harassment-bob-iger-1202734060.

21. Irene Plagianos and Kitty Greenwald, "Mario Batali Steps Away from Restaurant Empire Following Sexual Misconduct Allegations," *Eater New York*, December 11, 2017, https://ny.eater.com/platform/amp/2017/12/11/16759540/mario-batali-sexual-misconduct-allegations.

22. Claudia Koerner, "Mario Batali Apologized to His Fans for Sexual Harassment, Then Suggested Pizza Dough Cinnamon Rolls," *BuzzFeed News*, December 15, 2017, https://www.buzzfeednews.com/article/claudiakoerner/mario-batali-apologized-to-his-fans-for-sexual-harassment.

23. Neda Ulaby, "How to Apologize for Sexual Harassment (Hint: It Takes More Than 'Sorry')," NPR, November 22, 2017, https://www.npr.org/2017/11/22/565913664/how-to-apologize-for-sexual-harassment-hint-it-takes-more-than-sorry.

24. Vanessa K. Bohns and Lauren DeVincent, "To Reduce Sexual Misconduct, Help People Understand How Their Advances Might Be Received," *Harvard Business Review*, April 26, 2018, https://hbr.org/2018/04/to-reduce-sexual-misconduct-help-people-understand-how-their-advances-might-be-received.

25. Schultz, Vicky. Open Statement on Sexual Harassment. 71 Stan. L. Rev. Online 17, 35 (2018).

26. "Google Paid $35 Million to Former Executive Accused of Sexual Harassment," CBS News, March 12, 2019, https://www.cbsnews.com/news/google-paid-35million-former-executive-amit-singhal-accused-sexual-harassment.

27. Ryan Mac and Davey Alba, "These Tech Execs Faced #MeToo Allegations. They All Have New Jobs," *BuzzFeed News*, April 16, 2019, https://www.buzzfeednews.com/article/ryanmac/tech-men-accused-sexual-misconduct-new-jobs-metoo.

28. "2018 Hiscox Workplace Harassment Study," 2018, http://www.hiscox.com/documents/2018-Hiscox-Workplace-Harassment-Study.pdf.

29. Dobbin and Kalev, "Training Programs and Reporting Systems Won't End Sexual Harassment, 2017; Dobbin and Kalev, "Why Diversity Programs Fail," 2016.

30. Dulini Fernando and Ajnesh Prasad, "How Managers, Coworkers, and HR Pressure Women to Stay Silent About Harassment," *Harvard Business Review*, July 13, 2018, https://hbr.org/2018/07/how-managers-coworkers-and-hr-pressure-women-to-stay-silent-about-harassment.

31. Feldblum and Lipnic, "Report of the Co-Chairs of the EEOC," 2016.

第九章：壓力與掙扎

1. Cortina and Berdahl, "Sexual Harassment in Organizations," 2008.

2. Monetary values have been updated to 2018 dollars to account for inflation.

3. Buchanan, Settles, Hall, and O'Connor, "A Review of Organizational Strategies for Reducing Sexual Harassment," 2014.

4. Dionisi and Barling, "It Hurts Me Too," 2018.

5. Bryan J. Pesta, Mary W. Hrivnak, and Kenneth J. Dunegan, "Parsing Work Environments Along the Dimensions of Sexual and Non-Sexual Harassment: Drawing Lines in Office Sand," *Employee Responsibilities and Rights Journal* 19, no. 1 (March 2007): 45– 55, https://doi.org/10.1007/s10672-006-9031-x.

6. Pesta, Hrivnak, and Dunegan, "Parsing Work Environments," 2007.

7. Dionisi and Barling, "It Hurts Me Too," 2018.

8. Fitzgerald and Cortina, "Sexual Harassment in Work Organizations," 2018.

9. K. S. Douglas Low, Phanikiran Radhakrishnan, Kimberly T. Schneider, and James Rounds, "The Experiences of Bystanders of Workplace Ethnic Harassment," *Journal of Applied Social Psychology* 37, no. 10 (October 2007): 2261–2297, https://doi.org/10.1111/j.1559-1816.2007.00258.x.

第十章：心智遊戲計畫

1. Houle et al., "The Impact of Sexual Harassment on Depressive Symptoms During the Early Occupational Career," 2011.

2. Cortina and Berdahl, "Sexual Harassment in Organizations," 2008.

3. Brendan L. Smith, "What It Really Takes to Stop Sexual Harassment: Psychologists Call for a Comprehensive Approach with Real-World Impact," *Monitor on Psychology* 49, no. 2 (February 2018): 36, https://www.apa.org/monitor/2018/02/sexual-harassment.

4. Smith, "What It Really Takes to Stop Sexual Harassment," 2018.

5. Sarah E. Shea et al., "Pathology in the Hundred Acre Wood: A Neurodevelopmental Perspective on A. A. Milne," Canadian Medical Association Journal 163, no. 12 (December 2000): 1557–1559.

第十一章：法律主張與抗辯

1. Ravina v. Columbia University, 1:16-cv-02137 (S.D.N.Y. 2018).

我的美好，不該是你騷擾我的藉口

2. 29 C.F.R § 1604.11(a)(1) and (2).

3. 29 C.F.R § 1604.11(a)(3).

4. Tatiana Siegel and Kim Masters, " 'I Need to Be Careful' : Texts Reveal Warner Bros. CEO Promoted Actress Amid Apparent Sexual Relationship," *Hollywood Reporter*, March 6, 2019, https://www.hollywoodreporter.com/ features/i-need-be-careful-texts-reveal-warner-bros-ceo-promoted-actress-apparent-sexual-relationship-1192660.

5. Lipsett v. University of Puerto Rico, 864 F.2d 881, 898 (1st Cir. 1988).

6. Ferris v. Delta Air Lines, Inc., 277 F.3d 128 (2d Cir. 2001).

7. Alagna v. Smithville R-II Sch. Dist., 324 F.3d 975 (8th Cir. 2003).

8. Williams v. GMC, 187 F.3d 553 (6th Cir. 1999).

第十二章：法律棘輪與提出訴訟

1. EEOC v. PMT Corporation, No. 0:2014cv00599—Document 28 (D. Minn. 2014).

2. Nitasha Tiku, "Google Walkout Organizers Say They're Facing Retaliation," *Wired*, April 22, 2019, https://www.wired.com/story/google-walkout-organizers-say-theyre-facing-retaliation.

3. Franchina v. City of Providence, 881 F.3d 32, 43-44 (1st Cir. 2018) and Tr. of Jury Trial—Vol. I, at 150–51.

4. Jeff Green, "Sexual Harassment Cases Go Uncounted as Complaint Process Goes Private," *Bloomberg*, April 23, 2018, https://www.bloomberg.com/ graphics/2018-eeoc-complaints.

5. Sandra Sperino, "Retaliation and the Reasonable Person," *Florida Law Review* 67, no. 6 (2015), http://scholarship.law.ufl.edu/flr/vol67/iss6/4.

6. David I. Brody, "Punishing Unlawful Employers—Juries Say #MeToo," *The National Law Review*, November 20, 2018, https://www.natlawreview.com/

article/punishing-unlawful-employers-juries-say-metoo.

7. Alexia Fernández Campbell and Alvin Chang, "There's a Good Chance You've Waived the Right to Sue Your Boss," *Vox*, September 7, 2018, https://www.vox.com/2018/8/1/16992362/sexual-harassment-mandatory-arbitration.

8. Parramore, "$MeToo," 2018.

9. Sara M. Moniuszko, "Rose McGowan Reacts to Harvey Weinstein Hiring Her Former Lawyers: It's a 'Major Conflict.' " *USA Today*, January 24, 2019, https://www.usatoday.com/story/life/people/2019/01/24/rose-mcgowan-harvey-weinstein-hiring-former-lawyers-major-conflict/2666061002.

10. Amy Kaufman, "Harvey Weinstein Is Done. But What About Lisa Bloom?," *Los Angeles Times*, October 19, 2017, https://www.latimes.com/entertainment/movies/la-et-mn-lisa-bloom-20171019-story.html.

第十三章：維持存在感

1. Jenn Abelson, "At ESPN, the Problems for Women Run Deep," *Boston Globe*, December 14, 2017, https://www.bostonglobe.com/sports/2017/12/14/women-who-worked-espn-say-its-problems-far-beyond-barstool-sports/Llv9HJIvtnHuBPiMru6yGM/story.html.

2. Ryan Glasspiegel, "ESPN Published a Text Exchange Between John Buccigross and Adrienne Lawrence," *The Big Lead*, December 14, 2017, https://thebiglead.com/2017/12/15/espn-published-a-text-exchange-between-john-buccigross-and-adrienne-lawrence-01dkxxqxcqxh.

3. Alex Putterman, "Boston Globe Publishes Full Texts Between John Buccigross, Adrienne Lawrence After ESPN Omits Notable Sections," *Awful Announcing*, December 15, 2017, https://awfulannouncing.com/espn/boston-globe-publishes-full-texts-john-buccigross-adrienne-lawrence-espn-omits-notable-sections.html.

4. Ryan Glasspiegel, "Adrienne Lawrence Responds to ESPN Publication of Text Messages with John Buccigross," *The Big Lead*, December 15, 2017, https://

thebiglead.com/posts/adrienne-lawrence-responds-to-espn-publication-of-text-messages-with-john-buccigross01dmmj5757gn.

5. Alex Kuczynski and William Glaberson, "Book Author Says He Lied in His Attacks on Anita Hill in Bid to Aid Justice Thomas," *New York Times*, June 27, 2001, https://www.nytimes.com/2001/06/27/us/book-author-says-he-lied-his-attacks-anita-hill-bid-aid-justice-thomas.html.

6. Kuczynski and Glaberson, "Book Author Says He Lied in His Attacks on Anita Hill in Bid to Aid Justice Thomas," 2001.

7. Ronan Farrow, "Harvey Weinstein's Army of Spies," *The New Yorker*, November 6, 2017, https://www.newyorker.com/news/news-desk/harvey-weinsteins-army-of-spies.

8. Yashar Ali and Lydia Polgreen, "How Top NBC Executives Quashed the Bombshell Harvey Weinstein Story," *HuffPost*, October 11, 2017, https://www.huffpost.com/entry/nbc-harvey-weinstein_n_59de5688e4b0eb18af059685.

9. Jim Mustain, "National Enquirer Owner Admits It Buried Stories to Help Trump's Presidential Run," *Chicago Tribune*, December 12, 2018, https://www.chicagotribune.com/nation-world/ct-national-enquirer-hush-money-20181212-story.html.

10. Gene Maddaus, "Toronto Court Rules Against Disney in Weinstein Harassment Case," *Variety*, April 12, 2018, https://variety.com/2018/biz/news/disney-weinstein-toronto-ruling-1202751530.

11. "Newsroom Employees Are More Likely to Be White and Male Than All U.S. Workers," Pew Research Center, November 1, 2018, https://www.pewresearch.org/fact-tank/2018/11/02/newsroom-employees-are-less-diverse-than-u-s-workers-overall/ft_18-10-30_ageracejournalism-1.

12. "The Status of Women in the U.S. Media 2019," Women's Media Center, 2019, https://tools.womensmediacenter.com/page/-/WMCStatusofWomeninUSMedia2019.pdf.

14. "The Status of Women in the U.S. Media 2019," Women's Media Center,

2019.

15. "Writing Rape: Women's Media Center Study Finds Crucial Gap in Coverage by Gender," Women's Media Center, December 16, 2015, http://www.womensmediacenter.com/about/press/press-releases/writing-rape-womens-media-center-study-finds-crucial-gap-in-coverage-gender.

16. Eliza Ennis and Lauren Wolfe, "#MeToo: The Women's Media Center Reort," Women's Media Center, 2018, http://www.womensmediacenter.com/assets/site/reports/media-and-metoo-how-a-movement-affected-press-coverage-of-sexual-assault/Media_and_MeToo_Womens_Media_Center_report.pdf.

17. "Anonymous Sources," AP, 2019, https://www.ap.org/about/news-values-and-principles/telling-the-story/anonymous-sources.

18. "Introduction to the Reporter's Privilege Compendium," Reporters Committee for Freedom of the Press, 2019, https://www.rcfp.org/introduction-to-the-reporters-privilege-compendium.

第十四章：倖存於網路醜聞

1. Monica Anderson, "Key Takeaways on How Americans View—and Experience—Online Harassment," Pew Research Center, July 11, 2017, http://www.pewresearch.org/fact-tank/2017/07/11/key-takeaways-online-harassment.

2. Anderson, "Key Takeaways on How Americans View—and Experience—Online Harassment," 2017.

3. Ana Kasparian, in-person meeting with the author in Culver City, California, February 7, 2019.

4. Anderson, "Key Takeaways on How Americans View—and Experience—Online Harassment," 2017.

5. Maeve Duggan, "Men, Women Experience and View Online Harassment Differently," Pew Research Center, July 14, 2017, http://www.pewresearch.org/fact-tank/2017/07/14/men-women-experience-and-view-online-harassment-

differently.

6. Satnam Singh Narang, conversations with the author in Los Angeles, March 16, 2019; Equality Labs, "Anti-Doxing Guide for Activists Facing Attacks from the Alt-Right," *Medium*, September 2, 2017, https://medium.com/@EqualityLabs/anti-doxing-guide-for-activists-facing-attacks-from-the-alt-right-ec6c290f543c.

7. Hanna Kozlowska, "Paul Manafort Tried to Hide from the Feds Using Encrypted WhatsApp—But Forgot About iCloud," *Quartz*, June 5, 2018, https://qz.com/1297543/paul-manafort-tried-to-hide-from-the-feds-using-encrypted-whatsapp-but-he-forgot-about-icloud.

第十五章：讓自己更好

1. Shout-out to Cara Alwill Leyba, master life coach and inspirer.

2. Danielle Commisso, "Job Searching—It's Who You Know," *Civic Science*, January 24, 2019, https://civicscience.com/job-searching-its-who-you-know.

好想法 30

我的美好，不該是你騷擾我的藉口
15 步驟全面擊退性騷擾，在職場的權力遊戲裡，沉默不是唯一武器
Staying in the Game: The Playbook for Beating Workplace Sexual Harassment

作　　者：愛德麗安‧勞倫斯（Adrienne Lawrence）
譯　　者：鼎玉鉉
主　　編：劉瑋
校　　對：劉瑋、林佳慧
封面設計：謝佳穎
美術設計：YuJu
行銷公關：石欣平
寶鼎行銷顧問：劉邦寧

發 行 人：洪祺祥
副總經理：洪偉傑
副總編輯：林佳慧
法律顧問：建大法律事務所
財務顧問：高威會計師事務所
出　　版：日月文化出版股份有限公司
製　　作：寶鼎出版
地　　址：台北市信義路三段 151 號 8 樓
電　　話：(02)2708-5509 ／傳　真：(02)2708-6157
客服信箱：service@heliopolis.com.tw
網　　址：www.heliopolis.com.tw
郵撥帳號：19716071 日月文化出版股份有限公司

總 經 銷：聯合發行股份有限公司
電　　話：(02)2917-8022 ／傳　真：(02)2915-7212
製版印刷：中原造像股份有限公司
初　　版：2020 年 11 月
定　　價：450 元
I S B N：978-986-248-922-2

國家圖書館出版品預行編目資料

我的美好，不該是你騷擾我的藉口：15 步驟全面擊退性騷擾，
在職場的權力遊戲裡，沉默不是唯一武器／愛德麗安‧勞倫
斯（Adrienne Lawrence）著；鼎玉鉉譯 . -- 初版 . -- 臺北市：
日月文化，2020.11
　376 面；14.7×21 公分 . -- （好想法；30）
　譯自：Staying in the Game: The Playbook for Beating Workplace
Sexual Harassment.
　ISBN 978-986-248-922-2（平裝）
　1. 性侵害防制 2. 性騷擾 3. 職場
　548.544　　　　　　　　　　　　　　　　　109015502

日月文化集團
HELIOPOLIS
CULTURE GROUP

客服專線 02-2708-5509
客服傳真 02-2708-6157
客服信箱 service@heliopolis.com.tw

日月文化集團 讀者服務部 收

10658 台北市信義路三段151號8樓

對折黏貼後，即可直接郵寄

日月文化網址：**www.heliopolis.com.tw**

最新消息、活動，請參考 FB 粉絲團

大量訂購，另有折扣優惠，請洽客服中心（詳見本頁上方所示連絡方式）。

大好書屋

寶鼎出版

山岳文化

EZ TALK

EZ Japan

EZ Korea

大好書屋・寶鼎出版・山岳文化・洪圖出版　EZ叢書館　EZ Korea　EZ TALK　EZ Japan

日月文化集團
HELIOPOLIS
CULTURE GROUP

感謝您購買 我的美好，不該是你騷擾我的藉口
15步驟全面擊退性騷擾，在職場的權力遊戲裡，沉默不是唯一武器

為提供完整服務與快速資訊，請詳細填寫以下資料，傳真至02-2708-6157或免貼郵票寄回，我們將不定期提供您最新資訊及最新優惠。

1. 姓名：＿＿＿＿＿＿＿＿＿＿＿＿　性別：□男　　□女

2. 生日：＿＿＿＿年＿＿＿＿月＿＿＿＿日　職業：＿＿＿＿＿

3. 電話：（請務必填寫一種聯絡方式）

　（日）＿＿＿＿＿＿＿＿（夜）＿＿＿＿＿＿＿（手機）＿＿＿＿＿

4. 地址：□□□＿＿＿＿＿＿＿＿＿＿＿＿＿＿＿＿＿＿＿＿

5. 電子信箱：＿＿＿＿＿＿＿＿＿＿＿＿＿＿＿＿＿＿＿

6. 您從何處購買此書？□＿＿＿＿＿＿縣/市＿＿＿＿＿書店/量販超商

　□＿＿＿＿＿＿網路書店　□書展　□郵購　□其他

7. 您何時購買此書？　　年　　月　　日

8. 您購買此書的原因：（可複選）
　□對書的主題有興趣　□作者　□出版社　□工作所需　□生活所需
　□資訊豐富　　□價格合理（若不合理，您覺得合理價格應為＿＿＿＿）
　□封面/版面編排　□其他＿＿＿＿＿＿＿＿＿＿＿＿＿

9. 您從何處得知這本書的消息：　□書店　□網路／電子報　□量販超商　□報紙
　□雜誌　□廣播　□電視　□他人推薦　□其他

10. 您對本書的評價：（1.非常滿意 2.滿意 3.普通 4.不滿意 5.非常不滿意）
　書名＿＿＿　內容＿＿＿　封面設計＿＿＿　版面編排＿＿＿　文/譯筆＿＿＿

11. 您通常以何種方式購書？□書店　　□網路　□傳真訂購　□郵政劃撥　　□其他

12. 您最喜歡在何處買書？
　□＿＿＿＿＿＿　縣/市＿＿＿＿＿＿　書店/量販超商　　□網路書店

13. 您希望我們未來出版何種主題的書？＿＿＿＿＿＿＿＿＿＿＿＿

14. 您認為本書還須改進的地方？提供我們的建議？

＿＿＿＿＿＿＿＿＿＿＿＿＿＿＿＿＿＿＿＿＿＿＿＿＿＿＿

＿＿＿＿＿＿＿＿＿＿＿＿＿＿＿＿＿＿＿＿＿＿＿＿＿＿＿

＿＿＿＿＿＿＿＿＿＿＿＿＿＿＿＿＿＿＿＿＿＿＿＿＿＿＿

＿＿＿＿＿＿＿＿＿＿＿＿＿＿＿＿＿＿＿＿＿＿＿＿＿＿＿

好想法 相信知識的力量
the power of knowledge

寶鼎出版